# TOSKANA

## Wein, Kastanien, Hirten, Herren
## Vom Werden der Landschaft

# TOSKANA

## Wein, Kastanien, Hirten, Herren
## Vom Werden der Landschaft

## Angelika Schneider

Die Deutsche Nationalbibliothek verzeichnet diese Publikation in der Deutschen Nationalbibliografie; detaillierte bibliografische Daten sind im Internet über http: dnb.dnb.de abrufbar.

Herstellung:

BoD – Book on Demand, Norderstedt

ISBN: 9783752811230

# Inhalt

# Toskana

# Einleitung

*Himmelsbläue, Wolkengestaltung,..., Glanz des Laubes, Umriss der Berge sind die Elemente, welche den Totaleindruck einer Gegend bestimmen.*
*Alexander von Humboldt, 1847*

Kastelle und Villen, Klöster und Gehöfte, Weinberge, Zypressenalleen, stetiger Wechsel von Wald und Acker, das kühle Grau der Olivenhaine – sie hätten wohl für Alexander von Humboldt den „Totaleindruck" der toskanischen Landschaft bestimmt.

Die Landschaft der Toskana ist, wie die Kunst, längst zum Mythos geworden. Die Engländer begeisterten sich als erste für sie, im 19. Jahrhundert gingen sie auf die *Grand Tour*, die große Bildungsreise des europäischen Bürgertums. Neben Michelangelo und Botticelli suchten die Reisenden die mittelalterlichen Städte, die ländlichen Renaissance-Villen, Zypressen und Pinien, Reben und Ölbäume.

Die Landschaft als Kunstwerk, der mediterrane Garten als Paradies-Metapher war jedoch nicht das Ergebnis ästhetischer, sondern ökonomischer Ziele, einer langen Geschichte bäuerlicher Arbeit. Doch Grund und Boden gehörte nicht den Bauern, sondern städtischen Großgrundbesitzern. Bauern und Grundherren waren im agrarischen System der *Mezzadria* oder Halbpacht verbunden. Sie formte über Jahrhunderte die Landschaft, brachte die kleinteilige Abwechslung von Wald und Acker hervor, die getaktete Anordnung der Bauernhäuser auf den Hügeln. Schon ab 1300 hatten Adel und Bürger begonnen, ihr Kapital auf dem Land zu investieren. Nach den rationalen Regeln der städtischen Renaissance schufen sie eine architektonisch geplante, funktionale Landschaft.

Dieses Buch schildert die Bühne, den natürlichen Hintergrund, vor dem das toskanische Landschaftsstück aufgeführt wird: Den mythischen Chianti mit seinen Weinbergen und Olivenhainen; die baumfreien Lehmgegenden der Crete im Süden, mit der soziologisch einmaligen Migration von Schäfer aus Sardinien in die Toskana; Tannenwälder und Edelkastanienhaine; die Maremma mit den Pinienwäldern aus Habsburgischer Zeit, Lieferanten von Pinienkernen und Schutz gegen die Stürme des Tyrrhenischen Meeres.

Und es handelt von den Menschen, die in der Toskana wirkten, sie regierten, formten oder plünderten: Mathilde von Canossa, nicht nur Dompteuse von Kaiser und Papst, sondern auch landwirtschaftliche Reformerin; Franz von Assisi, Klostergründer in den Bergen; Dante Alighieri, der die Schrecken der malariaverseuchten Maremmen als Metapher des Höllenschreckens in seine Göttliche Komödie einfließen ließ; Leonardo da Vinci, der eine Landkarte der Valdichiana für Cesare Borgia zeichnen sollte und dabei ein stupendes Kunstwerk schuf; den Medici, die nicht nur Kunstmäzene waren, sondern Dutzende von Landgütern über die Toskana verteilten; Großherzog Pietro Leopoldo aus dem Hause Habsburg-Lothringen, der die Toskana im 18. Jahrhundert zum modernsten Staat Europas machte; vom Bildungsreisenden Goethe, der „so schnell hinaus als herein" eilte, weiter nach Rom.

Die Kulturgeschichte der toskanischen Landschaft wird hier erzählt, die Geschichte des waldreichen Casentino, in dem Benediktiner schon vor 1000 Jahren Tannenwälder begründeten, die zu Schiffsmasten für die Mittelmeerflotten heranwuchsen; von den durch die Malaria jahrhundertelang entvölkerten Küsten und Flusstäler, deren Geschichte der Entsumpfung, vor über 2.000 Jahren von den Etruskern begonnen, erst im 20. Jahrhundert zu Ende ging.

Heute gibt es die Mezzadria nicht mehr. In den Jahrzehnten nach dem Krieg wurde sie immer unrentabler, Rationalisierung und Mechanisierung waren nicht möglich. Die Mezzadri flohen von den Poderi, die Grundherrschaft war zu unflexibel, um die Lage der Bauern zu verbessern. Die Kommunistische Partei Italiens (PCI) organisierte den Gang in die Fabriken, eine heftige Landflucht setzte ein. Die Bauernhäuser begannen zu verfallen, die Bewirtschaftung vieler Weinberge und Olivenhaine hörte auf.

Die Ebenen an der Küste und im Inneren – Maremma, Valdichiana, Valdarno – sind fast vollständig entsumpft. Intensive Landwirtschaft mit Sonnenblumen-, Tabak- und Gemüseanbau und Industrieansiedlung vor allem im Valdarno prägen die einstigen Malariagebiete. Doch gibt es Relikte der alten Landschaft mit Feuchtgebieten von internationaler Bedeutung: Der Lago di Fucecchio im Valdarno ist das größte Feuchtgebiet Italiens; die Laguna di Orbetello in der Maremma, der erste vom WWF Italien unter Schutz gestellte Küstenstreifen, ein Überwinterungsgebiet für Zehntausende Wasservögel.

Die Landschaft in den Bergen hat sich am wenigsten verändert. Die historischen Tannenwälder, heute in Nationalpark Casentino gelegen, sind auf großen Flächen erhalten oder in „naturnähere" Mischwälder umgebaut worden. Alte Kastanienhaine werden wieder gepflegt. Die Transhumanz, die saisonale Herdenwanderung von den Bergen an die Küste, ist verschwunden, nur als Liebhaberei betreiben ein paar Wanderschäfer ihr Handwerk noch. Ihre großen weißen Hütehunde, die *maremmani*, sind immer auf der Hut: In den Bergen ziehen Wölfe wieder ihre Fährte.

Heute gibt es eine neue ökonomisch getriebene Landwirtschaft mit großen Feldern, planierten Weinbergen, Monokulturen. Doch die Topographie der Hügel setzt Grenzen – die *campi a pigola* – die Winkelfelder, sind erhalten, auch die Verteilung von Wald und Kulturen blieb fast unverändert. Der Höhepunkt der Biodiversität ist überschritten, doch gibt es immer noch eine Vielfalt von Strukturen, Kultur- und Wildpflanzen, Haus- und Wildtieren. Die Ästhetik der Landschaft ist vielerorts intakt, zum Entzücken und zur Erbauung der Reisenden.

Die Geschichte hinter der Kulisse des mediterranen Gartens der Toskana – davon handelt dieses Buch.

# Erster Teil
## Hügel

# Toskanisches Hügelland.
# Ein Mythos

*...che dal quel lato il poggio tutto gira*

*...das dort den Hügel ganz umrundet*
*Dante Alighieri, Divina Commedia, Purgatorio IV, 1321*

Siena, die alte Römerstadt, liegt im Hügelland, wie auch Florenz, Arezzo oder Cortona. Mehr als die Hälfte der Toskana ist bedeckt von Hügeln, die sich aus den Tälern des Arno, des größten Flusses der Toskana, und des Ombrone, auf 600 bis 800 Meter über dem Meer auf-schwingen. Hier findet die Toskana ihre archetypische Ausprägung: Weinberge und Olivenhaine umschließen Dörfer und Städte, Bauerngehöfte krönen die Hügel; zu Villen und Kastellen winden sich Wege, gesäumt von Zypressen. Dunkler erscheinen Waldparzellen, wie Mosaiksteine im Landschaftsbild verteilt. In den Crete Senesi, südlich von Siena, auf fruchtbaren Lehmböden, rollen Weizenfelder über die niedrigen Hügel; hier tritt der Wald zurück. Die Crete waren schon Kornkammer der Toskana zu etruskischer Zeit.

Die typische toskanische Landschaft ist hervorgegangen aus einem besonderen politisch-agrarischen System, der *mezzadria* oder Halbpacht, in dem sich der *padrone,* der Grundherr, und der *mezzadro,* der Bauer, die Erträge je zur Hälfte teilten. Der Grundherr stellte Grund und Boden zur Verfügung, sowie Geräte, Vieh und das Bauernhaus; der Bauer mit seiner Familie die Arbeitskraft.

Die Ursprünge der Mezzadria liegen im Hochmittelalter; Schwerpunkt ihrer Verbreitung waren die Regionen Mittelitaliens, vor allem die Toskana und Umbrien. Doch erst nach der großen Pest von 1348 löste die Mezzadria die bis dahin vorherrschende Leibeigenschaft der Bauern ganz ab. Nach der Pest waren Bauern rar, die städtischen Grundherren konkurrierten um ihre Arbeitskraft zur Bewirtschaftung ihrer Ländereien. Die große Nachfrage mündete in eine Besserstellung der Bauern, aus Leibeigenen wurden Vertragspartner. Für die nun rechtlich besser gestellten Mezzadri, bot das Halbpachtsystem dennoch nicht mehr als eine kärgliche Selbstversorgung.

Die Wirtschaftseinheit der Mezzadria war der *podere*: die Hofstelle mit Garten, Feldern und Wald. Ein Grundeigentümer verfügte meist über mehrere Poderi. Auf einem Podere fand sich eine große Vielfalt an Feldfrüchten: Zwischen Olivenbäumen wuchs Weizen; Weinreben rankten sich um Futterbäume; die Kulturen umfassten aber auch Obstbäume, Bohnen, Artischocken, Seidenraupen, Lein und Flachs für Textilien; Eichenwälder zur Schweinemast und zur Gewinnung von Holzkohle.

Über ein halbes Jahrtausend war die Mezzadria das vorherrschende System der Agrarwirtschaft. Mit der Industrialisierung Mitte des 20. Jahrhunderts ging diese Ära zu Ende. Bauern wanderten in die Städte, Gehöfte verfielen. Die Landschaft heute zeigt nur mehr Relikte der einstigen Vielfalt. Es gibt nur noch wenige der alten Feldfrüchte, Wein und Oliven gedeihen auf großen Schlägen in Reinkultur. Die einstigen bäuerlichen Gehöfte standen über lange Zeit als Ruinen in der Landschaft.

Dann kam eine Trendwende gerade noch zur rechten Zeit, sie verhinderte den gänzlichen Verfall: Ein aufkommender *agriturismo*, eine Variante der Ferien auf dem Bauernhof, und das neu erwachte Interesse am Leben auf dem Lande führten zu einer Renaissance des ländlichen Lebens. Viele der alten Landsitze sind heute Zentren der Weinerzeugung.

Doch nicht überall in der Toskana prägte die Mezzadria die Landschaft. In den Bergen des Apennins bewirtschafteten zwei Klöster – Camaldoli und Vallombrosa – seit dem Mittelalter große Tannenwälder. Anstatt der Mezzadria gab es bäuerlichen Kleinbesitz. Im rauen Klima der Berge reifte der Weizen nicht, Grundnahrungsmittel war Kastanienmehl. Die Männer führten ihre Schafherden auf die Transhumanz – von den Sommerweiden in den Bergen zu den Winterweiden an die Küste.

Dort, in der Maremma und in den großen Flüsstälern im Inneren der Toskana, dem Arnotal und der Valdichiana, machte die Malaria eine ständige Besiedelung unmöglich. Nur im Winter konnte der Mensch sich hier aufhalten. Über Jahrhunderte gab es Versuche der Bonifizierung; von den Etruskern über die Medici bis zu deren Nachfolgern, den Großherzögen von Habsburg-Lothringen, die im 19. Jahrhundert große Gebiete trockenlegten. Die endgültige *bonifica* gelang dem Faschistischen Regime in den zwanziger und dreißiger Jahren des letzten Jahrhunderts. Die Malaria trat zuletzt 1957 auf, die Sümpfe sind bis auf wenige Reste verschwunden. Sie stehen als Feuchtgebiete von internationaler Bedeutung unter Schutz.

# Die Mezzadria.
## Eine toskanische Besonderheit

*Ove in alto pendente il campo stia*
*Meni a traverso pur l'aratro e li buoi*
*Perché se l'onda poi ché scorre in basso*
*Scendere trovasse alle sue voglie il rigo*
*...*
*La sementa e il terren trarrebbe al fiume.*

*Wo in der Höhe das Feld sich neigt*
*Sollen auch Pflug und Ochs gerade gehen*
*Damit, wenn Regen dann nach unten fließt,*
*Furchen die stürzenden Wasser bremsen*
*....*
*Die Saat und Boden in den Fluss sonst spülten.*
*Luigi Alamanni, Annotazioni sopra la coltivazione, 1745*

Die charakteristische Landschaft der toskanischen Hügel geht auf das besondere agrarische System der Mezzadria zurück, in dem stadtsässige Grundherren ihr Land in Halbpacht bestellen ließen. Keiner hat dies besser dargestellt als Ambrogio Lorenzetti im Rathaus zu Siena.

Der Rat der Neun, die Regierung der mächtigen Stadt Siena, hatte Mitte des 14. Jahrhunderts kein leichtes Regieren: Kämpfe zwischen den Adelsfamilien, Unruhe unter den Armen, Rivalitäten der reichen Bürger schwächten Legitimation und Ansehen. Der Rat hatte ein Imageproblem; er beschloss, seine Reputation durch einen Freskenzyklus im Rathaus zu verbessern, der die Segnungen der Guten Regierung dem Verderben der Schlechten ge-

genüberstellte. Der Auftrag ging an Ambrogio Lorenzetti (1290-1348), den berühmtesten Maler in Siena.

Ambrogio enttäuschte seine Auftraggeber nicht. Das grandiose Propagandawerk „Allegorie der Guten und Schlechten Regierung" bedeckt drei Wände in der *Sala dei Nove*, dem Saal der Neun. Das Fresko ist die älteste Darstellung der toskanischen Landschaft; Ambrogio der erste, der die Landschaft zum Hauptthema eines Gemäldes machte. „Nach Lorenzetti gab es keine Darstellung einer solchen Verknüpfung zwischen Stadt und Land mehr", so Maria Luisa Meoni[1], die das Fresko aus anthropologischer Sicht analysierte. Ambrogios Landschaft ist geprägt von der Arbeit des Menschen; es ist die Kulturlandschaft der toskanischen Hügel, eine Landschaft, die zum Mythos wurde und Toskanareisende heute noch fasziniert.

Das Werk entstand um 1339. Ambrogio starb 1348 an der Pest.

Siena, nach Florenz die zweitgrößte Stadt der Toskana, gehörte zu den mächtigen mittelalterlichen Stadtstaaten Mittel- und Norditaliens. Ab dem 11. Jahrhundert erblühten diese *Comuni* im Machtvakuum des römisch-deutschen Kaisertums, das nur noch nominale Macht über Italien besaß. Die Städte nahmen sich mehr und mehr Freiheiten heraus, regiert und repräsentiert vom *Consiglio*, dem städtischen Rat. Im *Consiglio dei Nove* in Siena, dem Rat der Neun, saßen vermögende Bürger und sienesische Patrizier. In den *Comuni* blühten Handel und Handwerk; Kaufleute und die mächtigen *arti*, die Zünfte, hatten die Macht; Adel und Klerus verloren an Bedeutung.

An der Westwand des Saales schuf Ambrogio ein Schreckenspanorama: Krieg, Hunger, Missernten und Plünderung überziehen Stadt und Land, als Folge schlechter Regierung. Allegorisch triumphiert Tyrannis über die Justiz und verbreitet Furcht und Schrecken. An der Wand daneben weist die Gute Regierung den Weg aus solchem Elend. „Gute" allegorische Figuren wachen über die Stadt, über allen die weiß gewandte Figur des Friedens, einen Ölzweig in der Hand, sowie jene des Gemeinwohls, des *bene comune,* in den schwarz-weißen Farben Sienas. Die Ostwand schließlich zeigt die blühende gotische Stadt Siena und ihren *contado,* ihr Herrschaftsgebiet, unter der Guten Regierung des Rates der Neun. Hier fanden die ethisch-politischen Botschaften des Auftraggebers ihren Ausdruck, vielleicht auch die Idealvorstellungen Ambrogios von einem funktionierenden Gemeinwesen.

Die Stadt und das Land sind nicht naturgetreu dargestellt, aber durch Inschriften und der Wiedergabe bestimmter Gebäude wie dem Dom als Siena und seine Umgebung zu erkennen. Siena ist sicher und geordnet, geschäftig und wohlhabend, weil gut regiert. Ambrogio zeigt eine weltliche, zivile Stadt ohne Priester und Ordensleute, der Dom erscheint im Hintergrund, weltliche Gebäude und *palazzi* dominieren. Auch im Contado finden sich zwischen all den Bauernhäusern, Landsitzen, Mühlen und Brücken keine Kirchen oder Kapellen. Ambrogio wollte die Vorherrschaft der aufstrebenden Klasse der Bürger, der Zünfte und Kaufleute, betonen. Die Adeligen kehren der Stadt den Rücken – zur Jagd aufbrechende Müßiggänger, deren Reichtum aus ihren Landgütern stammt. Sie reiten durch das weit geöffnete Stadttor, das für den Austausch von Menschen und Produkten zwischen Stadt und Land steht.

Ein *paesano*, ein Landmann, treibt sein Schwein, eine schwarz-weiße *cinta senese*, auf das Stadttor zu, Bäuerinnen mit Körben auf dem Kopf und Hirten mit ihren Schafen streben zum Marktplatz. Die belebte Straße ist die Nabelschnur, die Stadt und Land verbindet.

Vor den Toren Sienas erstreckt sich bäuerliches Hügelland. Lorenzetti schuf eine Landschaft, wie sie uns in den Grundzügen heute noch begegnet: *Rolling hills* mit Weizenfeldern, Olivenhainen und Weinbergen; über die Hügel verstreute Bauernhäuser, kleinteilige Kulturen, Wald und Berge im Hintergrund, Villen und Kastelle, gewundene Wege, Fluss, Mühle und Brücke. Die Gehöfte sind über das Land verstreut; mit zunehmender Entfernung von der Stadt weitmaschiger verteilt, mit geometrisch geformten Feldern. Olivenbäume wachsen in oder neben den Weinbergen oder im Weizenfeld. Die Architektur der steinernen Bauernhäuser verweist mit ihren Torbögen, den Außentreppen, dem Taubenturm auf Vorbilder in der Stadt, die Palazzi der Grundeigentümer, denen Land und Gebäude gehören. Auf einem Hügel liegt der Landsitz eines Adeligen. Ganz im Hintergrund lugt auf dem Fresko die Hafenstadt Talamone am Tyrrhenischen Meer hervor, die sich im 14. Jahrhundert unter der Kontrolle Sienas befand.

Schriftsteller beschrieben ab der Mitte des 19. Jahrhunderts die Landschaft der Toskana als Kunstwerk, als mediterranen Garten, der den bildungsreisenden Adeligen und Großbürger auf seiner *Grand Tour* erwartete. Doch die mittelalterlichen Grundherren der Toskana suchten nicht Schönheit, sondern Profit. Die Landschaft vor den Toren Sienas war das Ergebnis ökonomischer Interessen und nicht ästhetischer Bestrebungen.

Das Fresko Ambrogios zeigt eine Landschaft, die schon von der Mezzadria geprägt ist. In diesem agrarisch-ökonomischen System stellte der Grundherr Gehöft, Gerätschaften, Zugochsen und Saatgut zur Verfügung, der Pächter mit seiner Familie stellte die Arbeitskraft. Die Ernte ging je zur Hälfte an die beiden Vertragspartner.

Nahezu 700 Jahre sollte die Mezzadria andauern. In den sechziger Jahren des 20. Jahrhunderts ging sie dann zu Ende.

Charakteristische Elemente der Mezzadria waren die regelmäßig getakteten Bauernhäuser auf den Hügeln, die Äcker, Weinberge, Olivenhaine rundum, der Wald in der nahen Ferne. Die wichtigsten Produkte Wein, Öl und Korn wuchsen in Mischkultur: Korn zwischen Reben oder unter Ölbäumen, Rebzeilen am Rand der Olivenhaine.

In Lorenzettis Darstellung ist die Landschaft durch menschliche Arbeit überformt, ja domestiziert. Weinberge und Olivenhaine liegen, geometrisch geordnet, direkt vor der Stadt, oder in der Nähe der Kastelle, Villen und Bauernhäuser. Die Rebzeilen sind horizontal angeordnet – *a girapoggio* – wörtlich: den Hügel umrundend. Diese Technik mindert, zum Unterschied von der vertikalen Pflanzung *a rittochino* (auf- und abgehend) die Erosion des Bodens. Im Mittelalter war die vertikale Pflanzung, weil weniger arbeitsintensiv, weit verbreitet. Die Darstellung des Girapoggio auf dem Fresko ist idealisiert, als Mahnung zu verstehen, die Abschwemmung des Bodens zu verhindern. Auf dem Fresko finden sich sowohl reale als auch utopische Elemente. Die jahreszeitlich über das Jahr verteilten Arbeitsgänge des Weizenanbaus sind synchron dargestellt: Die Bauern säen, pflügen, sicheln und dreschen zur gleichen Zeit.

Ambrogio malte in allen Details die ökonomische und symbolische Bedeutung der „geordneten" Landschaft des *Buon Governo*, der Guten Regierung. Emilio Sereni, der Doyen der italienischen Landschaftshistoriker, schreibt folgerichtig auch vom „Wunder der quadratischen Felder, der schön angeordneten Rebzeilen, des weise angelegten Anbaus in der Ebene und auf den Hügeln".[2] Er lobt den „präzisen Realismus", mit dem der Lorenzetti ein vollständiges landwirtschaftliches Panorama der Kommunen schuf.

Rechteckige Felder, lineare Rebzeilen, gerade Linien: Menschen im Mittelalter suchten in wohlgeordnetem Anbau und unablässiger Arbeit Schutz vor der unberechenbaren Natur. Dürre, Überschwemmung, Seuchen waren eine stete Bedrohung. Die Natur zu zähmen, war nur unter der Guten Regierung möglich, die einzig Sicherheit vor allen Unbilden bot.

Nach dem Ende der Großen Pest von 1348, mit der demographischen und wirtschaftlichen Erholung, floss wieder Kapital von der Stadt auf das Land. Es gab wenige Bauern, aber viele Felder: Das Spiel von Angebot und Nachfrage um Arbeitskräfte in der Landwirtschaft stärkte jetzt die Stellung des Landmanns gegenüber dem Grundherrn. Leibeigene stiegen zu Halbpächtern auf. Der rechtlose, abhängige Bauer war nun Vertragspartner des Padrone. Die Mezzadria war eine fortschrittliche und auch gerechtere Art, das Land zu bewirtschaften – mit dem Kapital des Grundherren und der Arbeitskraft des Bauern erblühten Serenis „weiser Anbau in der Ebene und auf den Hügeln".

Rechte und Pflichten der Vertragspartner waren im Vertrag zur Mezzadria detailliert ausgeklügelt. Der Grundeigentümer streckte das Kapital vor; außer dem Bauernhaus und den Wirtschaftsgebäuden – Stall, Stadel, Remisen – stellte er auch das Vieh und legte die Baumpflanzungen an – Wein, Oliven, Obst- und Maulbeerbäume – und übergab die mit Feldrainen und Abzugsgräben ausgestatteten Felder. In steilen und schwierigen Lagen bezahlte er die Hälfte des Saatguts, auf guten Böden musste der Mezzadro es selbst bereitstellen.

Außer der Aufzählung der täglichen bäuerlichen Arbeiten in Feld, Wald und Garten gab es für die Bauern genaue Anweisungen zu Anlage und Pflege der Kulturen, zur Verbesserung der Böden, zum Ankauf des Viehs, zu Bau und Erhaltung der Gebäude, zu Tagschichten für Holzfällen und Holztransport. Auch ein Teil des Stallgewinns mit Kleinvieh *(utile stalla)* aus Kaninchen, Hühnern, Tauben gehörte dem Padrone, dazu Schinken, Käse und Eier. Für die besten Böden mussten die Bauern auch die Hälfte der Grundsteuer entrichten. Die Gleichberechtigung von Bauern und Grundherrn existierte also nur in der Theorie; – die Mezzadri konnten die Pflichten, die ihnen vom Vertrag auferlegt wurden, nur mit äußerster Anstrengung zu erfüllen.

Ab dem 15. Jahrhundert, in der Renaissance, der Zeit der Wiedergeburt der Ideen der Antike, begann man, die Gesetze der Natur nicht mehr wie im Mittelalter durch metaphysische Spekulation, sondern durch Experiment, Kalkulation und kühle Rationalität zu ergründen. Gelehrte wie Leon Battista Alberti, Leonardo da Vinci oder Galileo Galilei trugen mit ihren Werken die neuen Gedanken in die toskanischen Städte. Die städtischen rationalen Kriterien galten jetzt auch auf dem Land - die Pachtverträge schrieben nun die intensive Nutzung der letzten Quadratmeter des Landbesitzes fest. Die Landschaft der Renaissance war noch mehr als jene des Mittelalters architektonisch angelegt, durch und durch funktional, die Mezzadria übernahm die kapillare Kontrolle über das Land.

Im 17. und 18. Jahrhundert wuchs die Bevölkerung, die Getreidepreise stiegen, die Grundbesitzer fuhren gute Gewinne ein. Es kam zu einer Ausweitung und Intensivierung des Ackerbaus. Die Mezzadri gerieten unter Druck; in die Verträge wurden zusätzliche Klauseln aufgenommen, wie die *regalie* – Schenkungen –, in Wirklichkeit unentlohnte Leistungen. Die Bauern wurden verpflichtet, neue Weinberge anzulegen, neue Felder umzustechen, Rodungen und Entsumpfungen vorzunehmen. Besonders verhasst war der *patto di fossa,* der Vertrag zur Anlage von Abzugsgräben – eine endlose Schinderei, zu erbringen ohne Gegenleistung des Padrone.

Die Toskana ist durchzogen mit den von den Mezzadri angelegten Feldterrassen, Trockenmauern, Wegen und Feldrainen, Zeugen ihrer Kunstfertigkeit und der Mühsal jahrhundertelanger Arbeit.

Vor 100 Jahren waren 70 Prozent der landwirtschaftlichen Fläche der Toskana im Agrarsystem der Mezzadria. Für die Bauern und ihre Familien reichte es für ein karges Überleben. Sie buken Brot, produzierten Öl, Wein, Kleinvieh, Obst, Gemüse, Käse, Hanf und Wolle. Kaum etwas davon brachten sie auf den Markt. Sie hatten auch kein Bargeld. Oft waren sie dem Padrone gegenüber verschuldet, befanden sich in einer die Generationen überspannenden Zinsknechtschaft.

Nach dem ersten Weltkrieg, mit dem Einsetzen der Industrialisierung und dem Erstarken sozialistischer Reformideen, geriet die Mezzadria in eine erste Krise. Die stark ländlich geprägte Ideologie des Faschismus hielt den Niedergang der Landwirtschaft ab den zwanziger Jahren zunächst auf – so sollte mit der sogenannten Kornschlacht, der *battaglia del grano,* die Autarkie Italiens in der Getreideproduktion erlangt werden.

Nach dem Ende des Zweiten Weltkriegs änderte ein neues Landwirtschaftsgesetz, der sogenannte *lodo de Gasperi* die Bedingungen geringfügig zu Gunsten der Mezzadri, die nun 53 Prozent des Ertrages erhielten; die ungeliebten Regalien wurden abgeschafft. Ab 1964 gingen dann 58 Prozent des Ertrages an die Bauern, doch der Verfall der Mezzadria war nicht mehr aufzuhalten: Seit 1954 hatte eine massive Landflucht eingesetzt. Die Mezzadri liefen den Padroni in Scharen davon, in die Fabriken. Sie entflohen der Unterdrückung, der Isolation auf den Poderi, der Bedrohung durch willkürliche Kündigungen als Strafe für Aufmüpfigkeit. Die Jungen gingen zuerst. Mauro Innocenti, der letzte Mezzadro in Carmignano erzählte: „Die Padroni waren nicht imstande, ihre ideologischen Scheuklappen abzuwerfen, halfen den Bauern nicht, Eigentum aufzubauen. Sie waren nur auf die Quote zur Verteilung fixiert." Im Jahre 1964 wurde die Mezzadria gesetzlich abgeschafft.

Viele der über Nacht verlassenen Poderi waren nun dem Verfall preisgegeben. In den Achtziger Jahren kam dann unerwartete Rettung: Der *agriturismo,* eine Art Ferien auf dem Bauernhof, brachte wieder Leben auf viele Bauernhäuser. Ehemalige Mezzadri betreiben jetzt als Eigentümer oder gutgestellte Pächter die Landwirtschaft, vermieten restaurierte Gebäude, verkaufen ihre Produkte an die Gäste. Ein Gesetz regelt, dass die Hälfte der Einkünfte aus der eigenen Landwirtschaft kommen muss, eine Bedingung, die nicht alle Vermieter erfüllen. „Das sind keine Bauern, die wollen Hoteliers sein", kritisiert eine Wirtin aus Sovicille bei Siena.

Viele der alten Güter gingen auch in neuem oder altem Großgrundbesitz auf. Große Weinerzeuger wie Antinori, Ricasoli und Frescobaldi vergrößerten ihre Anbauflächen, bauten Weine an, die heute einen sehr guten Ruf genießen. Manche ihrer Villen und Landsitze sind jetzt luxuriöse Hotels und Wellnessoasen.

Von der Mezzadria zeugen noch viele Elemente in der Kulturlandschaft der Toskana. Die Verteilung der Wald- und Feldflächen blieb fast unverändert, auch die *campi a pigola*, die unregelmäßig geformten „Winkelfelder" gibt es noch. Reste der alten Mischkultur finden sich in den Gärten der Hausfrauen und Rentner, die ihre paar Ölbäume zuschneiden und Reben auf Feldahorne binden. Sie pflanzen eine Hecke, lassen den Eingang zu ihrem Grundstück von zwei Zypressen bewachen. Im Dickicht des Waldes trifft der Wanderer unvermutet auf morsche Ölbäume, verkümmerte Rebzeilen oder verfallende Trockenmauern als Spuren eines früheren Podere.

# Toskanischer Dreiklang:
# Weizen, Wein und Öl

*„Um Florenz an den Bergen ist alles mit Ölbäumen und Weinstöcke bepflanzt, dazwischen wird das Erdreich zu Körnern benutzt".*
*...das zweite Jahr bauen sie Bohnen...Es werden auch Lupinen gesäet, die jetzt schon vortrefflich grün stehen und im März Früchte bringen*
*Goethe, Italienische Reise, 1786*

In der Mischkultur – *coltura mista* oder *promiscua* –wuchsen auf ein- und demselben Feld verschiedene Früchte. Rebzeilen und Ölbäume wechselten einander ab, dazwischen wuchs Korn. Am Wegrand, auf dem Hof oder auf der Tenne standen große Eichen für die Schweinemast, Pinien lieferten Harz, Holz und Pinienkerne, Maulbeerbäume Futter für Seidenraupen. An Kopfweiden sprossen Ruten zum Flechten von Körben. Obstbäume wuchsen auf Feldrainen – Äpfel, Birnen, Pflaumen, Kirschen, auch Granatäpfel und Mispeln, Quitten, Mandeln und Kaki, oft abwechselnd mit Reihen von Ölbäumen und Reben, versetzt gepflanzt, damit sie sich nicht gegenseitig beschatteten.

„Das zweite Jahr bauen sie Bohnen...": So beschrieb Goethe die bodenschonende Fruchtfolge, da Weizen nicht an zwei aufeinander folgenden Jahren gesät werden durfte. In Mitteleuropa war die Dreifelderwirtschaft üblich: Getreide, Hackfrucht, Brache. In der Mezzadria säten die Bauern im Fruchtwechsel mit Weizen Bohnen und andere Hülsenfrüchte (Leguminosen) ein, da diese mit ihren Knöllchenbakterien an den Wurzeln Stickstoff in den Boden brachten. Die Brache zur Erholung des Bodens entfiel. Der abwechselnde Anbau von Leguminosen und Weizen war als *sistema toscano* bekannt. Mit den Hülsenfrüchten linderten die Bauern den Düngermangel. In der toskanischen Küche spielen Hülsenfrüchte seit jeher eine große Rolle: weiße Bohnen – *fagioli all'uccelletto*, Kichererbsen – *ceci*, Linsen – *lenticchie* und Saubohnen – *fave*. Hülsenfrüchte waren der *companatico* der Bauern, die Beilage zum Brot.

„Kein anderes Getreide kann dem Bauern so viel geben", so der Agronom Carlo Pazzagli über den Mais.[3] Im 18. Jahrhundert begann in der Toskana der Anbau von Mais, entweder in der Mischkultur oder, wie im Apennin, wo es die Mezzadria nicht gab, auf kleinen Feldern. Mais, der ursprünglich aus Mittelamerika kam, brachte höhere Erträge als Weizen. Die Blätter konnten an das Vieh verfüttert werden, das linderte eine weitere ewige Sorge der Mezzadri, nämlich den Mangel an Viehfutter. Kein Wunder, dass die Bauern den Maisanbau ausweiteten, wo sie konnten, ohne sich um die Janusköpfigkeit dieser Pflanze groß zu kümmern: höherer Ertrag einerseits, Ermüdung des Bodens und Erosion andererseits. Die Gefahr, durch einseitigen Maisgenuss an der Eiweißmangelkrankheit Pellagra zu erkranken, bestand bei den Mezzadri nicht: Hülsenfrüchte enthalten viel Eiweiß. Auch dort, wo er herkommt, in Mittelamerika, wird Mais zusammen mit Hülsenfrüchten gegessen – man denke an die mexikanischen Tortillas mit Bohnen.

Die Aussaat von Mais erfolgte im Sommer nach der Weizenernte, im Wechsel mit Bohnen. Die Mezzadri mischten noch weitere Pflanzen auf den Äckern. Sie säten Klee oder Linsen zwischen den Weizen, Hafer in den Klee, pflanzten

Kohl oder Rüben dazwischen. Die Vielfalt der Feldfrüchte in der Mezzadria würde man heute als ökologisch vorteilhaft bewundern. Im 19. Jahrhundert schalten die Kommentatoren diese *mescoli* als ineffektiv und unökonomisch. Die Mischkultur hatte ihren Grund im System der Mezzadria, in der Selbstversorgung der Bauern, dem Verbrauch der Produkte auf dem Podere. Die Mezzadri hatten bis fast zum Ende der Mezzadria kaum Zugang zum Markt. Diesen hatte allein der Padrone.

*I toscani tengono i prati sugli alberi.*
*Die Toskaner haben ihre Wiesen auf den Bäumen.*
*Toskanisches Sprichwort*

Wiesen sah Goethe auf seiner italienischen Reise „fast gar nicht". Der Anbau von Futterpflanzen für das Vieh – Gras oder Klee – war praktisch unbekannt. Die Halbpächter forcierten den Weizenanbau, wo sie konnten. Nur das Korn bewahrte den Mezzadro vor dem Hunger. Hafer hätte zwar höheren Ertrag gebracht, doch kann er nicht zu Brot verbacken werden. Der fehlende Marktzugang, der Zwang zur Selbstversorgung, gestattete es den Mezzadri nicht, auf den bis zur Erschöpfung des Bodens betriebenen Weizenanbau zu verzichten. Die Grundherren hingegen favorisierten Wein und Öl wegen der besseren Preise.

Ein weiteres Element im Fruchtwechsel der Mischkultur waren Textilpflanzen wie Hanf oder Leinen, der „im März.... schon gekeimt" hatte, wie Goethe bemerkte. Wolle kam von den Schafen auf dem Podere. Auch in der Herstellung ihrer Textilien waren die Mezzadri Selbstversorger.

Neben dem Ölbaum, dessen Anbau erst im 19. Jahrhundert auf große Flächen ausgedehnt wurde, war die Weinrebe die bedeutendste Baumkultur. Die alte, von den Etruskern stammende Technik, die Ranken auf lebende Bäume – Feldahorn, Feldulme – zu binden, ist heute bis auf Relikte verschwunden. Diese *vite maritata*, diese „vermählte Rebe", war die übliche Anbautechnik in der Mischkultur. Wie alles in der Mezzadria hatten Ahorn und Ulme einen praktisch-ökonomischen Zweck: Ihre Blätter dienten auch als Viehfutter – die Toskaner hatten ihre Wiesen auf den Bäumen.

Das größte Problem für die Bodenfruchtbarkeit, ja für das ganze System der Mezzadria, war der chronische Mangel an Dünger. Auf einem Podere gab es nur wenige Tiere, ein bis zwei Chianina-Ochsen für die Feldarbeit, ein oder zwei Milchkühe, einen Esel oder ein Maultier, ein Mastschwein, eine Handvoll Schafe. Größere Poderi zogen zusätzlich ein bis zwei Kälber groß, für den Markt, um an ein wenig Bargeld zu kommen. Im Winter im Stall gehalten, weidete das abgemagerte Vieh im Frühjahr am Strick geführt an Feldrainen, Wegrändern oder am Waldrand. Ein freier Weidegang war auf dem Podere nicht möglich. Überhaupt war die Ernährung des Viehs prekär; auch der Mist, den die Tiere gaben, reichte nicht aus, um die Fruchtbarkeit der Felder zu erhalten. Die toskanischen Misthäufen waren nicht sehr gepflegt, die Bauern vermengten den wenigen Mist mit Pflanzenresten aller Art: Eichen-und Kastanienblättern, Farnkraut, Schilfrohr – minderwertiger Pflanzendünger, den die Bauern auch von weit her holten. Noch schlechter waren Wollfetzen, Lederreste, Häute oder Weintrester, mit dem Inhalt der Sickergruben und Stroh vermischt.

Der Padrone sorgte sich nicht um den Dünger, die Anstrengungen zu seiner Beschaffung lagen allein bei den Bauern. Rings um Florenz war ein Familienmitglied das ganze Jahr über damit beschäftigt, Sickergruben zu leeren und den Aushub zum Podere zu schaffen. Diese Person erledigte für den Grundherrn unentlohnt die niedrigste aller Arbeiten. Nicht entlohnte Mehrarbeit kam im Arbeitslauf des Podere oft vor. Ein solcher *sopralavoro* tauchte im Pachtvertrag nicht auf, es handelte sich um stillschweigende, nicht honorierte Arbeitsleistungen der Bauern.

Agronomen unterscheiden in der Landwirtschaft die zwei großen Kategorien der offenen und geschlossenen Felder. Letztere sind von Hecken umsäumt. In Weidelandschaften finden wir geschlossene Felder, in die Weidetiere nicht eindringen können. Typisch dafür ist die englische *countryside*. In der Mezzadria weideten nur die Schweine frei, im Eichen- oder Kastanienwald. Dennoch waren Hecken häufig. Sie begrenzten den Gemüsegarten und die Felder am Waldrand. Hecken waren vielfältig aufgebaut – sie bestanden aus Weißdorn, Schlehdorn, Brombeere, Wacholder, Pfaffenhütchen oder Mäusedorn. Auch Kopfweiden waren darin, gelegentlich Obstbäume oder Eichen. Das Interesse der Mezzadri an den Hecken war weder ästhetisch noch ökologisch, es war praktischer Natur: Für sie waren Hecken ein wichtiger Brennholzlieferant. Das Brennholz aus dem Wald war für den Markt bestimmt, es war aus dem Pachtvertrag ausgeschlossen und gehörte allein dem Padrone.

# Kosmos des Mezzadro:
## Das toskanische Bauerngut

*Di là dal podere non ci si va.*
*Über den Podere geht man nicht hinaus.*
*Toskanisches Sprichwort*

Die Wirtschaftseinheit der Mezzadria war der *podere,* das toskanische Bauerngut. Er bestand aus dem Bauernhaus und seinen Nebengebäuden, den Äckern und Wäldern rundum. Mehrere Poderi waren an eine *fattoria* gebunden, das zentrale Landhaus, oft eine prächtige Villa, mit Mühle, Ölpresse und Weinkeller. Podere und Fattoria waren die wesentlichen Elemente der Mezzadria. Viele Hände waren nötig, um die Arbeit auf einem Podere zu bewältigen. Der *capoccia,* das Familienoberhaupt der bäuerlichen Großfamilie und Gebieter über den Betrieb, teilte sich die Herrschaft mit der *massaia,* der Hausfrau. Kinder, ledige Onkel und Tanten und die Großeltern arbeiteten mit. Von außerhalb kamen manchmal ein *bifolco* dazu, ein Knecht, und ein *garzone,* ein Hilfsarbeiter. Manchmal lebten auch zwei Familien auf einem Hof. 15 bis 20 Personen konnten so zusammenkommen.

Im toskanischen Hügelland war praktisch die gesamte landwirtschaftliche Fläche in Poderi aufgeteilt. Der Jurist, Politiker und Agronom Vincenzo Salvagnoli (1802-1861) berichtet für das 19. Jahrhundert von über 50.000 Poderi in der Toskana. Im Staatsarchiv von Florenz waren 60.000 Poderi verzeichnet, auf denen 80.000 Familien lebten. Außer in der Toskana war die Mezzadria noch im benachbarten Umbrien verbreitet. In der Küstenebene, der Maremma, und in den großen Flussebenen, dem Arnotal und der Valdichiana, sowie in den Bergen der Toskana gab es die Halbpacht nicht. Diese Gegenden wurden auch die „Toskana ohne Mezzadria" genannt.

„Die klassischen Gefilde der raffiniertesten und fortschrittlichsten Landwirtschaft" – so bezeichneten die Agrarreformer Matteo Biffi Tolomei (1730-1808) und Lapo de' Ricci (1782-1843) die Umgebung von Florenz. Hier, wie auch in der Nähe Sienas und einiger anderer Städte oder Märkte lagen die Poderi dicht an dicht auf den Hügeln. Sie waren oft klein; die *luoghi* – die Orte – um die Stadt Volterra konnten mit zwei bis drei Hektar Größe ohne Zugtiere bewirschaftet werden. Der Grund dafür ist einleuchtend, wenn auch anrüchig - hier stand der Dünger aus den Sickergruben der Städte zur Verfügung. Je weiter von Siedlungen sie entfernt lagen, desto größer waren die Poderi. Die Fläche variierte zwischen sechs und 14 Hektar. Die größten Poderi lagen in den Weizengegenden der Crete, den Tonböden südlich von Siena. Sie waren bis zu 50 Hektar groß.

Giuseppe Giuli (1764-1842), Botaniker und Mineraloge, zeichnet in seinem Bericht *Stathistica agraria della Val di Chiana* (1828-30) folgendes Bild: „Wenn außer den Flächen (aufgeteilt in Felder, gerodet, umgebrochen und mit den nötigen Baumkulturen bepflanzt) auch ein Wohnhaus da ist, eine Tenne, um das Korn zu dreschen und das Stroh aufzubewahren, ein Ofen, um das Brot zu backen, ein Stall, um das Vieh unterzubringen, ein Hühnerstall, manchmal ein Taubenturm – einer solchen Ansammlung von landwirtschaftlichen Werkstätten gibt man den Namen *podere* und der Union von vielen Poderi den Namen *fattoria*."

Ferdinando Morozzi (1723-1785), Ingenieur und Architekt, geht in seinem *Delle case dei contadini* (Von den Häusern der Bauern) von 1870 ins Detail:

„Ein Podere, welcher dem Padrone Frucht bringt in Form von Korn, Wein, Öl, Kastanien, Rindern, Schafen und Schweinen. Das Haus: Erdgeschoss mit guten, bequemen, hellen Treppen. Ringsum ein gepflasterter Hof. Ein Brunnen mit gutem, frischem Wasser. Ein Ofen, der drei *staja* (1 *stajo* – 25 Liter) Brot aufnimmt. Ein Raum für den Webstuhl der Frauen, für die Geräte der Arbeiter, für die Körbe, Matten, Spaten, Flechtkörbe und andere Geräte der Bauern. So viele Ställe, wie es den verschiedenen Arten von Vieh entspricht, Weinkeller, Keller. Käse- und Buttermöglichkeit. Eine Dörrkammer für die Kastanien, ein Aufbewahrungsort für die Eicheln. Ein Heustadel, ein Unterstand für Karren und Flechtwagen. Eine Jauchegrube. Ein Hühnerstall, eine Tenne zum Dreschen. Im ersten und letzten Stock ein großer Küchen- und Essraum für die Familie. So viele Räume mit zwei Betten als es Personen für die Bewirtschaftung des Podere braucht. Ein Kornspeicher für die Ernte des Bauern. Ein Raum, um die Oliven auszubreiten, den man über der Küche mit ein paar eingezogenen Balken abtrennen kann. Eine überdachte Loggia für die Arbeit bei Regenwetter. Ein Taubenturm.“

Die Grenzen des Podere waren auch die Grenzen der Welt des Mezzadro. Grenzen waren genau festgelegt, mit den *campi a pigola*, den polygonalen „Winkelfeldern“, passgenau an die Topographie der Hügel, die Grenzgräben und die Reihen der Zypressen. Der Historiker Alessandro Falassi sagt über den Podere: „Die Welt des Ungefähren, das heißt die Welt der ungezähmten Natur, wird geleugnet, die Natur domestiziert.“[4] Nur zwischen Wald und Feld gab es mit dem *sodo* einen schmalen Übergang von der Kultur zur Wildnis. Die *sodi* waren harte, nicht umgestochene, aber gerodete Flächen, die, je nach dem augenblicklichen Bedarf, als Wiese, Weide oder Anbaufläche für Futterpflanzen dienten.

Doch wenn der Bauer nachlässt mit seiner Arbeit, verschwimmen die Grenzen des Podere bald; der Wald breitet sich aus, er beginnt, Felder, Weinberge und Sodo zu überwuchern. Alessandro Falassi spricht vom Wald, der die ungeordnete, nicht domestizierte Natur darstellt, als einem symbolischen, „anderen" Raum. Er unterscheidet dabei den *bosco pertinente*, den zum Podere gehörenden konkreten, sichtbaren Wald und den *bosco incombente*, den hereindrängenden, bedrohlichen Wald, der im Augenblick der nachlassenden Wachsamkeit die Felder überwuchert. Der Bosco incombente ist ein symbolischer Wald, ein Sinnbild für die nie aufhörende Bedrohung der Kultur durch die Wildnis. [5]

Mit dem Ende der Mezzadria lösten sich die Grenzen der Poderi auf, die Welt des Ungefähren weitete sich wieder aus. Doch ist die alte Aufteilung zwischen Wald und Feld weitgehend erhalten. Im Chianti zum Beispiel liegen die Weinberge, in den alten Formen der Winkelfelder, inmitten der Eichenwälder. In den waldfreien Crete haben die Weizenfelder Gestalt und Ausdehnung seit den Zeiten der Mezzadria beibehalten.

Der technische Fortschritt des 19. Jahrhunderts rieb sich mit dem archaischen System der Mezzadria: Cosimo Ridolfi, Herr über das Mustergut Meleto im Chianti, scheiterte mit seinen Bemühungen, Neuerungen und Erleichterungen für die Bauern einzuführen; eine Rationalisierung ihrer Arbeit und eine Steigerung der Erträge zu erreichen. Ridolfi konnte die Einführung eines einfachen Metallpfluges – des *coltro Ridolfi* – nicht durchsetzen. Die Mezzadri widersetzten sich jeglicher Neuerung mit zähem Widerstand, sie fürchteten eine Verschlechterung ihrer Lage und klammerten sich an die alten Praktiken. Mitte des 19. Jahrhunderts gab es im ganzen Großherzogtum nur zwei Dreschmaschinen, beide von Ridolfi eingeführt. Eine stand in Meleto, die andere in dem von Ridolfi gegründeten *Istituto Agrario* von Pisa. In der Valdichiana kam es 1902 zu einem Aufstand der Mezzadri gegen den Versuch, sie für die Kosten einer solchen „Maschine" aufkommen zu lassen.

Viele Bauernhöfe kleinerer Grundherren waren sogenannte „freie" Poderi. Salvagnoli schreibt von 1.000 Fattorien im toskanischen Hügelland, denen 12.000 der 50.000 Poderi angehörten, also nur rund ein Viertel. Aus napoleonischer Zeit berichtet die Statistik von 80 Prozent ungebundenen Poderi in der Nähe der Städte, dort, wo die Flächen am kleinsten waren.

Weiter weg, im florentinischen Hügelland oder im Chianti, wurden die freien Poderi weniger. Dort war fast die Hälfte der Höfe an eine Fattoria gebunden, im Contado von Siena, im Chianti Senese und in der südlichen Valdichiana 50 bis 70 Prozent, auch in der Montagnola Senese westlich von Siena und in der Val d'Orcia. Dort findet man jene Orte, in denen auch heute noch das klassische Toskanabild vorherrscht: Montepulciano, Rapolano, San Giovanni d'Asso, Castiglion d'Orcia, Pienza, San Casciano dei Bagni, Cinigiano, Greve, Castellina oder Radda im Chianti.

## Villa und Fattoria

Sie heißen *villa*, *castello* oder *fortezza* (Festung), die
Landsitze der toskanischen Grundherren. Gerne stehen
sie auf Aussichtspunkten, mit weitem Blick über das Tal,
umgeben von Parks; Zypressenreihen führen auf sie zu.
Poderi sind engmaschig über die Hügel verteilt, die Villen
im weiten Verbund.

Die Villen gehören zum toskanischen Mythos wie Zypressen und Ölbäume. In einer von der Region Toskana aufge-
legten Broschüre sind 160 öffentlich zugängliche Villen
mit Parks aufgeführt. Die meisten davon waren nicht nur
der Landsitz der Herrschaft, sondern gleichzeitig das
Zentrum der ländlichen Ökonomie, die Fattoria. Dort
herrschte der gefürchtete *fattore*, der Gutsverwalter und
Bevollmächtigte der meist in der Stadt weilenden Padroni. Manche der Fattorien lagen in den Dörfern oder Klein-
städten. Viele der heute noch prägenden Villen und Fattorien entstanden im 18. und 19. Jahrhundert, wie die *Villa
di Querceto* in Greve im Chianti, der *Palazzo Cinughi* in
Castelnuovo Berardenga, das *Castello di Spaltenna*, und
das *Castello d'Albola* im Chianti.

Stilbildend für die Landvillen des toskanischen Adels wa-
ren die *ville medicee*, die Villen der Medici. Lorenzo de'
Medici, il Magnifico (1449-1492) beauftragte Giuliano da
Sangallo (1445-1416), den besten Architekten seiner Zeit,
mit dem Bau einer *villa rustica* in Poggio a Caiano in der
Nähe von Florenz. Insgesamt errichteten die Medici im
15. und 16. Jahrhundert 18 Villen, erbaut im Stil der Re-
naissance, versehen mit stupenden Kunstwerken: Der
„Frühling" von Sandro Botticelli zum Beispiel hing in der
Villa Castello in den Hügeln über Florenz. Jedes Mitglied

der Familie Medici besaß seine Villa als Ort des Rückzugs, der Jagd, der Repräsentation, aber auch der Ökonomie und der Kontrolle über das Territorium. Heute stehen 12 Medicivillen mit ihren Parks als Weltkulturerbe unter dem Schutz der Unesco.

Auch an der Periphie des Großherzogtums Toskana, in den Flussebenen des Valdarno und der Valdichiana und in der Maremma, entstanden auf den nach und nach trockengelegten Flächen *ville-fattoria*, bei denen die ökonomische Funktion im Vordergrund stand. In der Valdichiana bauten die Medici und ihre Nachfolger, die Großherzöge von Habsburg-Lothringen, im Laufe der Jahrhunderte 13 solcher Güter. Dazu gehören die Fattoria von Fontarronco mit 26 Poderi oder die Fattoria di Montecchio. Im unteren Arnotal standen sieben großherzogliche Fattorien, darunter die Fattoria Medicea in Monsummano Terme – heute ein Hotel – oder die Fattoria von Castelmartini am Nordufer des Sees von Fucecchio.

„Die Fattoria ist nicht nur eine Vereinigung vieler Poderi, sondern wird ergänzt durch Räume zur Aufbewahrung der landwirtschaftlichen Produkte und dem Verwaltungsgebäude. Hauptraum eines solchen Hauses ist die Schreibstube, wo der Fattore oder der Sekretär die Register der Fattoria führt, wo Ernten, Kauf und Verkauf des Viehs, Abgaben des Getreides und alle anderen Kapitel, die zu einer guten Verwaltung gehören, vermerkt werden. Im ersten Stock des Hauses sind Küche und Schlafräume. Im Erdgeschoss sind noch die Pferdeställe, Waschküche, Hühnerstall und das Getreidemagazin, in dem alle Körner aufbewahrt werden (Getreide, Bohnen, Linsen, Kichererbsen, Saubohnen, Mais). Die *oliviera* oder *frantoio*, wo das Öl gepresst wird, der Raum, *orciaia*, wo man es aufbewahrt: Diese Räume sind dunkel und vor Zugluft geschützt. Hier wird auch meist der Käse aufbewahrt. Zum Weinkeller gehören der Raum, wo der Wein fermentiert wird und der Keller mit den Fässern. Diese Räume sind meist im Boden eingegraben...", berichtet Giuseppe Giuli.[6]

Die Fattoria hatte keine Geräte, Tennen, Ställe; hier wurden die landwirtschaftlichen Produkte nicht produziert, sondern gesammelt, kontrolliert und aufbewahrt. Dem Fattore oblag die Aufsicht über die Organisation des Betriebs, die Sammlung und Aufbewahrung der Ernte. Er musste den optimalen Ablauf der landwirtschaftlichen Arbeiten kontrollieren, die Einhaltung der *consuetudine* – der althergebrachten Regeln. Der Fattore schaute danach, dass das Pflügen den Regeln entsprechend auf den vorgesehenen Flächen ausgeführt wurde und dass das Saatkorn vor der Aussaat gesund und gereinigt war. Er musste vor allem verhindern, dass Flächen brach lagen, dass auf derselben Fläche nicht dreimal hintereinander Korn ausgesät wurde – oder auch zweimal, wenn der Dünger nicht reichte.[7]

Die Ölpresse des Padrone, der *frantoio padronale* wurde oft auch von den Bauern, die nicht zur Fattoria gehörten, gepachtet. Die Fattoria und ihre Nebengebäude waren von Gärten und Parks umgeben. In die Fattoria gelangten alle Produkte der Mezzadria – Korn, Öl und Wein, Obst, Schweine, Hühner, Eier, Kaninchen, aber auch Seidenkokons, Safran, Mandeln oder die Zwiebeln der Schwertlilie zur Parfumherstellung.

Letizia Cinughi de' Pazzi, eine alte Dame, lebte auf ihrer Familienburg *Villa Fortezza di Montegiachi*, an den südlichen Ausläufern des Chiantigebiets, zwischen Siena und

Castelnuovo Berardenga. Ihre Vorfahren, die Pazzi, waren vor über 500 Jahren aus Florenz vertrieben worden, als Rädelsführer der berühmten *congiura*, der Verschwörung der Pazzi: Am Ostersonntag 1478 erdolchten sie Giuliani de' Medici während der Messe im Dom, sein Bruder Lorenzo (später der *Magnifico*) konnte sich verletzt in die Sakristei retten. Die Florentiner machten Jagd auf die Verschwörer. Nach wenigen Stunden hatte der Mob Francesco de'Pazzi und den Erzbischof von Pisa an den Fenstern des Palazzo Vecchio aufgehängt. Mindestens zwei weitere Pazzi kamen um; das Vermögen der Familie wurde konfisziert.

Die *Villa Fortezza di Montegiachi* liegt hoch auf einem Hügel. Von der Balustrade aus zeigt Letizia Cinughi de' Pazzi die zugehörigen Ländereien, die sich bis an den Rand der Crete erstrecken: 11 Hektar Wein, 30 Hektar Oliven. Letizia erinnert sich noch an die Zeit der Mischkultur und an den Niedergang der Mezzadria in den Sechziger Jahren: „Der Besitz war viel größer, wir hatten acht Poderi auf 100 Hektar, auf denen um die 100 Leute lebten." Heute hat die Fattoria einen einzigen fest angestellten Landarbeiter, er wird während der Ernte von Saisonarbeitern unterstützt.

# Brot und Bohnen.
## Lebensbedingungen der Bauern

*In tempo di carestia pan vecciato.*

*Bei Hungersnot Brot aus Mehl mit Wicken.*
*Toskanisches Sprichwort*

Liliana ist die Tochter des letzten Mezzadro der *Casa d'Erci*, einem im Mugello nördlich von Florenz gelegenen Podere. Sie spaziert heute gerne von Grezzano, dem nahen Dorf, zum Haus ihrer Kindheit hinauf, wo sie 1943 geboren wurde. Heute ist ihr Elternhaus ein kleines Museum über das bäuerliche Leben von einst. Liliana ist voller Erinnerungen, erzählt von der *mamma,* die im kalten Bach die Wäsche wusch und vom *papà*, der gelegentlich Hühner und Truthähne auf den nahen Markt von Borgo San Lorenzo brachte. „Dorthin fuhr die SITA, der Autobus, einmal in der Woche. Vom Markt brachte er ein wenig Geld mit nach Hause, das war das einzige Bargeld, das wir hatten". Die Familie hielt Kaninchen, ein paar Schafe und einige Schweine, die im Eichenwald ihr Futter suchten. Der Padrone Edmondo Dapples war ein Unternehmer, im Mugello bekannt für seine Sorge um das Wohl der Bauern. Liliana lebte bis 1963 in der Casa d'Erci. Zu dieser Zeit, kurz vor dem Ende der Mezzadria, war das Leben der Mezzadri schon von der Moderne berührt.

In den Jahrhunderten zuvor aber hatten die Mezzadri mit ihren Familien und Knechten in elenden Verhältnissen gelebt, in der *miseria.* Das belegen die Protokolle von Kommentatoren der *Accademia dei Georgofili*, der "Akademie der Freunde der Landwirtschaft", die immer wieder forderten, das Los der Bauern zu verbessern. Ihre Mitglieder, wie Gino Capponi oder Cosimo Ridolfi, richteten den Fokus von technisch-ökonomischen Aspekten zunehmend auf soziale Fragen. Sie kritisierten den luxuriösen Lebensstil der Padroni in den Städten, ihre Abwesenheit von den Gütern, die Ausbeutung der Bauern, und sie kritisierten die Vernachlässigung der Güterverwaltung und den mangelnden Kapitaleinsatz auf dem Land.

## Förderer der Landwirtschaft: Die Accademia dei Georgofili

*Die Accademia dei Georgofili, die „Akademie der Landwirtschaftsfreunde" ist in Italien als bedeutende Einrichtung mit großer Geschichte und Tradition bekannt. Von Ubaldo Montelatici, einem Geistlichen, 1753 in Florenz gegründet, um „stetige und methodische Erfahrungen und Beobachtungen zu machen", war die Akademie die erste Einrichtung dieser Art weltweit. Ziel und Zweck war es, die Landwirtschaft weiter zu entwickeln, mit einem umfassenden Blick auf Umwelt, Ernährung, sozialen Fortschritt und technisch-ökonomische Belange. Großherzog Pietro Leopoldo von Habsburg-Lothringen (Regierungszeit 1765-1790) war ein großer Förderer der Accademia. Einflussreiche Intellektuelle waren Mitglieder der Akademie, von Pompeo Neri, Minister unter Franz Stephan von Habsburg-Lothringen und Pietro Leopoldo, über den Landwirtschaftsreformer Cosimo Ridolfi, Lapo de' Ricci, den Gründer des Giornale Agrario Toscano, Bettino Ricasoli, den „Erfinder" des Chiantiweins, Carlo Siemoni, Forstreformer, bis zum*

Staatsmann und Mathematiker Vittorio Fossombroni, der die Entwässerung der Sümpfe in der Valdichiana leitete .
Auch der Direktor des Botanischen Gartens von Florenz, Filippo Parlatore (1816-1877), war Mitglied der Accademia. Ihn hatte Pietro Leopoldo 1742 berufen.

In den Reihen der Georgofili fielen die auf die Aufklärung zurückgehenden physiokratischen Ideen auf fruchtbaren Boden, nach denen die Quelle des Reichtums eines Landes in der Landwirtschaft liegt: Sallustio Bandini hatte mit seinem Discorso sopra la Maremma di Siena großen Einfluss auf Pietro Leopoldo, den fortschrittlichen Großherzog.

Am 27. Mai 1993, um ein Uhr nachts, riss in der Via dei Georgofili in Florenz eine Bombe fünf Menschen in den Tod. Die Torre dei Pulci, am Ende des Westflügels der Uffizien gelegen und Sitz der Accademia dei Georgofili, wurde zerstört. Der Anschlag galt eigentlich den Kunstwerken in den Uffizien, von denen viele Schaden nahmen. Durch einen glücklichen Umstand blieben die berühmtesten Werke verschont.

Das „Attentat der Via dei Georgofili", reihte sich ein in eine Serie von Anschlägen auf italienische Kultureinrichtungen. Sie gingen auf das Konto der Mafia, die sich, nach ihren Attentaten auf die Richter Falcone und Borsellino in Palermo im Jahr zuvor, verbissen gegen eine härtere Gangart des Staates wehrte. Die Zerstörung von Kunstwerken war eine neue Strategie, um ein allgemeines Klima der Bedrohung zu schaffen und die Organe des Staates einzuschüchtern. Die Mafiafamilie der Corleonesi um Totò Riina, steckte hinter den Anschlägen – Riina wurde erst Jahre später gefasst.

*Für Forschung und Praxis der Landwirtschaft ist die Accademia dei Georgofili heute noch die wichtigste italienische Institution. Die Georgofili besitzen eine bedeutende Bibliothek sowie eine Sammlung historischer Fotos zur bäuerlichen Kultur Italiens. Ihr Sitz befindet sich heute wieder in der Torre dei Pulci.*

Ihre größte Ausdehnung erreichte die Mezzadria im 19. Jahrhundert. Neue Böden wurden unter den Pflug genommen, neue Kulturpflanzen wie Zuckerrüben und Mais eingeführt. Weniger ergiebige Pflanzen verschwanden – zweizeilige Gerste, Hanf und Leinen. Die aufkommende Mineraldüngung versprach höhere Erträge.

Die Intensivierung der Landwirtschaft war für die Mezzadri meist von Nachteil. Die neuen „industriellen" Kulturen – Tabak, Sonnenblumen – verlangten größere Anbauflächen, Mineraldünger, Pestizide (das blaue Kupfervitriol); die Kosten für die Bauern stiegen. Auch die neuen Landmaschinen verteuerten den Betrieb, während der Wert der Arbeitskraft sank.

Die dem Vertrag der Mezzadria unterstellte Gleichheit zwischen Mezzadro und Padrone war eine theoretische. In der Literatur finden sich über Jahrhunderte viele Hinweise auf die Abhängigkeit der Bauern von den Padroni. Der Vertrag zur Mezzadria galt grundsätzlich ein Jahr und wurde normalerweise stillschweigend verlängert. Aufmüpfigen Bauern aber verlängerten die Padroni den Pachtvertrag im November nicht. Sandra Becucci, die Ethnologin und Direktorin des Landschaftsmuseums in Castelnuovo Berardenga, weiß: „Manche Padroni schickten die Bauernfamilien jedes Jahr auf einen anderen Podere. Die Isolation der Bauern sollte auf diese Weise erhalten bleiben, ihre Möglichkeit, sich zu organisieren war durch den jährlichen Neuanfang an fremden Orten erschwert."

Schlecht, eintönig und nie genug: Schätzungen zufolge bestand der Jahresvorrat pro Kopf in 11 bis 13 *staja* (1 stajo – ca. 25 kg) Weizen, Mais, Bohnen oder *mescoli*, der Mischung aus mehreren Getreidesorten – das ist weniger, als die Georgofili für die Subsistenz einer Person ansahen. Hinzu kamen Obst, Gemüse, Wein, Öl, Schweineschmalz und – selten – Kleinvieh, das sogenannte Stallgut. Vorräte waren meist äußerst knapp.

Über die Welt der Mezzadri im 18. Jahrhundert berichten die Kontrollorgane des Großherzogs, die *regi vicari* („Königliche Vikare"). Sie visitierten in dreijährigem Abstand das Land. Nach ihnen hatten die Bauern in weniger fruchtbaren Gegenden nicht mehr als 600 bis 700 g Brot am Tag, das entspricht (zusammen mit dem wenigen Öl, Gemüse, Obst, Schmalz) 2000 bis 2500 kcal– zu wenig, um harte körperliche Arbeit zu kompensieren. „Bei Hungersnot Brot aus Mehl mit Wicken" – die Futterwicke, die *veccia,* war eine Futterpflanze für das Vieh.

Die Kleidung fertigten die Leute selbst. Frauen spannen Wolle und Hanf. Im Winter trugen sie dunkle Wollkleidung, im Sommer den Stoff halb aus Wolle, halb aus Leinen (*mezzalana* – Halbwolle). In Anbetracht der schweren täglichen Arbeit kann man davon ausgehen, dass die Menschen einen ausgemergelten und abgerissenen Eindruck machten.

Jeder Podere hatte einen Backofen und im Haus eine Truhe, in dem der Teig „ging". Das ungesalzene *pane casalingo* ist heute noch das Standard-Weißbrot der Toskana.

Für den Historiker Giuliano Pinto war die Lage mancher Mezzadri im Spätmittelalter zunächst nicht so hoffnungslos wie in späteren Jahrhunderten.[8] Als nach der Pest 1348 die Bauern rar waren und viele der produktiveren Poderi zusammengelegt wurden, gab es mehr Tiere und Dünger auf den Höfen. Es gab neue Pflanzen auf den Feldern, z.B. Färberwaid aus dem man Indigofarbstoff herstellte. Färberwaid war auf dem Markt gefragt, und es konnte in den Fruchtwechsel eingebracht werden. In dieser Zeit schafften es manche Bauern, mehr zu produzieren, als für die Selbsterhaltung der Familie notwendig war. Sie konnten überschüssige Produkte auf den Markt bringen - Gemüse und Obst, Färberwaid, Wolle, Hühner, Eier, Käse. Wahrscheinlich lief der Verkauf über den Padrone, der den Gewinn anrechnete oder über den Verwalter, den Fattore, wenn sich der Podere in kirchlichem Eigentum befand.

Viele Mezzadri waren zwar arm, lebten aber nicht in extremem Elend. Der Mezzadro Biscazza pachtete im November 1347 einen großen Podere bei Asciano, mit Weiden und Acker, dem *sodo*. Der Podere hatte zwei Schweine, Zugochsen, einen Esel, Schafe und Ziegen. Jedes Jahr brachte Biscazza Wein, Öl, Bohnen, Birnen, Käse, Eier, Lein und Safran zum Padrone nach Siena, dazu fünf bis sechs Scheffel Korn (1 Scheffel – *moggio toscano* – ca. 585 l). Das war viel Korn für den Padrone, und genauso viel blieb für den Bauern. Nachdem ein Scheffel Korn zwei Personen ernähren konnte, war dies Brot für 10 bis 12

Personen. Wahrscheinlich gelang es Biscazza, noch einigen Weizen am Markt zu verkaufen.

Die Lebensbedingungen der Mezzadri im Spätmittelalter schwankten je nach Größe des Podere und Güte der Böden. Für das Jahr 1427 spricht der Florentiner Kataster von 4,7 Personen pro Familie im Schnitt der Landbevölkerung. Die Familien der Mezzadri zählten im Schnitt knapp 6 Personen. Am kleinsten waren die Familien der Tagelöhner. In der Hierarchie des Spätmittelalters standen die Tagelöhner auf unterster Stufe.

Dem *capoccia*, dem Familienoberhaupt oblag die Organisation der Arbeitsabläufe auf dem Podere, er verteilte die täglichen Aufgaben. Er vertrat auch die Familie gegenüber dem Padrone. Zu seinen Pflichten gehörte auch die Führung des *libro poderale,* des Buches des Podere. Das rigide Familiensystem trennte nicht zwischen privaten und ökonomischen Funktionen auf dem Podere – Leben und Arbeit bildeten eine Einheit im Leben der bäuerlichen Familie.

Die Aufsicht und Kontrolle durch den Fattore schränkte die Bauern in ihrer Freiheit stark ein. Der Fattore war meist ledig, man sprach von einem Laienpriestertum. War ein Fattore verheiratet, durfte seine Frau nicht die *fattoressa* sein, die Hausfrau der Fattoria. Das wäre der Versuchung zu Betrug und Unterschlagung zuviel gewesen.

Zahlreich sind die Klagen über Unfähigkeit und Beschränktheit der Fattori. Pazzagli schreibt: „Das, was die Fattori die „Tradition" nannten, die gute Praxis, der sie folgten, war in Wahrheit auf ihre Unfähigkeit zurückzuführen, angepasste Lösungen für die auftretenden Probleme der Mezzadria zu finden."[9]

Noch weiter ging der Einfluss des Padrone, er reichte bis tief in das persönliche Leben der Bauern hinein. Zusammen mit dem Fattore übte er eine rigorose Kontrolle über Verhalten und Moral der Bauern aus, bis zum Verbot auffälliger Kleidung. Nicht nur ihr Arbeitseifer, sondern auch das religiöse Betragen wurde misstrauisch beäugt. Heiraten standen unter dem Vorbehalt der Erlaubnis des Padrone.

Bargeld besaßen die Bauern kaum. Geld durften sie nur beim Padrone leihen, Schulden höchstens bei Schmied, Schneider oder Schuster machen. Vorschüsse für den Unterhalt der Familie waren ein probates Mittel, den Mezzadro in Abhängigkeit zu halten, ihn zu drangsalieren und disziplinieren. Die Padroni hielten sich auch mit den verhassten Arbeitsschichten oder Regalien bei den Bauern schadlos. Die Bauern konnten Schulden oft nicht zurückzahlen, sie gerieten in Zinsknechtschaft, waren auf Gedeih und Verderb an den Padrone gebunden.

*La pentola a vapore bolle e malamente*
*Im Dampfkochtopf siedet es und zwar gefährlich...*
*Pfarrer Pietro Martinelli in einem Brief an den*
*Richter von Montepulciano 1902*

„Der Bauer hat immer eine Schwäche für die Scharlatane auf den Plätzen gehabt" vermerkte ein Grundbesitzer in der Valdichiana, nach einem Streik der Mezzadri. Die „Scharlatane" waren in seinen Augen waren jene sozialistischen Gewerkschafter, die im 19. Jahrhundert ihre Ideen bis in den letzten Podere trugen. Die Padroni wollten den

Einfluss der Gewerkschaften unter allen Umständen unterbinden. John Bowring[10] schrieb von der „...Isolation der Mezzadri auf den verstreuten Poderi, den mangelnden Voraussetzungen, um öffentliche Unruhen aufkommen zu lassen. Die Angst der Grundherren vor Veränderungen im System – die Angst, dass die Mezzadri entdecken könnten, dass es außer Unterwerfung, Fatalismus und Sanftmut auch anderes geben könnte – war letztlich berechtigt: Die neu entstehenden Linksparteien versuchten, politische Zusammenschlüsse der Bauern und die Wahl ihrer Interessenvertreter zu organisieren." Im 20. Jahrhundert wählten viele Toskaner, auch die toskanischen Bauern, traditionell kommunistisch.

Die Padroni fürchteten besonders die Aufwiegelung durch die *pigionali*, die Tagelöhner, die nicht nur die Elendsten waren, sondern auch zusammengepfercht in den Dörfern lebten. Die königlichen Vikare sahen in ihnen „Gesindel, von Laster und Müßiggang verdorben". Besondere Sorge bei den Padroni erregten Märkte und Feste, bei denen die Bauern zusammenkamen, Karten und Billard spielten; auch das Bocciaspiel war nicht gern gesehen. Sogar im gemeinsamen Dreschen des Korns sahen die Padroni eine Gefahr; sie unterstellten, dass dies zu Trinkgelagen und Raufereien führen könnte. Aus der Valdichiana berichtet der Kommentator der Accademia dei Georgofili, Giuseppe Giuli (1764-1842), dass der Mezzadro mit seiner Familie vom Podere verjagt werden könne, nicht nur, wenn er Ernteerträge unterschlägt, sondern auch wegen Ungehorsams und Widerworten oder wegen des Besuches von Gasthäusern und Billardsalons.

In der Valdichiana, in den Gemeinden Sarteano, Chianciano und Chiusi, kam es 1902 zum Streik der Mezzadri. Zugeständnisse der erschrockenen Padroni spalteten die Bewegung; der Streik brach zusammen, die Bauern von Sarteano landeten vor dem Richter in Montepulciano. Doch erstmals war die absolute Vorherrschaft der Fattori und Padroni erschüttert worden.

Zu diesem Streik erschien ein dreibändiger Bericht, verfasst von Vertretern des „alten" Systems. Er spiegelt die Erschütterung wider über die unerhörte Tat der Mezzadri, zeigt die Angst der Besitzenden vor den Aufmüpfigen, dämonisiert die sozialistischen Aufwiegler, macht aber auch die Nöte der Bauern deutlich, ihre Unterdrückung durch immer neue Forderungen der Padroni.[11]

Lando Magini, einer der Kommentatoren, betont die Illegalität des Vorgehens der Mezzadri und idealisiert die Mezzadria, bei der „der Bauer Partner des Grundeigentümers in absoluter Gleichheit und Würde" sei. Der Mezzadro ist, dank der „redlichen und ehrlichen" Regeln des Systems, ökonomisch besser gestellt „…als jeder Handwerker oder Tagelöhner".[12]

Pietro Martinelli, Pfarrer von San Quirico, beschönigt mehr als 10 Jahre nach dem Streik die Mezzadria als absolutes Idyll, spricht von der „süßen Harmonie, die immer zwischen Padrone und Mezzadro herrscht." Sie befänden sich in einem „heiligen Wettbewerb" zur immerwährenden Verbesserung der Landwirtschaft. Martinelli setzt auf den Paternalismus der Padroni, fordert von ihnen den guten Willen, das Los der Mezzadri zu verbessern. Am meisten fürchtet er den Aberglauben der Bauern, den mangelnden Einfluss der Kirche. Die Mezzadri waren keine Kirchgänger, sie wurden im Vertrag zu christlichen Taufen, Beerdigungen und Firmungen gezwungen. Martinelli setzt auf Ermahnungen an die Bauern, die außer an *casa, chiesa e lavoro* – Haus, Kirche, Arbeit –, an nichts anderes denken sollten.

Doch zehn Jahre zuvor hatte Pfarrer Martinelli ein anderes Bild gezeichnet, in einem Brief an den Richter von Montepulciano vor dem Prozess.[13] Er nennt Probleme, die im offiziellen Bericht nicht auftauchen. Pfarrer Martinelli spricht von der „Armut" der Bauern, die ihre Familien kaum ernähren könnten und sich in Abhängigkeit und Unterdrückung gegenüber den Padroni befänden. In diesem Brief ist der Mezzadro nicht dem Padrone „in absoluter Gleichheit und Harmonie" verbunden, sondern ein Untergebener, gezwungen, immer höhere Steuern zu zahlen und die Verschlechterung der Agrarverträge immer wieder klaglos zu schlucken.

Eine große Rolle beim Aufstand spielten die Kosten für „die Maschine". Diese Maschine war die dampfbetriebene Dreschmaschine, mit der die Bauern ihr Korn gegen Gebühr dreschen lassen sollten. Aus dem Brief Martinellis geht hervor, dass die Padroni eilig ein paar Zugeständnisse machten und die Gebühren für die Dreschmaschine zur Hälfte selbst tragen wollten. In seinem Brief bat Pfarrer Martinelli den Richter um Milde für die Bauern. Er war sich der Gefahr durch neue Aufstände bewusst: *La pentola a vapore bolle e malamente* – „ im Dampfkochtopf siedet es und zwar gefährlich....."

Auf der Mezzadria beruhte die politische, soziale und ökonomische Vorherrschaft der Grundbesitzer. Sie wussten, wie gefährlich der Verlust der Kontrolle über die Bauern für sie werden konnte.

# Kleine Kastelle.
# Die Bauernhäuser der Toskana

*"Die Schönheit der toskanischen Landschaft selbst gehe, so heißt es, zurück auf die erzeingeborene Gabe des toskanischen Bauern, sein Haus, seine Scheune und seinen Schweinestall aus rohem Feldstein und möglichst selbstgebranntem Ziegel in der einfachsten und am glücklichsten proportionierten Form zu bauen, seinen Maulbeerbaum, seine Zypresse an die einzig rechte Stelle zu pflanzen...".*
*Gregor von Rezzori, Sie wussten nicht, wer Dante war?, 1984*

Der Podere umfasste den gesamten Kosmos des Mezzadro und in seinem Mittelpunkt stand – geographisch und metaphorisch – die *casa colonica*, das Bauernhaus. Die steinernen Bauernhäuser auf den Hügeln sind ein unentbehrliches Element in der Vorstellung der Reisenden über die toskanische Landschaft.[14]

*„Die"*, nach Gregor von Rezzori, *„einfachste und am glücklichsten proportionierte Form des Bauernhauses"* ist dem rigorosen Rationalismus geschuldet, der die toskanische Kultur spätestens seit der Renaissance prägte. Die Basiselemente der Bauernhäuser und ihre Anbauten waren so funktional wie ansprechend. Die strengen Proportionen der städtischen Palazzi, ihre Türme, Bögen und Außentreppen, finden sich hier wieder. Die massive Anmutung ist eine Konstante in der traditionellen bäuerlichen Architektur; sie spiegelt die Rationalität der Organisation der Mezzadria insgesamt wider. Vom Haus aus hatte man den

Garten, den Acker und, im Hintergrund, den Wald im Blick; Pinien oder Zypressen spendeten Schatten.

Die Bauernhäuser weisen alle mehr oder weniger dieselben Elemente auf. Im Souterrain des Hauses befanden sich der Stall mit den – wenigen – Tieren (Zugochsen und ein paar Mastschweine) und das Magazin für die Produkte des Podere, darunter lag der Erdkeller. Manche Häuser hatten eine Außentreppe, die in eine kleine Loggia mündete. Dort saß man vor Sonne und Regen geschützt beim Korbflechten, Auslesen der Bohnen, Nähen. Hier, im ersten Stock, waren die Küche und die *sala*, die Schlafkammer. Manchmal kamen noch ein oder zwei weitere Kammern dazu. Zentraler und vertikaler Mittelpunkt des Hauses war die Küche, das „Haus" schlechthin. *Sono in casa* – ich bin im Haus – bedeutete: Ich bin in der Küche. In der Küche war der offene Kamin, über ihm ein großer Abzug, mit steinernen Sitzbänken darunter. In der Küche fand die *veglia* statt, die Nachtwache, in der, vor allem im Herbst und Winter, Geschichten und Sagen erzählt wurden. Die Küche war der Raum der Kulturation.

Die Häuser wuchsen mit den Familien; wie Knospungen kamen nach und nach weitere Gebäudeteile hinzu, eine Kammer, ein überdachter Vorplatz, der Verschlag für ein Schwein, eine Remise oder Scheune, ein Geräteschuppen. Von der Küche, dem Zentrum, ging es schrittweise von innen nach außen, vom Haus in die Natur. Rings um das Haus waren die gepflasterte Tenne, der Brunnen und der *orto*, der Gemüsegarten. Die wertvollsten Ackerkulturen, die Weinberge und Weizenfelder, lagen nahe am Haus, erst dann kam der Olivenhain, kamen weitere Äcker. Zwischen Acker und Wald ganz außen lagen die *sodi*, nicht umgebrochene Böden – ein Puffer zwischen den Kulturen und der ungezähmten Natur, dem Wald. Alessandro Falassi[15] schreibt von den Touristen, die unbewusst diese versteckte Harmonie der Landschaft suchen.

Die hygienischen Bedingungen in den Häusern waren schlecht, die Enge groß. Der Kommentator Giorgio Perrin schreibt um 1800 von *alten, zerfallenden Häusern, engen, schlecht geschnittenen und belüfteten Ställen, wo das Vieh nicht gedeihen kann.*[16]

## Domus de terra, domus de lignanime

Die ältesten Bauernhäuser *su podere* stammen aus dem Spätmittelalter, als sich nach der großen Pest von 1348 die Mezzadria im Hügelland der Toskana immer stärker verbreitete. Die Bauernhäuser damals – *case da lavoratore* oder *da mezzadria* – waren äußerst bescheidene Bauten, von den Bauern selbst errichtet. Der Kataster unterschied zwischen Erdhäusern (*domus de terra)* und Holzhäusern *(domus de lignanime).* Viele Häuser bestanden nur aus Schilf oder Stroh, mit einer einzigen Kammer, vom Stall durch eine löchrige Lehm- und Strohmauer getrennt. Die Schilf- und Strohhütten haben keine archäologischen Spuren hinterlassen, doch die Malerei des 14. und 15. Jahrhundert gibt uns Zeugnis: In der *Flucht nach Ägypten* von Beato Angelico (ca.1400-1455) oder auf dem Hintergrund der berühmten Hochzeitstruhe, dem *Cassone Adimari* von Lo Scheggia (1406-1486) tauchen solche Behausungen auf.

In der Maremma hausten die überwinternden Wanderschäfer bis ins 20. Jahrhundert in runden Schilfhütten. Im Hinterland der Maremma lebten die Bauern in Tuffgrotten; in lehmreichen Gebieten in Lehmhütten, wie z. B. noch im 19. Jahrhundert in der Valdichiana.

In der Nähe der Städte waren schon ab dem 13. Jahrhundert Herrenhäuser, die *case da signore,* entstanden. In ihnen genoss der städtische Adel, zumindest zeitweise, das Landleben. Oft war ein Herrenhaus auch nur ein einfacher Turm mit sorgfältig behauenen Ecksteinen. Diese Bauweise hing zusammen mit der im Mittelalter notwendigen Verteidigung von isolierten Gebäuden.

Im 14. Jahrhundert kamen zu den Türmen weitere Elemente hinzu, etwa Innenhöfe oder Loggien. Manchmal waren Bauern- und Herrenhaus in ein und demselben Gebäudekomplex – das erleichterte den Padroni die Kontrolle über die in ihren Augen verschlagenen Bauern.[17]

Mit der weiteren Entwicklung der Mezzadria verwandelten sich manche dieser Herrenhaustürme in Fattorien oder Villen; viele heutige Villen haben einen mittelalterlichen Turm inkorporiert.

Nach der Pestwelle im 14. Jahrhundert sanken manche Herrenhäuser auf den Status von Bauernhäusern herab. Zum einen hatte die Pest auch unter den Feudalherren Opfer gefordert, viele Herrentürme standen leer. Zum anderen gab es um die selten gewordenen Bauern infolge der demographischen Krise nach der Pest eine scharfe Konkurrenz. Man musste den potenziellen Mezzadri etwas bieten, einen attraktiven Podere und ein festes Haus. Ein Beispiel ist das *Castello di Sezzate* im Chianti, es war im Hochmittelalter von Feudalherren bewohnt. Dann, in schlechten Zeiten, wurde aus ihm ein Bauernhaus. Heute ist es wieder aufgestiegen zu einem Landhotel. Das *Castel-*

*lo di Mugnana* hingegen machte geradlinig Karriere, es stieg vom Bauernhaus zur *casa padronale* auf. [18]

Im 16. Jahrhundert kam es zu einer rationaleren Bewirtschaftung der Poderi, die Bauernhäuser wurden größer und stabiler. Städtische Baumeister bauten sie in Stein. Viele der Häuser waren Weiterbauten der deklassierten Herrensitze des 13. und 14. Jahrhunderts. Hier hat man die *einfachsten und glücklichsten Proportionen* Gregor von Rezzoris. Die Baumeister wiederholten in vereinfachter Form das Repertoire der technischen und dekorativen Lösungen der Stadthäuser.

Im Chianti unterschieden sich die Bauernhäuser, je nachdem, ob sie zum Einflussbereich Sienas oder Florenz' gehörten. Das Vorbild für die Bauernhäuser im Contado von Florenz war die Architektur von Michelozzo (1396-1472), des Architekten der Medici. Er hatte deren Stadtpalais in Florenz erbaut, den Palazzo Medici-Riccardi. Michelozzos Häuser sind weiß verputzt, mit unbearbeiteten Rusticaquadern, sowie Fenster- und Türrahmen aus der grauen, leicht zu bearbeitenden *pietra serena*, dem in Florenz allgegenwärtigen Sandstein.

Siena hingegen ist die Stadt der Ziegel; die Bauernhäuser sind aus Backsteinen und Ziegeln gebaut, die oft in Mustern verlegt sind. Die sienesischen Bauernhäuser sind kleiner und machen einen leichteren, luftigeren Eindruck. Hier ist der Einfluss Baldassare Peruzzis (1481-1537) wirksam, er war Dombaumeister zu Siena.

### Die „schönen Bauernhäuser" Pietro Leopoldos

Montecchio Vesponi ist ein kleiner Borgo am Westhang der Valdichiana, den schlanken Turm der Burg sieht man von weitem. Am Hang, knapp über dem Talboden, steht die *Fattoria Granducale* von Montecchio. Sie ist eine der zehn von den Medici errichteten Fattorien in der Valdichiana. Im 18. Jahrhundert, in der Regierungszeit von Großherzog Pietro Leopoldo, stand Montecchio mit 29 Poderi unter der Verwaltung des religiösen Ritterordens von St. Stefan. Vom Fuß der Fattoria führt eine Schotterstraße, die *Via Fila*, durch die im 18. Jahrhundert entsumpften Böden nach Westen. Links und rechts säumen Bauernhäuser den Weg, die ein paar Instandhaltungsmaßnahmen gebrauchen könnten. Auf den Außenmauern sieht man da und dort noch das Wappen des Stefanordens, ein vierzackiges rotes Kreuz. Trotz ihres Zustandes verraten die Bauernhäuser mit ihrem quadratischen Grundriss, ihrem Turm, ihrer Loggia, dass sie aus dem Kanon der besten Architektur der Spätrenaissance entstammen. Solche Häuser ließ Großherzog Pietro Leopoldo auf seinen Fattorien in großer Zahl errichten, es sollte in den folgenden Jahrhunderten das Modell für das fortschrittliche Bauernhaus schlechthin darstellen: die *leopoldina*.

Die Leopoldine entstanden in den durch Trockenlegung der Sümpfe neu gewonnenen landwirtschaftlichen Gebieten, vor allem in der Valdichiana und im Valdarno. Die Verbindung von Trockenlegung und agrarischer Kolonisierung zeigt die neuen Ansätze des der Aufklärung verpflichteten Pietro Leopoldo.[19]

Ein Besuch der großherzoglichen Fattoria von Altopascio im Arnotal hatte dem *Granduca,* dem Großherzog, die Augen geöffnet, nachdem er die niedrigen, engen, ungesunden Häuser seiner Mezzadri gesehen hatte. Er begann, sich der elenden Wohnbedingungen der Bauern anzunehmen, zunächst mit einem Erlass. Die Valdichiana visitierte er insgesamt vier Mal, dabei kritisierte er vor allem die schlechten Lebensbedingungen der Bauern in den vier Fattorien der „Religion" (des Stefansordens).

Das Echo auf die Bemühungen des Granduca fiel unterschiedlich aus. Traditionelle, von den Ideen der Aufklärung wenig berührte Grundbesitzer, begründeten ihre Ablehnung ökonomisch, mit der Bedrohung des Systems der Mezzadria durch Veränderungen.

In der Toskana gibt es noch viele Häuser aus der Zeit Pietro Leopoldos. Bis ins 20. Jahrhundert baute man Bauernhäuser nach dem Modell der Leopoldine. Ein bekanntes Beispiel im Chianti ist die *Casa Le Marangole*, eine klassische Leopoldina aus dem 18. Jahrhundert mit zwei dreibögigen Loggien. Die Fattoria, zu der Le Marangole gehörte, war das Castello d' Albola. Heute ist die ehemalige *casa* für die Touristen des Agriturismo zur *villa* Le Marangole avanciert, eine alte Inschrift an der Wand bezeugt aber die ehemaligen Verhältnisse: *Fattoria d'Albola, Podere Le Marangole.*

Der Typus „Leopoldina" ist nach wie vor aktuell in der Toskana. Immer wieder begegnet man neuen Einfamilienhäusern mit dem quadratischem Grundriss und einem Türmchen in der Mitte, ein Anklang an den Taubenturm aus alter Zeit. Tauben, aber auch Mauersegler, die in Löchern im Mauerwerk brüteten, bereicherten den Speisezettel des Landvolkes.

In den letzten Jahrzehnten wurden viele Bauernhäuser restauriert, oft sehr geschmackvoll. Das hat den weiteren Verfall der Häuser aufgehalten. Der wirtschaftliche Zweck ist jedoch kein landwirtschaftlicher mehr, sondern ein touristischer. Zwischen den Häusern und der landwirtschaftlichen Ökonomie besteht oft kein Nutzungszusammenhang mehr, nur die Kulisse ist noch intakt.

# Heiliger Baum der Etrusker.
# Die Zypresse

*...in duplice filar...*

*...in doppelter Reihe...*
*Giosuè Carducci, Davanti San Guido, 1886*

Die kleine Gruppe von Zypressen mitten im Getreidefeld in der Val d'Orcia ist ein bekanntes Fotomotiv. In der Toskana stößt man oft auf einzelne Exemplare oder kleine Gruppen dieser Baumart. Für den Historiker Tomaso Urso[20] sind Zypressen im Kornfeld eine ferne Reminiszenz an den Brauch der Etrusker, Ceres, der Göttin des Getreides, die in der Zypresse Wohnung nahm, Tribut zu zollen. Heute weiß kaum jemand von der Zypresse als Wohnung der Göttin. Doch viele nehmen Zypressen mitten im Feld als stimmigen Blickfang wahr, als zur Landschaft gehörend.

Die Zypresse ist der emblematische Baum der Toskana. Erst durch sie gewinnt die Landschaft ihre unverwechselbare Identität. „Eine fast unbewusste Gewissheit, in der Toskana zu sein, erfüllt den Reisenden, kaum, dass er der Zypressen ansichtig wird", schreibt Urso in seiner kleinen Zypressenmonographie. Die strenge Eleganz des Baumes schaffe eine träumerische, magische, auch düstere Atmosphäre, die Maler wie Giotto, Benozzo Gozzoli, Ardengo Soffici oder Alfred Kubin faszinierte.

Auf den Friedhöfen Italiens sind Zypressen durch ihre Flammenform Symbol von Ewigkeit und Transzendenz.

Doch nirgends sind sie in der Art und Weise wie in der Toskana verbreitet, außer noch im nahen Umbrien, im alten Kerngebiet der Etrusker. Als landschaftsarchitektonisches Element, an Wegen, in Alleen, im Getreidefeld oder als Hausbaum finden wir Zypressen nur in der Toskana und in Umbrien.

In den Wäldern der Toskana gibt es keine Zypressen; in Italien kommt der Baum von Natur aus nicht vor. Zypressen sind, wie die Etrusker es waren, Einwanderer aus dem Osten. Das Gemälde „Die Geburt der Venus" (1486) von Sandro Botticelli – eine Ikone der Renaissancemalerei – stellt eigentlich die Landung der Göttin an der Küste Zyperns dar. Zypern und die Zypresse sind namensverwandt; tatsächlich wächst der Baum von Natur aus in den Bergen Zyperns, ebenso wie in Rhodos, im Norden Persiens, in Syrien und Libyen.

Der Baum war zwei Göttinnen heilig, Ceres und Venus, beide auf Zypern im Kult verehrt. Die Zypresse war der Baum der Venus, das Kupfer ihr Metall.

Orientalische Herkunft, Venuskult, Metallverarbeitung: Die Spur führt stets zu den Etruskern. Sie waren es, die die Zypresse vor über 2.500 Jahren über die Magna Graecia im Süden nach Mittelitalien einführten und denen die Zypresse bis heute ihre besondere Stellung in der Landschaft der Toskana verdankt.

Zypressen bestimmen Geometrie, Aufteilung, Zonierung und Ordnung der Landschaft – sie etablieren die Gerade in den weichen, runden Formen der Hügel, in den sich schlängelnden Feldwegen, Hecken und Bächen. Der Baum war das Element, mit dem die Menschen versuchten, der wilden Natur ihre Ordnung aufzuzwingen, die ungeordneten Naturkräfte zu bannen. Menschliche Rationalität und Geometrie spiegeln sich in der Verbreitung der Zypresse wider.

In Zypern, ihrem natürlichen Verbreitungsgebiet, wächst die Zypresse in Reinbeständen oder in Mischwäldern mit der Aleppokiefer. Diese Wälder, heute Relikte einst großer Bestände, sind durch ihre hohe genetische Variabilität sehr wertvoll. Die elegante Flammenform der Zypressen sucht man dort aber vergeblich. Die Gestalt der Bäume in den natürlichen Beständen ist unsymmetrisch, mit weit ausladenden Ästen: Die hohen schlanken Schönheiten in den Gärten und Parks entstammen einer Zuchtform der Zypresse, der *Pyramidalis*-Form. Sie wird vegetativ vermehrt, durch Pfropfung. Wenn Zypressen, gleich welcher Wuchsform, sich durch Samen fortpflanzen, erhält man fast ausschließlich die unregelmäßige Variante.

## Symbol, Mythos, Sakralität

Die Zypresse ist ein Baum, den die Etrusker mit reichen, manchmal widersprüchlichen symbolischen Bezügen ausstatteten. Die Zypresse als der Baum des Lebens und der Trauer steht auf Friedhöfen: Durch ihre Flammenform symbolisiert sie die Trauer, durch ihre immergrünen Zweige die Treue des Gedenkens an die Toten. Die Flamme, schöpferisch und zerstörerisch zugleich, ist Symbol für Leben und Tod. Die sich zum Himmel reckende Flamme verbindet sich mit den Göttern. Ihr Streben nach oben stellt auch Rettung und Auferstehung dar.

Wie schon in der Antike an Gräbern und Kultstätten, zeigen immergrüne Bäume den heiligen Ort: So sind die romanischen *pievi*, die Landpfarrkirchen in der Toskana, kaum vorstellbar ohne ein oder zwei Zypressen, die die Sakralität des Ortes unterstreichen. Auch neben der berühmten Kirche von St. Antimo in der Val d'Orcia erhöhen Zypressen die Mystik des Ensembles.

Zypressen stehen wie eh und je an Wegkreuzungen und längs der Wege; sie symbolisieren den Lebensweg des Vorübergehenden, die Hoffnung auf Wiederkehr aus dem Jenseits. Von weitem sichtbar sind sie ein tröstlicher Wink der Zivilisation, auf die der Wanderer zueilt[21]. Bei den Etruskern war die Zypresse die Wegbegleiterin der Seelen in den Hades: Auf Begräbnisurnen aus der Etruskerstadt Chiusi ist ein von zwei Zypressen flankierter Torbogen abgebildet. Es ist das Tor zum Hades; der heilige Baum empfängt die Seele des Verstorbenen.

Zwei antike griechische Mythen erzählen von der Zypresse als dem Baum der Trauer. Kuparissos, der Sohn Telaphos', tötete, ohne es zu wollen, seinen zahmen Hirschen. Apoll verwandelte ihn daraufhin aus Mitleid in eine Zypresse. Der andere Mythos berichtet von den Töchtern Etheokles', des Sohnes des Ödipus. Rasend vor Schmerz über den Fluch, der auf ihrer Abstammung lastete, stürzten sie sich in einen Teich. Die Erdgöttin Gäa aber hatte Mitleid mit ihnen und verwandelte sie in Zypressen.

Ihre Langlebigkeit – 500 Jahre alte Exemplare sind nicht selten – hat die Zypresse zum Symbol von Ewigkeit und Fruchtbarkeit werden lassen. Plinius erwähnt einen 700 Jahre alten Baum. Er setzt die Zypresse in Beziehung zu den beiden anderen immergrünen Ewigkeitssymbolen, der Stechpalme und der Eibe.

Die Zypresse war die Hüterin des Hauses, sie diente als Windschutz und wachte über die Fruchtbarkeit. Zypressen stehen an fast allen Bauernhäusern, manchmal steht eine Zypresse noch, wenn der Hof schon verfallen ist.

Das Holz der Zypresse ist hart, aromatisch und äußerst beständig. Varro tadelte die Zypresse, weil sie nach dem Fällen nicht wieder austreibt und lobte sie, weil ihr Duft den Leichengeruch übertönt. Aus diesem Grund und durch ihren Ruf der Unsterblichkeit waren die Särge der Pharaonen aus Zypressenholz, ebenso wie heute noch jene der Päpste.

*Schönheit und Herrschaft – die Zypresse in der Landschaft*

Ab dem Mittelalter hielt die Zypresse Einzug in die Klöster und Konvente: Die sakrale heidnische Bedeutung war in der christlichen Symbolik aufgegangen. Bekannt sind die prächtigen Zypressenhaine der Klöster von Monte Oliveto Maggiore in den Crete Senesi oder der Badia a Passignano im Chianti. In Florenz überragen die Zypressen im „Kreuzgang der Toten", dem *chiostro dei morti* der Kirche Santa Maria Novella die Begrenzungsmauer und bescheren den Reisenden, die im nahegelegenen Hauptbahnhof ankommen, ein erstes Toskana-Erlebnis.

Die Maler der Renaissance stellten die Zypresse in den *Hortus conclusus*, in dem Maria thront. Die grünen Flammen bilden Hintergrund und Abschluss des marianischen Rosengartens, den Abschluss gegen die Welt. Leonardo da Vinci (1452-1519) malte Zypressen in seine „Verkündigung", Benozzo Gozzoli (1421-1497) bestückte den Mittelgrund seines Freskos vom Zug der Könige mit Zypressen – und mit jenen geheimnisvollen Bäumen mit den horizontal übereinanderliegenden Astebenen, in denen manche Kommentatoren Zedern, manche auch Zypressen der Varietät *horizontalis*, der Wildform, sehen. Im 19. und 20. Jahrhundert war die Zypresse Thema bei Ardengo Soffici (1879-1964) und Arnold Böcklin (1827-1901). Böcklin stellte die Zypressen in seiner *Toteninsel* als die klassischen Symbole der Trauer dar, während der Toskaner Soffici sie nach Etruskerart außerhalb der sakralen Sphäre in die Landschaft stellte.

An den Auffahrten der Villen und in den herrschaftlichen Parks stehen die beeindruckendsten Zypressen. In der Renaissance herrschte die geometrische Anpflanzung vor, ausgehend vom Drang nach Rationalität, nach Überformung und Beherrschung der Natur. Ab dem 16. Jahrhundert wird die Zypresse mehr und mehr in Gärten und Parks angepflanzt, die sakrale Bedeutung tritt gegenüber der ästhetischen in den Hintergrund. Der Baum wanderte aus dem Kreuzgang der Klöster in den Lustgarten der Villen und Paläste. An den rund 1000 registrierten Villen und Landhäusern der Toskana stehen monumentale Zypressen. Zu den Villen führen Alleen, düster und einschüchternd, aber auch schattenspendend und, ganz praktisch, staubbindend.

Bekannt sind die Zypressen in den Parks der Städte, wie der *Vialone* im Giardino dei Boboli in Florenz. Die Tafeln von Giusto Utens in der Medici-Villa La Petraia bei Florenz zeigen die Landvillen der Medici mit doppelten perspektivisch angelegten Zypressenalleen oder Dreifachreihen, welche die Villa mit einer grünen Mauer nach außen abschlossen. Die Medici waren Trendsetter; mit den *Ville Medicee* rings um Florenz stellten sie das Modell für einen besonderen Lebensstil – das Leben auf dem Land mit Villa, Garten und Park. Der *hortus amoenus,* der Lustgarten, war integrierender Teil der Villenarchitektur.

Im symbolischen Repertoire des Renaissancegartens stellen Zypressen zusammen mit anderen Bäumen, wie den immergrünen Steineichen, die Wildnis dar, den (künstlichen) wilden Wald. Den Kontrast dazu bilden die gezähmte *pomaia*, der Baumgarten (Obstgarten) und die Blumenrabatte.

Im *giardino all'italiana*, zum Beispiel im Park der Villa Chigi Saracini in Castelnuovo Berardenga in der Nähe von Siena, steht ein ungeregelter „Zypressenwald". Der letzte Großherzog der Toskana, Leopoldo II (1824-1859) sprach über den Park seiner Lieblingsvilla *Al Castello* von einem *laberinto folto di cipressi, di mirti e d'allori,* einem „...dichten Labyrinth mit Zypressen, Myrten und Lorbeer". Im Register der Gemeinden mit besonders vielen monumentalen Zypressen scheinen unter anderem Fiesole, Pontassieve, Sesto Fiorentino, Calenzano, Bagno a Ripoli, Volterra, Sarteano, Montalcino und Radda im Chianti auf.

## *Die Allee von Bolgheri:*
### *in duplice filar – in doppelter Reihe (Giosué Carducci)*

In der Neuzeit steht die ästhetische Funktion der Zypresse ganz im Vordergrund: Viele Alleen säumen die Auffahrten zu den Villen des 17. und 18. Jahrhunderts; die längste mit fünf Kilometer in Bolgheri, an der Küste nicht weit von Pisa gelegen.

Der Literaturnobelpreisträger Giosué Carducci, einer der größten italienischen Dichter des 19. Jahrhunderts, schrieb 1886 sein berühmtes Gedicht *Davanti San Guido* -

„Vor San Guido". San Guido ist eine kleine Kirche an der Küste der toskanischen Maremma, jener Gegend, in der Carducci aufgewachsen war. Er besingt im Gedicht die Zypressenallee von Bolgheri, die sich von San Guido fünf Kilometer den Hang hinauf bis nach Bolgheri zieht. Carducci nennt die damals noch jungen Bäume „jugendliche Giganten". Sein Gedicht begründete den Mythos der Allee. Die düsteren Baumreihen der pfeilgerade nach oben führenden Allee wirken fast einschüchternd, sie erwecken den Eindruck höchster Künstlichkeit.

Die Grafen von Bolgheri begründeten die Allee nach der Entsumpfung des Küstenstreifens im 19. Jahrhundert. Eine Inventur im Jahr 1999 ergab 2347 Zypressen. Wenn alte Bäume dem Zypressenpilz zum Opfer fallen, werden sie durch Jungpflanzen ersetzt.

Die Zypresse gibt sich mit den schlechtesten Böden zufrieden; sie wächst auf steinigem, aridem, tonigem oder flachgründigem Untergrund. Deshalb setzte man sie seit dem 19. Jahrhundert in Aufforstungen auf besonders degradierten Böden ein. Das größte Projekt dieser Art war die Wiederherstellung der Waldbedeckung am Monte Morello oberhalb von Florenz, in der ersten Hälfte des 20. Jahrhunderts. Fährt man von Süden auf Florenz zu, prangt der dunkle Zypressenwald im Norden über der Stadt. Zu Goethes Zeit war der Monte Morello kahl und abgeholzt. Florenz und das benachbarte Sesto Fiorentino fürchteten das Wasser, das ungehindert zu Tal floss.

Auch der Monte Ceceri nahe Fiesole war einst kahl, nachdem Steinbrüche der *pietra serena* ihn seines Waldkleides beraubt hatten – Steinbrüche jenes grauen Sandsteins, der im Florentinischen Fensterrahmen, Türstürze, Säulen und Kapitelle ziert. Leonardo da Vinci startete hier am Monte Ceceri seine Flugversuche. In den Dreißiger und Vierziger Jahren des vorigen Jahrhunderts wurde der Monte Ceceri mit Zypressen aufgeforstet. Die Aufforstung geschädigter Wälder war ein dezidiertes Ziel des faschistischen Regimes – zur der Größe Italiens gehörte damals neben der „Autarkie", der Unabhängigkeit von Weizenimporten, auch die Entsumpfung nasser und die Aufforstung degradierter Böden.

## Zypresse in Gefahr

Die Zypresse ist ein äußerst robuster Baum, resistent gegen Kälte, Hitze und Trockenheit. Doch in den letzten Jahrzehnten hatten viele auf schon das Requiem auf den Baum angestimmt. Die unsterbliche Zypresse hatte sich als wehrlos gegenüber einem winzigen Gegner erwiesen, dem von einem Käfer übertragenen Pilz *Seiridium cardinale*. Der in der Toskana 1965 erstmals aufgetretene Parasit dringt über kleine Verletzungen der Rinde in den Stamm ein; das Pilzgeflecht verstopft den Bast, über den üblicherweise Nährstoffe in alle Teile des Baumes gelangen. Darauf reagiert die Zypresse mit Harzfluss und sie beginnt, vom Wipfel aus abzusterben. In den sechziger Jahren verbreitete sich der Pilz besonders in und um Florenz, in Gärten, Parks und in den Aufforstungen am Monte Morello.

In der Toskana ist inzwischen nahezu die Hälfte der Zypressen abgestorben. Man sieht vom Wipfel aus absterbende Bäume, bemerkt Lücken in den Alleen aber auch neu gepflanzte Zypressen, die die abgestorbenen ersetzen. Vielfältig sind die Bemühungen zur Rettung der Zypresse; es gibt auch noch keine Entwarnung. Einzelne monumentale Bestände wie die Alleen in Bolgheri oder im Bobolipark in Florenz werden mit Kupfersulfat besprüht, dem klassischen, aus dem Weinbau bekannten türkisfarbenen Pestizid. Diese Methode ist teuer und nur möglich bei Zypressenbeständen von besonderer historischer Bedeutung. In Bolgheri starb insgesamt ein Viertel der Zypressen im Laufe der Zeit ab; sie werden aus dem Pflanzgarten des Grafen Incisa della Rocca durch Jungpflanzen ersetzt.

Besonders vielversprechend ist die Züchtung resistenter Klone. Mittlerweile gibt es vier Stämme, die gegen Seiridium resistent sind. Resistente Exemplare ersetzen nach und nach abgestorbene Zypressen. Einer dieser Stämme ist aber besonders anfällig gegenüber einem anderen Parasiten, einem Käfer. Es wäre sehr gefährlich, solche singulär resistenten Bäume in größerem Stil auszubringen. Forscher versuchen sich jetzt in der Züchtung multiresistenter Zypressen. Der hohe kulturelle, landschaftsästhetische und historische Wert der Zypresse erklärt den Kampf der Toskaner um diesen Baum.

Die Omnipräsenz der Zypresse in der Landschaft ist allein dem Menschen geschuldet. Über 2000 Jahre wachsen Zypressen in der Toskana, doch so gut wie nie haben sie die Obhut des Menschen verlassen. „Die Zypresse bildet keinen Wald, bleibt Individuum", meint Zypressenkenner Tomaso Urso. Einzige Ausnahme ist der 34 Hektar große Wald von St. Agnese im Chianti – heute ein Naturschutzgebiet – in dem Zypressen sich natürlich verjüngen. Die Zypresse ist, wie der Ölbaum und die Kastanie, ein domestizierter Baum. Alte Zypressen wachsen neben verfallenen Häusern; sie sind Zeugen der Anwesenheit des Menschen noch lange nach dessen Weggang.

In der Mezzadria diente alles der Produktion, auch die vordergründig schmückenden Elemente: Die ausladende Schirmpinie am Haus lieferte Nüsschen, die *pinoli,* Ulme und Ahorn stützten Weinreben, ihre Blätter dienten als Viehfutter. Der Maulbeerbaum war wichtig für die Seidenraupenzucht, die Tauben im Turm galten gebraten als Leckerbissen. Einzig die Zypresse war der konsumtiven Nutzung entzogen, sie gehörte der sakralen Sphäre an. Noch heute gilt es als Sakrileg, eine Zypresse zu fällen.

## In Etrurien

*Die Griechen nannten sie* Tyrrhenoi *und fürchteten sie als kriegerische Seeleute des Mittelmeers. Für die Lateiner waren sie die* Tusci; *daher hat die Toskana ihren Namen. Sie selbst nannten sich* Rasenna – *die Ureinwohner Mittelitaliens, die wir Etrusker nennen.*

*Sie galten als das geheimnisvolle Volk unbekannter Herkunft. Heute herrscht (mehr oder weniger) Einigkeit darüber, dass sie aus dem Osten kamen, aus Zypern und Kleinasien. Sie siedelten lange vor den Griechen auf der Halbinsel, wo sie auf die Villanova-Kultur trafen, wahrscheinlich ab 1200 v. Chr.*

*Die Toskana und Umbrien waren Kernland der Etrusker. Zeitweise dehnten sie sich nach Norden bis in die Poebene aus und nach Süden über Rom und Neapel bis nach Sizilien. Als kühne Seefahrer eroberten sie auch Sardinien, Korsika und die Balearen.*

Irrationalität, Fantasie und Mystizismus sind vielen Religionen nicht fremd – bei den Etruskern lasen Priester den Willen der Götter aus der Leber von geschlachteten Tieren. Dieses „Haruspizium" wurde ergänzt durch die Deutung von Blitzschlag und Vogelflug. Bekannt waren die Etrusker auch durch die elaborierten Riten, die religiöses und ziviles Leben strukturierten. Der Himmel war mit einer Vielzahl von Göttern bevölkert; dem griechischen Zeus oder römischen Jupiter entsprach Göttervater Tin oder Tinia.

Die Etrusker siedelten in Stadtstaaten, die das umliegende Territorium beherrschten. In der Toskana gründeten sie z.B. Faesulae (Fiesole), Arretium (Arezzo), Clusium (Chiusi), Roselle und Cortona, die zwischen dem frühen 7. und dem frühen 2. Jahrhundert v. Chr. ihre Blüte erlebten. Die Hafenstadt Populonia am Golf von Baratti war ein wichtiges ökonomisches Zentrum: Die Schiffe mit den Erzen aus Elba (Kupfer, Eisen, Silber) legten hier an. Große Erzvorkommen gab es auch im Hinterland der Stadt. Schmelzöfen, Werkstätten und Erzdepots lagen in ihrer Nähe.

Die Etrusker waren in der Antike vor allem als Metallwerker berühmt; sie stellten Waffen und Geräte her und exportierten sie in die Länder am Mittelmeer. Die berühmte bronzene „Chimäre von Arezzo" zeugt von ihrer künstlerischen und technischen Meisterschaft im Umgang mit Metallen.

Sie waren in der antiken Welt berühmt für den Jenseitsbezug ihrer Kultur, ihre reichen Bestattungsriten. Heute noch zu sehen sind die Tuffsteinnekropolen im Hinterland der Maremma – Pitigliano, Sovana, Sorano. Ehepaare wurden in aufwändig gestalteten Steinsärgen bestattet, oft als Skulpturen auf den Deckeln abgebildet. Das berühmte „etruskische Lächeln" auf ihren Gesichtern ließ den Mythos von der glücklichen Kultur der Etrusker entstehen.

Die bedeutende Nekropole von Populonia, heute San Cerbone, entstand im 9. Jahrhundert v. Chr. Ihre größte Ausdehnung erreichte sie zwischen dem 7. und dem 6. Jahrhundert. Die Nekropole verschwand im Lauf der Jahrhunderte unter den Schlackendepots der etruskischen Bergwerke. Unter dem Import höherwertiger Metalle aus Nordafrika sank der Stern Populonias. Als man 1908 begann, die Schlacken wieder einzuschmelzen, um mit modernen Extrahierungsmethoden mehr Eisen herauszuholen, kam die Nekropole zutage.

Sprache und Schrift der Etrusker geben den Gelehrten immer noch Rätsel auf. Das etruskische Alphabet war dem griechischen ähnlich, damit leicht zu entziffern. Doch war es schwierig, die Bedeutung der Worte zu entschlüsseln. Es gab nur wenige schriftliche, in Stein gravierte Quellen. Der längste Text mit 1300 Wörtern wurde 1849 in Ägypten gefunden – auf einer in Streifen geschnittenen Stoffbahn, in die eine Mumie eingewickelt war.

Die gesprochene Sprache war zur römischen Kaiserzeit schon ausgestorben. Ein etruskisches Wort ist in einer etwas veränderten Bedeutung bis zu uns gekommen: Clan für Bruder.

Im 5. und 4. Jahrhundert v. Chr. begann der Niedergang etruskischer Herrschaft in Italien. Die Griechen in Süditalien, die Kelten in der Poebene setzten den Etruskern zu. Im 6. Jahrhundert hatte es noch großen etruskischen Einfluss auf Rom gegeben– kulturell, ökonomisch, urbanistisch. Obwohl Latein gesprochen wurde, sahen andere antike Völker Rom als etruskische Stadt. Mitte des 3. Jahrhunderts war Etrurien unter römischer Herrschaft. Die Städte blieben formal unabhängig, bis 90 v. Chr., als alle italischen Völker römische Staatsbürger wurden.

Es folgte die rasche Romanisierung Etruriens, Latein verdrängte die etruskische Sprache. In vielen Orts- und Flussnamen lebt das Etruskische fort, in jenen, die auf -na enden: Rassina, Cortona oder in Flussnamen wie Ema, Era oder Elsa.

Spuren haben die Etrusker auch auf andere Weise hinterlassen, nämlich in den Genen der Toskaner. Der italienischstämmige, in den USA lehrende Genetiker Luigi Luca Cavalli Sforza, analysierte die genetischen Unterschiede in menschlichen Populationen weltweit. Er bestätige die out-of-Africa – Theorie der Anthropologen und räumte mit der Vorstellung verschiedener menschlicher „Rassen" auf.

In Italien fahndete er nach Spuren von Kelten, Griechen und Etruskern, im Borgo von Murlo suchte er nach etruskischen in den Genen der Bewohner. Murlo liegt isoliert in den Crete, war von den Langobarden nicht groß berührt worden, die auf der weit entfernten Via Francigena vorbeizogen. Die DNA von 150 Testpersonen in Murlo wurde analysiert. Das Ergebnis: Die Bürger von Murlo zeigen genetische Gemeinsamkeiten mit Menschen aus Kleinasien, der ursprünglichen Herkunft der Etrusker.

# Erster Wein der Moderne.
## Der Chianti

*Ja, ja der Chiantiwein...*
*R. M. Siegel, 1939*

Pfaffenwürger, Hundsbetrüger, Floh-im-Arsch – so nannten Mezzadri den Wein, der aus der Fattoria auf die Märkte kam oder, von ihnen selbst genossen, ihren Feierabend mehr versauerte als versüßte. Jede Fattoria, ja, jeder Podere kelterte den eigenen Wein. Bevor 1888 die Reblaus den Trauben den Garaus machte, waren in der Toskana etwa 300 Rebsorten bekannt; allein im Chiantigebiet zwei Dutzend und mehr.

Leute, die schon in den 1960ern Italien bereisten, assoziieren mit dem Wort *Lambrusco* heute noch Kopfschmerzen. Doch trägt der Wein mit dem schlechten Ruf einen alten Namen, der von altitalischen Völkern in der Poebene stammt, welche die *labrusca*, die wilde Rebe, schon lange vor den Etruskern angebaut hatten. Sie banden damals schon die Ranken der Rebe auf die Äste von Ulme, Pappel und Ahorn. Dies war das Vorbild für die „vermählte" Rebe der Etrusker, die *vite maritata*, die dann 2.000 Jahre lang gängige Weinanbautechnik in der Toskana war, durch die Periode der Mezzadria hindurch und über ihr Ende hinaus. Für Weintrinker hat der Lambrusco inzwischen seinen Schrecken verloren.

Der Feldahorn, ein Baum mit kleinen gelappten Blättern, war die beliebteste Stütze für die Reben. Auch der Feldahorn war ein Element der Mischkultur: Er vertrug das häufige Zurückschneiden gut, lieferte ein wenig Brennholz und half vor allem, das ewige Problem der Mezzadria zu lindern, den Mangel an Viehfutter. Die kleinen Blätter des *loppio* waren nahrhafter als jene anderer Laubbäume – in großen Notzeiten aßen sogar Menschen gehackte und vergorene Blätter des Feldahorns. Hochgebunden erlaubte die Rebe in der Mischkultur auch eine einfachere Bodenbearbeitung darunter. Niedere Reben hätten den Kornanbau behindert. Besonders wichtig war dem Mezzadro die Quantität des Weins: Vermählte Reben brachten höheren Erträge, die Qualität des Weines jedoch blieb kläglich. Entgegen der guten Praxis ließen die Mezzadri die Winden und Ranken der Reben lang auswachsen. Diese *pampini* waren in der trockensten Zeit des Jahres Viehfutter. Außer auf den Feldahorn band man die Reben mancherorts auch auf Feldulme und Mannaesche. Auch deren Blätter waren geeignet als Viehfutter, auch sie nahmen das ständige Zurückstutzen durch die Mezzadri nicht übel.

Die Mezzadri selbst hatten kein großes Eigeninteresse an einer guten Qualität des Weins – sie lieferten die *uva grassa*, die fette Traube, an den Padrone, ihnen blieb der *stretto*, der „klamme" Wein. Sie verkauften ihn vom Fass auf dem Podere. Einen Marktzugang für den Weinverkauf hatte nur der Padrone. Zugunsten des Hofverkaufs versagten sich viele Mezzadri, den eigenen Wein zu trinken. Ihr Alltagsgetränk war die *acquolina*, das „Wässerchen", gewonnen aus der zum zweiten Mal vergorenen Maische. Den Genuss kann man sich vorstellen. Die Padroni achteten nicht groß auf die Qualität des Weines, solange sich auch schlechter Wein verkaufen ließ.

Vor einigen Jahren widmeten sich Archäobotaniker und Molekularbiologen im alten Etruskerland der Domestikation der Rebe im *Progetto vinum*. Zwei Jahre suchten sie verwilderte Reben um die alten Etruskerstädte, Ruinen und Nekropolen. In Siedlungsnähe, so nahm man an, sollten Spuren der Domestikation an verwilderten Reben am ehesten zu finden sein. Die Forscher fahndeten nach hermaphroditischen Reben, die sowohl weibliche als auch männliche Blüten tragen, was ein Zeichen der Manipulation der Wildform wäre. Die wilde Rebe ist ein zweihäusiges Gewächs, männliche und weibliche Blüten wachsen auf verschiedenen Pflanzen. In der Nähe der Stadtmauer von Populonia, bei der Nekropole von Puntone nahe Saturnia, wurden die Weinfahnder fündig, sie fanden hermaphroditische, von den Etruskern domestizierte Reben.[22]

Der etruskische König von Rom, Numa Pompilius, spricht im 7. Jahrhundert vor Chr. nur von Wein, der den Göttern zum Opfer dargebracht wird. Das und der Umstand, dass viele der historischen Reben in der Nähe der Nekropolen gefunden wurden, deutet darauf hin, dass der – noch unergiebige – Wein hauptsächlich zu kultischen Zwecken verwendet wurde. Auch heute noch gibt es bei Bauern den *vino di lambruscaia*, der nur zu festlichen Anlässen getrunken wird. Erst unter den Römern wuchs die Weinproduktion beträchtlich, sie züchteten ertragreichere Sorten, rationalisierten den Anbau, bauten die Reben in Zeilen an.[23]

Die genaue historische Ausdehnung des Weinbaus ist nicht sicher. Die Rebe ist frosthärter als der Ölbaum – dort, wo Boden und Klima es erlaubten, wurde Wein angebaut.

Ab dem 19. Jahrhundert hielten auch andere Methoden des Anbaus Einzug in den Weinberg; auch hier oft gegen den zähen Widerstand der Mezzadri: *A vigna* – hier standen die Reben in Zeilen, in Monokultur, ohne Mischung. Diese Art des Weinbaus verbreitete sich ab dem 19. Jahrhundert. Es war die moderne Art, Wein anzubauen, der Mechanisierung und Intensivierung zugänglich. Nur in wenigen Gebieten wurden Luxusweine „a vigna" gezogen, am ehesten in den trockengelegten Gebieten in der Maremma und im Chianatal, bei Montepulciano. Im Chianti wurde der Weinberg *Niccolò da Uzzano* gleich nach der Reblausinvasion 1889 in Terrassen angelegt, in den Hügeln der Fattoria da Uzzano bei Greve. Er war einer der ersten modernen Weinberge. Man sprach auch von der Methode *a palo secco* – am trockenen Pfahl – weil sich die Reben hier auf Kastanienholzpfähle, und nicht auf lebende Feldahorne, stützten.

In der Mezzadria gab es kaum je Reben in Monokultur – immer wuchs Korn im Weinberg, ebenso wie im Olivenhain. Der Weizen war dabei wichtiger als Wein und Oliven. Dies war ein ewiger Streitpunkt zwischen Bauern und Padroni – letztere wollten den Ausbau von Wein und Öl für den den Markt, die Bauern brauchten das Korn, um ihre stets prekäre Ernährung zu sichern.

Die Mischkultur galt im 19. Jahrhundert als rückständig. Gelehrte sprachen von der *ingordigia*, der „Gier" von Weizen und Mais, die, bis an den Fuß der „armen" Reben angebaut, sie bedrängten und wegen ihrer „Mineralaufnahme" den Boden auszehrten. Sie bemäkelten auch die Beschattung der tiefhängenden Trauben durch die hohen Getreidehalme.

Das Castello di Brolio ist eines der größten im Chianti, ursprünglich von Langobarden gegründet, im 19. Jahrhundert im neugotischen Stil neu gebaut. Der langobardische Name *brolo* bezeichnet eine Rodung oder Wiese mit dem Wohnsitz des Grundherren in seiner Mitte. Brolio steht an einer uralten Grenze am südlichen Rand des Florentiner Gebiets zum Contado von Siena. Schon seit dem 12. Jahrhundert ist das Schloss im Besitz der Familie Ricasoli.

Hier „erfand" Bettino Ricasoli (1809-1880) den Chianti. Der „eiserne Baron", Agrarreformer und Politiker, ein aufgeklärter Mann mit vielen Interessen, entwickelte das „Rezept" für den modernen Chianti. 1847 schrieb er die Produktionsvorschriften nieder, den *governo del vino*, eine Art toskanisches Reinheitsgebot. Durch eine einheitliche Mischung verschiedener Trauben wird die Qualität des Weins verbessert und standardisiert. Die Sangiovese-Traube hat den Hauptanteil, beigemischt sind der rote Cannaiolo sowie zwei weiße Trauben, Trebbiano und Malvasier. Die Sangiovese ist etwas bleich und gerbsäurereich, der Cannaiolo und Colorino geben Milde und Farbe. Die weißen Trebbiano und Malvasier schwächen die Gerbsäure ab. Beim Namen Chianti denkt man heute nicht mehr an die Region, sondern an den Wein, wohl den bekanntesten Italiens.

Ricasolis Rezept gilt noch immer, doch wurde der Anteil der weißen Trauben in den letzten Jahrzehnten immer geringer. Ricasoli schrieb: „Der Wein soll vom Sangioveto seinen Hauptanteil an Aroma und eine gewisse Gefühlsstärke haben; vom Cannaiolo die Lieblichkeit, die die Härte des ersteren abschwächt, ohne ihm sein Aroma zu nehmen; die Malvasia, auf die man bei zur Lagerung bestimmten Weinen auch verzichten könnte, verdünnt die vorher genannte Mischung, reichert aber den Geschmack an."

Ricasoli stützte sich auf das Vorbild Frankreichs, er erkannte, dass nur durch eine Vereinheitlichung der Mischungen die Qualität des Weins erhöht werden konnte. Ricasoli veredelte die *Sangioveto*-Traube, heute *Sangiovese* genannt. Historische Klone, die noch aus der Zeit vor der Reblaus stammen, sichern die Möglichkeit, Resistenzen und Robustheit in die modernen Sorten einzukreuzen. Sie sind in manchen Weinbergen noch zu finden, zum Beispiel in Lamole. Ricasoli war auch Politiker; er forcierte den Anschluss der Toskana an das Königreich Sardinien-Piemont; nach der Abdankung des letzten Großherzogs Leopoldo II. 1861-62 und 1866-67 war er italienischer Ministerpräsident.

Enrico Fermi (1901-1954), der berühmte toskanische Physiker und einer der Entdecker der Kernspaltung, feierte den Durchbruch seiner Forschungen mit einer Flasche Chianti. Die Etikette trägt die Unterschriften seiner renommierten Kollegen, sie wird an der Universität von Chicago wie eine Reliquie aufbewahrt.

*Der schwarze Hahn kräht*

Dante hätte sie in den achten Kreis der Hölle verbannt, in die *Malebolge,* wo die Betrüger schmachten – gemeint sind die Chiantiproduzenten in den Sechziger Jahren des vorigen Jahrhunderts. In jener Zeit war der Ruf des Chianti nicht mehr zu unterbieten: Überproduktion, verwegene Panschereien, Verschnitte, Zucker, Hefe dominierten das Bild; auch die schöne Korbflasche, der emblematische *fiasco*, war nicht mehr aus geflochtenem Schilf, sondern aus weißem Plastik. Die *impagliatrici*, die Korbflechterinnen, die in Heimarbeit die Fiaschi umflochten, waren zu teuer geworden.

Seit 1932 war das Gebiet zwischen Siena und Florenz als Anbaugebiet für den *Chianti Classico* ausgewiesen. Auf den Etiketten prangte der *Gallo Nero*, der Schwarze Hahn. Zum ersten Mal wurde der Gallo nero 1924 von der Genossenschaft *Marchio storico Chianti classico* benutzt, von 33 Produzenten in Radda im Chianti. Allein der Wein wurde nur immer schlechter. Ab 1967 endlich stellte man den Chianti unter Schutz, die *denominazione di origine controllata – DOC –*, die „kontrollierte Ursprungsbezeichnung" sollte die Qualität des Weins garantieren. Nur DOC-Weine durften fortan den Schwarzen Hahn im Etikett führen. Das DOC-Siegel erstreckte sich auf Anbau, Verarbeitung, Lagerung und Abfüllung, sie mussten im Anbaugebiet erfolgen. Die DOC-Garantie resultierte auch in einer Beschränkung der geernteten Mengen. Nicht mehr als 75 Zentner Trauben pro Hektar durften geerntet werden, das entsprach 52,2 Hektoliter Wein. 1984 kam die noch strengere DOCG Regelung dazu – die „kontrollierte und garantierte Herkunftsbezeichnung". Nun mussten Weine mindestens 24 Monate Alterung in Fass oder Flasche hinter sich haben.

Die Geschichte des *Gallo Nero* gehört zu Folklore und Mythenbildung rings um die Marke *Chianti classico*. Der schwarze Hahn war das Wappentier der Florentiner, die mit ihrer *Lega* im Chianti den ewigen Rivalen Siena unter Kontrolle halten wollten. Bei einer der Auseinandersetzungen um den Verlauf der Grenzen sollten zwei Reiter von den Stadttoren von Florenz und Siena beim jeweils ersten Hahnenschrei losreiten. Dort, wo sie sich begegnen, sollte die neue Grenze verlaufen. Die schlauen Florentiner ließen einen kleinen, zähen, schwarzen Hahn hungern, der früher als der gemästete Kollege aus Siena loskrähte. Der Florentiner Reiter, früher unterwegs, ritt eine große Strecke nach Süden bis weit hinter die Grenze zu Siena.

Außerhalb des alten Chiantigebiets gibt es sieben weitere Zonen, in denen Chianti nach dem klassischen Rezept angebaut wird. Es sind die Zonen des *Chianti Putto*, mit einem Putto im Etikett. Die Gebiete befinden sich rings um Siena und Florenz und westlich davon: Colli Aretini, Colli Fiorentini, Colli Senesi, Colline Pisane, Montalbano, Montespertoli und Rufina.

## Super-Tuscans

In den letzten Jahrzehnten haben auch andere toskanische Weine Furore gemacht. Der *Brunello di Montalcino* aus der Sorte *Sangiovese grosso* fließt durch die Kehlen vieler Weinliebhaber. Im hübschen Borgo von Montalcino in der Val d'Orcia ist heute jedes zweite Haus eine *enoteca*; im Rathaus ist der Sitz des *Consorzio del Brunello*.

Weinskandale, schlechte Qualität, Verachtung der Konsumenten hatten den Weinbau in der Toskana an den Rand des Abgrunds getrieben. Kornelia Dietrich schrieb von *uneinnehmbaren Tanninfestungen in den Sechzigern und Siebzigern*. Montalcino setzte früher als andere auf Qualität, auf lange Reifung in Eichenfässern, auf Verzicht von Hefezusatz und Filtration, kombiniert mit geschicktem Marketing.

Piero Antinori eliminierte als erster die traditionellen weißen Trauben ganz aus dem Chiantiwein. Er nannte den Wein, der sich nun nicht mehr Chianti nennen durfte, obwohl er mitten im Chiantigebiet angebaut wurde, *Tignanello*, nach dem Weinberg, in dem er wuchs. Mit dem Tignanello landete der *Marchese* Antinori einen Sensationserfolg: Der erste *Supertuscan* war geboren. Diese Weine werden nicht mehr nach dem Chianti-Classico-Rezept ausgebaut; die Sangiovese-Traube wird mit neuen Sorten verschnitten, mit Merlot, Cabernet Sauvignon, Syrah. *Tignanello, Sassicaia, Solaia, Ornellaia* sind Weine höchster Qualität, sie spielen in der obersten Preisklasse mit, erfahren enthusiastische Lobpreisungen der internationalen Weinkritiker. Diese Weine brauchen den Gallo nero im Etikett nicht.

Die Produzenten der Supertuscans unternahmen große Anstrengungen, sie reduzierten die Mengen (weniger als ein kg Traube pro Rebstock), engagierten beste Kellermeister, verwendeten modernste Kellereitechniken und betrieben nicht zuletzt ein äußerst professionelles Marketing. Der Erfolg vieler Weingüter beruht auch auf ihrer Struktur als Familienbetrieb – wie bei Piero Antinori mit seinem Gut Guado al Tasso bei der Abbadia di Passignano oder bei Stucchi Prinetti in Coltibuono, Frescobaldi in Rufina, Gheradesca in Castagneto Carducci. Diese Familien – oft alter Adel, ehemalige Feudalherren – waren Weinbauern über Jahrhunderte. Die Jungen, auch die Frauen, wie die drei Töchter Antinori, folgen der Familientradition, sie sind als Weinbauern und Unternehmer äußerst erfolgreich.

Heute sind in der Toskana hochorganisierte Weinberge die Regel, Rebzeilen in Reinkultur, die Reben an Betonsäulen gelehnt. Große Felder liegen auf planierten Hügeln. Aus ökologischer Sicht sind es äußerst artenarme Monokulturen. Dennoch zeigen die toskanischen Weinberge nicht die Monotonie der Ebenen. Die hügelige Landschaft setzt den Flächen Grenzen. Auch die alte Form der *campi a pigola* – der „Winkelfelder" gibt es noch. Eingestreut liegen Wälder und Olivenhaine, die alte Feld-Wald-Verteilung blieb im Großen und Ganzen erhalten.

In der Maremma, unweit von Bolgheri, liegt das *Castello del Terriccio*, das Gut von Gian Annibale Rossi di Medelana Serafini Ferri. Neben Wein baut der Gutsherr Weizen und züchtet Pferde. Er war selbst Turnierreiter, dann fesselte ihn ein Reitunfall an den Rollstuhl. Auf seinem Gut produziert der Pferdefreund die Supertuscans *Tassinaia* und *Lupicaia*. Dazu verbannte er den Trebbiano, mischte den Sangiovese mit Chardonnay, Sauvignon, Merlot und Syrah. Beste Kellermeister, beste Ausstattung der Kellerei halfen auf dem Weg zur Weltspitze. Die alten Backsteingebäude sind kaum saniert – Geld wird in den Ausbau des Kellers und die Anlage der Weinberge investiert. Gregor Drescher besprach in der Süddeutschen Zeitung euphorisch den Tassinaia 2003 und den Lupicaia 1999 aus dem Castello di Terriccio.

Nur mit Glück stößt man in der Toskana noch auf Reben, die auf Ahorne gebunden sind. Am Ausgang von Greve im Chianti, beim Ortsschild *Greti*, stehen ein paar dieser lebenden Fossilien: stark beschnittene Ahorne und Mannaeschen in Reih und Glied, doch die Reben sind verschwunden. Manchmal findet man im Garten hinter den Häusern noch ein paar aufgebundene Reben, im Wechsel mit Ölbäumen, Mischkulturen, wie sie verrentete Eisen-

bahner pflegen, ihre *vite maritata* oder ihre kleine toskanische Baumkultur, die *alberata toscana*.

# Haustiere des Podere.
## Cinta, Chianina, Romagnola

*Il porco sogna le ghiande.*

*Das Schwein träumt von Eicheln.*
*Toskanisches Sprichwort*

Auf dem Fresko Ambrogio Lorenzettis im Rathaus von Siena treibt ein Bauer ein Schwein Richtung Stadttor. Es ist das klassische Schwein des Mezzadro, schwarz und weiß, die *cinta senese.* Ambrogio kannte die Cinta von ihrem eigentlichen Herkunftsort her, der Montagnola Senese, dem Hügelland westlich von Siena: Lange Schnauze, schwarze Borsten mit einem weißen Gürtel – die Cinta ist unverwechselbar. Auf Ambrogios Fresko hat sie noch aufrechte Ohren, heute schützen lang herabhängende Schlabberohren die Augen vor den stacheligen Büschen des Unterholzes im Eichenwald und dem Kastanienhain. Außer in der Montagnola Senese lebt die Cinta heute auch wieder in den Wäldern rings um Siena und im Chianti. In der Montagnola sucht sie ihre Eicheln in immergrünen Steineichenwäldern. Die Steineiche steigt hier über ihr übliches Verbreitungsgebiet hinaus – doch in den Kalkböden der Montagnola versickert das Regenwasser schnell, weshalb die trockenheitsresistente Steineiche in der Konkurrenz mit empfindlicheren Eichen gewinnt, etwa der Flaum- oder der Zerreiche. Ökologen sprechen in so einem Fall von einem azonalen Ökosystem.

Von diesen Theorien unbelastet streifen die Cinte mancherorts auch heute wieder tagsüber durch die Wälder, mit dem Rüssel am oder im Boden, auf der Suche nach Eicheln, Kastanien, Wurzeln, Knollen oder Engerlingen. Früher war das Schwein wichtiger als der Wald, war Schweinefleisch wichtiger als Holz. „Auf den Eichen wachsen die besten Schinken", sagt das Sprichwort.

Abends kommen die Cinte in den Schweinepferch. Mit einem Ruf, den sie kennen, kommen sie an den Hof, in Erwartung einiger Maiskörner. Das Futter bindet die Tiere an Menschen und Hof und verhindert, dass sie verwildern. Die meiste Zeit sind die Schweine im Eichenwald oder im Kastanienhain, dem *marroneto* unterwegs und ernähren sich selbst. In den Stall kommen sie gar nicht, dort sind nur die Säue mit ihren Ferkeln, sieben oder acht pro Wurf. Früher standen die Schweine unter der Aufsicht des *porcaio*, des Schweinehirten, der mit ihnen das ganze Jahr im Wald verbrachte.

Die Cinta senese ist besonders robust und anpassungsfähig. Mit ihrem ausgeprägten Rüssel wühlt und gräbt sie im Waldboden. Die Cinte sind ständig in Bewegung, haben große Ausdauer und kräftige Muskeln. Ihre Knochen sind im Verhältnis fast doppelt so schwer wie jene der Hochleistungssauen. Die „guten", also ungesättigten Fettsäuren in ihrem Fleisch sind ein beliebtes Argument zu ihrer Vermarktung. Die wichtigsten Gründe, die Cinta weiterhin in die Wälder der Toskana zu treiben sind aber nicht gesundheitlich, sondern kulinarisch: *prosciutto* (Schinken), *lardo (Bauchspeck), salsiccia (*Bratwurst*), finocchiona* (Fenchelwurst*), soppressata (*Mettwurst*), gota (*Wange*), gotino* (Wänglein*), buristo (*Blutwurst*), capocollo (*Halsgrat*) und *salame*. Die Nachfrage nach den Produkten ist gut, die Preise sind hoch.

Bis Anfang des 20. Jahrhunderts war die Cinta das einzige Schwein im Chianti und in der Gegend um Siena. Jeder Bauer hatte seine Herde. Nur der Schweinestall des Mezzadro, den Gregor von Rezzori als Zeugnis für dessen architektonische Meisterschaft beschrieb, beherbergte keine Cinta senese, sondern zwei oder drei Mastschweine der sogenannten weißen, „englischen" Rasse. Sie lieferten Schmalz und Fleisch. Die Cinta ist zur Stallhaltung nicht geeignet, die Selbsternährer aus dem Wald setzten auch kaum Fett an. Die Bauern kochten nicht mit Olivenöl, das zu teuer war, sondern mit Schweineschmalz. Der Rest des Stallschweines wurde zu Schinken und Würsten verarbeitet, zum Teil auch am Markt verkauft, nachdem der Padrone seinen Anteil erhalten hatte. Die Schweine lebten von Essensresten, Kehrresten der Tenne, verdorbenem Mehl, Weintrestern, Eicheln, Öltrestern oder Labresten aus der Käseherstellung.

Seit den Vierziger Jahren des letzten Jahrhunderts hatte man begonnen, die weißen Schweine aus England – Yorkshire oder Landrace – mit der Cinta zu kreuzen. Die Kreuzungen wuchsen größer, setzten gut Fett an und konnten auch einen Teil der Zeit im Stall gehalten werden. Die alte Cinta war bald am Rande des Aussterbens. Überlebt hat die ursprüngliche Rasse, weil einige Züchter in der Montagnola Senese Cinte hielten, um sie mit den englischen Schweinen zu kreuzen.

Heute ist die Cinta als gefährdete Haustierrasse geschützt, um die 80 Züchter sind im *Consorzio di tutela della Cinta senese*, der Schutzmarke, vereinigt. Die Regeln sind streng: Die Tiere müssen sich die meiste Zeit im Wald aufhalten, das Futter selbst suchen. Sie bekommen auch kein Kraftfutter. Auch die Ferkel kommen ab dem vierten

Monat ins Freie. Nur jene mit den richtigen somatischen Merkmalen werden weitergezüchtet, die mit dem weißen Vorderbeinen und weißen Schultern. Nicht nur ein einzelnes Produkt bekommt die Schutzmarke, sondern das ganze Tier.

Heute gibt es wieder einige Tausend eingetragene Cinte und einige Hundert Eber, die durch die Wälder im Hügelland streifen. Im März 2012 erhielt die Cinta senese die DOP, die *denominazione di origine protetta*, die „geschützte Ursprungsbezeichnung" von der EU.

Die Cinta wird im Herbst geschlachtet, wenn sie fett ist und das Wetter kühl. Manche eine Cinta zeigt eine lange Schnauze und grobe Borsten. Hier haben im Dunkel des Waldes Wild- und Hausschwein zusammengefunden. Gene der Wildnis sind immer wieder ins Domestizierte geflossen, seit die Cinta in der Montagnola Senese durch die Wälder streift.

## *Bos magnus et albus*

Sie zieren die Auslagen der Metzgereien und beeindrucken die Touristen: die riesigen Steaks des Chianinarindes. Als *bistecca alla fiorentina* finden sie sich auf den Speisekarten der Restaurants der Toskana. Am besten wagt man sich zu zweit, wenn nicht zu dritt, an die mächtige Herausforderung. Das Chianinarind, das größte und älteste Rind der Welt, grast heute wieder auf Weiden und steht in Ställen, nachdem es nach dem zweiten Weltkrieg fast verschwunden war.

Chianine bieten einen archaischen Anblick: Fast zwei Meter Risthöhe, mit einem Höcker auf dem Rücken, der die Nähe zur Wildform des Rindes zeigt. Die nicht sehr langen

Hörner sind nach vorne gerichtet. Zwischen den Hörnern der Stiere wächst sich das Fell zu einem Schopf aus. Das größte jemals gewogene Chianinarind war der legendäre Stier „Donetto" aus der Fattoria La Fratta in der Valdichiana – er brachte mit acht Jahren 1780 kg auf die Waage. Das ist Weltrekord unter allen Rinderrassen.

Das Fell der Chianina ist blendend weiß; es reflektiert das Sonnenlicht, was den Tieren ihre hohe Widerstandsfähigkeit gegenüber der mediterranen Sonne verleiht. Die Kälbchen kommen mit einem hellbraunen Fell zur Welt. Traditionell leben die Chianine das ganze Jahr im Freien, doch gibt es auch die moderne Haltung im Offenstall.

Trotz ihrer Größe sind die Chianine äußerst beweglich und geländegängig, sie sind robust und widerstandsfähig. Die Kühe gebären sehr leicht, meist auf der Weide oder im Wald. In einem Zuchtbetrieb im Mugello nördlich von Florenz sagt der Eigentümer: „In letzter Zeit mussten wir die Kühe zum Gebären wieder in den Stall holen, deshalb haben wir jetzt höhere Tierarztkosten. Im Stall sind die hygienischen Bedingungen nie so gut wie auf der Weide draußen". Nachdem Wölfe zwei neugeborene Kälbchen gerissen hatten, waren Kühe für Geburten in den Stall gebracht worden. Doch sollte man nicht glauben, dass es für die Wölfe leicht ist, den wehrhaften Kühen ihre Kälbchen abzujagen, zumal auch die andere weiblichen Tiere der Herde, die Großmütter und Tanten, die Kälber verteidigen.

Auf den römischen Triumphzügen zogen Chianine vor 2500 Jahren die Prunkwagen durch Rom. Sie waren die Opfertiere im Heiligen Hain der Römer, dem *lucus*. Viele Orte in Italien tragen *luco* im Namen – in der Toskana

Luco di Mugello oder Monte Luco della Berardenga. Der *bos magnus et albus*, das „große, weiße Rind" der Antike, ist auf Münzen und Reliefs abgebildet, oder als Skulptur erhalten, wie im „Pflügenden von Arezzo", einem bronzenen Doppelgespann aus dem 4. Jahrhundert v. Chr.

Seinen Namen hat das Rind aus der Valdichiana; doch war es in der ganzen Toskana verbreitet, ebenso wie im nahen Umbrien. Der Stirnschopf der Stiere wird immer noch zu Zöpfen geflochten, mit Schleifen und Troddeln versehen – so wie zu Zeiten der antiken Triumphzüge. In der kleinen Stadt Asciano mitten in den Tonhügeln der Crete steht eine römische *ara*, ein Opferaltar, mit dem in Stein gemeißelten Kopf eines Stieres. In den Crete waren die starken Ochsen der Chianine bis nach dem zweiten Weltkrieg wichtig, denn nur die stärksten Ochsen konnten den Pflug durch den schweren Lehm der Crete ziehen.

Heute gibt es die großen Rinder auch in anderen Teilen der Welt, in Nord- und Südamerika und in Australien. Dort gibt es große Zuchtfarmen. Gelegentlich werden Chianine mit Zebus gekreuzt. Begonnen hat diese Expansion mit dem Marchese Guccio Ruspoli Forteguerri auf der Fattoria von Radi, unweit von Siena. Er wandte sich nach dem Zweiten Weltkrieg vom Weizenanbau ab und der Chianinazucht zu. Ruspoli Forteguerri hatte sieben Fattorie mit jeweils zwanzig bis dreißig Poderi. Der riesige Besitz reichte von der Valdarbia bis nach Pienza. Allein in der Fattoria von Radi in der Valdarbia gab es an die zweitausend Chianinarinder, auf dem Podere Santa Maria wurden ausschließlich Stiere gehalten. Drei bis vier amerikanische Veterinäre überwachten die Zucht, die Herstellung und den Versand von Rindersamen.

## Mitläufer der Völkerwanderung

Doch nicht nur das Chianinarind ist groß. Auf manchen Bergweiden des Apennins weiden Romagnola-Kühe, ebenfalls eine sehr große und alte Rinderrasse. Die Romagnola kam wahrscheinlich im 6. Jahrhundert mit den Langobarden auf der Völkerwanderung nach Italien. Das Fell der Romagnola ist hellgrau, das der Kälbchen hellbraun. Sie werden nicht so groß wie die Chianina, erreichen aber fast deren Gewicht. Früher auch vor den Pflug gespannt, ist die Romagnola heute eine reine Fleischrasse.

Die Romagnola ist noch widerstandsfähiger und robuster als die Chianina. Die Tiere verbringen die Sommermonate auf den hochliegenden Weiden des Apennins. Auf der Fahrt von Florenz in den Casentino auf der Höhe des Passo della Consuma erfreut sich der Reisende an den dort weidenden Romagnole, mit ihren leierförmigen Hörnern und den charakteristischen schwarzen Hornspitzen.

# Kaltgepresst. Ölbaum und Olivenöl

*„Die Ölbäume sind wunderliche Pflanzen; sie sehen fast wie
Weiden, verlieren auch den Kern,
und die Rinde klafft auseinander...
Das Blatt ist weidenartig, nur wenige Blätter am Zweige."*
Goethe, Italienische Reise, 1786

Das Silbergrau der Olivenhaine steht im Kontrast zu den
warmen Braun – und Grüntönen der Wälder und Weinberge im toskanischen Hügelland. Kein Wunder, dass
Ölbäume die besondere Aufmerksamkeit des botanisch
versierten Goethe erregten. Sie wuchsen seinerzeit, 1786,
zur Zeit seiner italienischen Reise, weit verbreitet in der
Mischkultur der Mezzadria.

Die Olivenkultur ist antik und modern zugleich. Wie von
alters her werden die Ölbäume auch heute von Hand beschnitten, Oliven von Hand gepflückt. Doch ist die Mischkultur mit Weizen und Wein heute Monokulturen gewi-
chen.

Der Ölbaumanbau der Etrusker ist ab der Mitte des 7.
Jahrhunderts v. Chr. belegt. Im Mittelalter noch war der
Ölbaum selten, die Rede ist von drei, vier oder zehn Bäumen auf einem Podere. Die Toskana war immer eher ein
Getreide- als ein Ölland. Erst im 18. und 19. Jahrhundert
breitete sich der Olivenanbau aus. Grundherren ließen
von den Mezzadri Ölbäume pflanzen, in Mischkultur,
manchmal auch mit Obst- und Maulbeerbäumen. Die mü-
hevollen Vorbereitungen der Pflanzungen, der Aushub
von Hunderte Meter langen Gräben, zählten zu den Rega-

lien, den Gratisleistungen der Mezzadri. Diese Schinderei, vom „Grabenvertrag", dem *patto di fossa* festgelegt, war bei ihnen äußerst verhasst.

Der Anbau von Öl und Wein in Mischkultur entzerrte auch die Höhepunkte der Feldarbeit: Die Weinlese findet im September und Oktober statt, die Olivenernte im Winter, der Baumschnitt im zeitigen Frühjahr.

In seiner Herkunft geht der Ölbaum auf den wilden Oleaster zurück, eine Pflanze der Macchia mediterranea. Die Domestikation begann in Kleinasien, die Griechen verbreiteten den Ölbaum weiter nach Westen. Ölbäume werden Hunderte, manchmal an die 2000 Jahre alt. Sterben die Bäume ab, treiben sie aus dem Wurzelstock von neuem aus. Der unverwüstliche und unbesiegbare Baum war das Symbol des Sieges; der Ölzweig gebührte dem Sieger, zugleich ist er Symbol des Friedens. Schon in der Bibel fliegt eine Taube mit dem Ölzweig im Schnabel.

Vor allem aber war der Baum Symbol der Zivilisation, der Kontrolle über den Raum. Griechen zuerst, dann die Römer, pflanzten den Ölbaum in ihren Kolonien. Araber verbreiteten den Baum in Nordafrika und Spanien. Die Ölbaumkulturen waren auch Symbol für die Unterwerfung der Natur durch die Stadt, die Olive war der Baum Athenes, der mit der Stadt verbundenen Göttin.

Das Olivenöl hatte in der Antike praktische und kultische Funktion, es spendete Licht in den Öllampen, und diente der Salbung des Siegers in Olympia. Aus den Früchten presste man das Öl oder aß sie als schwarze oder grüne – in Salzwasser eingelegte – Oliven. In der Odyssee ist von gesalbten Göttern und Helden die Rede, die Statuen der Götter wurden mit Öl bestrichen.

*Una montagna coverta da bellissimi arboscelli...*
*Ein Berg, von wunderschönen Bäumchen bedeckt...*
*Folgore da San Gimignano, 13. Jahrhundert.*

In der Toskana fand der Ölbaum weite Verbreitung in der Renaissance, in jener Zeit, in der Städte die Kontrolle über das Land vorantrieben. Trotzdem war mehr als die Hälfte der mit „Baumfrüchten" – Wein, Oliven – bestanden Flächen frei von Ölbäumen.

Die kälteempfindliche Olive stößt in der Toskana an die Grenzen ihres Verbreitungsgebietes. So fehlt der Ölbaum ganz in den höheren Lagen des Hügellandes. In den Ebenen, im Chianatal, der Maremma, dem Arnotal, im Tibertal, breitete sich auf den frisch bonifizierten Flächen zur Zeit der Großherzöge zunächst nur der Weinbau aus. Auch in Gebieten, die für den Ölanbau geeignet wären, fehlte der Baum vielerorts, zum Beispiel im Mugello oder der Lunigiana. Der Grund war ökonomisch: hohe Getreidepreise und ertragreicher Wein konkurrierten mit dem Ölbaum um Ackerflächen.Die Auswahl der Feldfrüchte war oft irrational und erratisch; der Olivenanbau wirft erst auf lange Sicht Erträge ab; er verlangt hohen Kapitaleinsatz mit verspäteter Verzinsung. Auf den neu gewonnenen Böden der entsumpften Gebiete war man auf raschen Gewinn aus – und Weizen und Wein rentierten sich viel schneller. [24]

Emilio Sereni (1907-1977), Autor des Klassikers „Geschichte der italienischen Kulturlandschaft", rekonstruierte die Geschichte der Landschaft anhand ikonographischer Quellen. Den Veränderungen im Spätmittelalter spürte er auf Bildern des großen Duccio di Boninsegna (1255-1319) nach. Im Ölberggemälde Duccios, im Museum der Dombauhütte von Siena aufbewahrt, analysiert Sereni die Anordnung der Ölbäume im Garten von Gethsemaneh:

Die Bäume sind beschnitten und gepflegt und regelmäßig im Baumgarten angepflanzt. Die Domestikation des wilden Oleasters hatte ihren Abschluss gefunden. In der ausgehenden Ära der *Comuni*, der Stadtstaaten, ist das Land fest in der Hand des Menschen, das Wilde ist zurückgedrängt. Die Bauern sind Mezzadri, keine Leibeigenen mehr.

Im älteren Ölbergmosaik (ca.1214-1220) von San Marco in Venedig sieht Sereni anderes: Es zeigt die Zeit der beginnenden Stadtstaaten, die zaghaft wiedereinsetzende Landnahme nach den Stürmen der Völkerwanderung. Die Ölbäume wachsen wild, sind unregelmäßig in den offenen Feldern verstreut; die dürren Äste sind nicht geschnitten, es ist keine planvolle Anlage zu erkennen. Kulturlandschaftsforscher Sereni meint, dass der Anbau von Edelkastanie und Olive ein Zeichen für ruhige Zeiten und Zuversicht der Investoren ist, da sie erst Jahre nach der Pflanzung Früchte tragen, anders als Wein, der früher ertragreif, in kleinen geschlossenen Parzellen wachsend, auch kriegerische, unsichere Perioden überdauert und Ertrag bringt.

Außer in der Mischkultur mit Reben und Weizen (*alla fiorentina*) gab es im Norden der Toskana und in der Maremma auch den reinen Olivenhain (*alla pisana*). Es sind richtige Olivenwälder, *a bosco* oder    , also wild, genannt.

Diese „Wälder" waren eingefasst von Zäunen oder Mauern. Die Pflanzung der Bäume war unregelmäßig, die Bäume standen sehr dicht, in Abständen von acht oder zehn Armlängen. In diesen Klausen (*chiudende*) fand eine Zweifachnutzung statt: Sie produzierten Oliven und boten Weideflächen zwischen den Ölbäumen. Das war auch der „Berg, von wunderschönen Bäumchen bedeckt", des Dichters Folgore da San Gimignano (1270-1332).

In der Mischkultur mit Getreide wurden die Ölbäume beschnitten. Die Bauern übertrieben dabei. *L'ulivo vuole il pazzo* – der Ölbaum will den Verrückten – war die Rationalisierung für ihr „verrücktes" Tun, in Wahrheit nahm der starke Baumschnitt den Schatten vom Weizen und erhöhte dadurch den Kornertrag.

In der Toskana werden die Oliven nicht, wie andernorts im Mittelmeerraum, mit Stangen von den Zweigen geschlagen, sondern von Hand vom Baum gestreift und in Netzen gesammelt. Die Oliven kommen dann in die Ölmühle, den *frantoio*. Was bei der ersten Pressung von den Mühlsteinen fließt, ist längst zum Klischee geronnen – das kaltgepresste Olivenöl, das *olio extravergine d'oliva*. Die kalte Pressung mit den großen Mühlsteinen war die klassische Behandlung der Oliven im Frantoio. Eine zweite oder dritte Pressung, mit heißem Wasser oder mit synthetischen Lösungsmitteln unterstützt, kam erst später mit der Industrialisierung auf.

Immer wieder kommt es zu periodischen Erfrierungen der Kulturen, vor allem in den höheren Lagen. Der Frost des Jahres 1986 war für viele Olivenhaine eine Katastrophe. Die erfrorenen Bäume mussten bis zum Boden zurückgeschnitten werden. Die alte strauchförmige Form *a cespuglio* lebte gezwungenermaßen wieder auf. Sie drängte die moderne Methode *a vaso* zurück, bei der der Stamm des Ölbaums sich erst ein bis zwei Meter über dem Boden verzweigt. In vielen Olivenhainen sind an den Bäumen die bodennahen Schnittstellen von 1986 noch zu sehen. Aktuell gibt es in der Toskana 56.000 Hektar Oliven, die durchschnittliche Betriebsgröße beträgt 1, 5 ha.

Der große Frost von 1986 stellte eine Zäsur im toskanischen Olivenanbau dar. Eine Modernisierung und Intensivierung setzte ein, die heute noch andauert. Die Ölproduktion ist rückläufig, die Olivenernte ist zu arbeits- und kostenintensiv. Kleine Betriebe geben auf, große expandieren. Welche langfristigen Auswirkungen der jüngste Betrugsskandal in der toskanischen Olivenölbranche haben wird, wird die Zukunft zeigen. Doch die Deklarierung von Millionen Liter importierter billiger Öle, aus Apulien oder Tunesien, als originär toskanische „extra-vergine" Edelöle und der damit einhergehende Milliardenbetrug (zum Beispiel des Oleificio San Casciano Val di Pesa) wird den Ruf des toskanischen Olivenöls nachhaltig beschädigen. Dazu kommt die Ölfruchtfliege, die die Ernte 2014 vollkommen vernichtete; die Gefahr durch die Fliege ist noch lange nicht gebannt.

Letizia Cinughi de'Pazzi in Castelnuovo Berardenga erzählt von den einst 30 Hektar Olivenhainen der Familie: 7000 Bäume standen auf ihnen, jedes zweite Jahr wurden sie beschnitten. In Castelnuovo Berardenga garantiert das besondere Mikroklima ein besonders feines Olivenöl. Doch nach 1986 verlor die Familie die Freude an der Ölproduktion, alle Bäume waren vom Frost verbrannt.

## Raimondos Oliven

Im Zentrum der Toskana, in der Valdarbia und Val d'Orcia sind heute manche der sardischen Einwanderer von der ursprünglichen Schafzucht, ihrem angestammten Metier, zum Ölanbau übergegangen. Raimondo Mozzo kam vor Jahrzehnten als Kind nach Castelmuzio in der Valdarbia in den Crete. Auch er begann als Schäfer, gründete dann aber mit anderen aus der sardischen Gemeinschaft des Dorfes die Kooperative Il lecceto. Das Gebiet nahe Pienza in den Crete, an der Kante zum Travertin, ist für hochwertigen Ölanbau prädestiniert. Heute hat die Kooperative 70 Mitglieder, sie produziert 200 Hektoliter Öl im Jahr. Verkauft wird vor allem nach Frankreich und Japan. In Japan erzielt das Olivenöl der einstigen Schäfer die höchste Bewertung – vier Sterne. Raimondo Mozzo ist stolz darauf, dass Sarden eines der besten Öle der Toskana produzieren. Er selbst pflegt 1000 Ölbäume auf fünf Poderi. Drei bis vier Erntehelfer stellt er jedes Jahr ein: „Wir Sarden sind Arbeitgeber geworden".

# Harz, Holz und Kerne.
## Die Pinien der Toskana

*Sotto i pini del boschetto...*

*Unter den Pinien des Wäldchens...*
*Lorenzo da Ponte, Le nozze di Figaro, 1786*

Die Kronenkugeln des *pino domestico*, der Schirmpinie, evozieren ein bestimmtes Toskanabild im Kopf von Reisenden, wie die schlanke Zypresse auch. Beide Bäume sind Einwanderer; ihre Heimat ist Anatolien und die Schwarzmeerküste. An der toskanischen Küste säumen nicht, wie im Hügelland, Zypressen-, sondern Pinienalleen Wege und Strassen.

Der Baum wurde vom Menschen weit verbreitet. Pinien stehen neben Bauernhäusern, aber auch in den Eichenwäldern der Hügel. Manche zeigen vernarbte fischgrätförmige Kratzer in der Borke, einst hineingeritzt von den Mezzadri, die das Harz der Pinien ernteten. Die Bauern entfernten auch die unteren Äste am Baum; dadurch bildeten die Pinien die charakteristischen runden Kronen aus. Dort wuchsen die vielen faustgroßen Zapfen heran, mit den begehrten ölreichen Pinienkernen.

Im Gegensatz zur sakralen und ästhetischen Bedeutung der Zypresse stand bei der Pinie stets die ökonomische Funktion im Vordergrund. Neben den Piniennüsschen, den *pinoli*, und dem Harz, lieferten die großen Pinienstämme auch Brenn- und Bauholz. Die habsburg-lothringischen Großherzöge der Toskana pflanzten an der Küste große Pinienwälder – heute noch rentable Pinienkernlieferanten.

Pietro Piussi, Waldbauprofessor an der Universität Florenz, geht seit langem der Geschichte der Wälder im Chianti nach, auch der Geschichte der Pinien. Im Nordteil des Chianti gibt es große Pinienbestände; mit den Pflanzungen an der Küste sind sie die größten in der Toskana. Ob die Schirmpinie in Italien natürlich vorkommt, ist noch immer ungeklärt, in den Chianti kam sie sicher durch den Menschen. Die Bestände dort stammen wahrscheinlich aus dem 17. Jahrhundert. Auch heute noch ist die Schirmpinie ganz auf den Menschen angewiesen, denn sie verjüngt sich nicht von selbst, junge Pinien müssen gepflanzt werden.

Das Motiv zur Anlage von Pinienwäldern waren die Pinoli. Noch im 20. Jahrhundert war die auch die Harzgewinnung lukrativ, besonders in den Pinienwäldern an der Küste. Der *pino* war auch besonders als Bauholz gefragt, denn in den Wäldern der Mezzadria gab es sonst kaum stärkere Bäume.

Als Unterholz in den Pinienwäldern wächst die Baumheide (*Erica arborea),* aus ihrem Wurzelholz werden die Köpfe der Bruyère-Pfeifen gemacht. Früher wurde die Baumheide immer wieder zurückgeschnitten, um die Waldbrandgefahr zu reduzieren. Da dies heute unterbleibt, ist die Brandgefahr in den Pinienwäldern gestiegen. Mezzadri verkochten die Baumheide zu Holzkohle. „Diese Pflege unterbleibt heutzutage", so Pietro Piussi,

„deshalb ist die Waldbrandgefahr in den *pinete* gestiegen."

Nicht alle Pinien sind fremder Herkunft in der Toskana, es gibt auch eine heimische Art, den *pino marittimo*, die Strandkiefer. Sie ist ein genügsames Gewächs, das auch auf den degradiertesten Böden gedeiht. Sie hält sogar dem Salzwasser stand, das der *libeccio*, der kalte winterliche Wüstenwind, von Libyen herwehend, aufs Land peitscht. Streifen von Strandkiefern schützen an der Küste die dahinterliegenden großherzoglichen Schirmpinienplantagen. Die Schirmpinie ist viel empfindlicher als die Strandkiefer gegen Salz in der Luft und im Boden; sie braucht die Bar-riere der Strandkiefer gegen das Meer.

Die Strandkiefer verträgt ein etwas rauheres Klima und braucht mehr Feuchtigkeit als die Schirmpinie. Ihre Krone ist zylinderförmig, bildet keinen Schirm aus. Früher waren Strandkiefern mit ihren geraden, starken Stämmen sehr wichtig für den Schiffbau.

Die Strandkiefer braucht zum Keimen viel Licht und Mineralien aus dem Boden. Das prädestiniert sie zum Keimen auf Waldbrandflächen. Tatsächlich hat sie im Laufe ihrer Evolution einen erstaunlichen ökologischen Pakt mit den sehr heißen, aber kurzen Feuern des mediterranen Sommers geschlossen: Die harzreichen, hermetisch verschlossenen Zapfen entlassen die Samen nur bei großer Hitze, die dann unbeschattet vom Unterholz in der mineralreichen Asche keimen. Sind Brände allerdings zu häufig, verschwindet auch die Strandkiefer, weil junge Bäume verbrennen, bevor sie wieder Samen bilden.

Seit den 1970er Jahren hat die Strandkiefer im Mittelmeerraum mit der Schildlaus *Matsucoccus feytaudi* zu kämpfen. Dieses Insekt war an der Atlantikküste schon lange bekannt, kam dann in den Mittelmeerraum, wahrscheinlich vom Wind verdriftet. Auch die Luftwirbel längs der Autobahnen stehen im Verdacht, am Transport von Matsucoccus beteiligt zu sein. Den ersten Nachweis der Schildlaus im Mittelmeerraum gab es 1995 an einem Campingpatz bei Genua. Das erhärtete Spekulationen um die Einschleppung durch Autos aus Frankreich. Es dauerte dann nur noch drei Jahre, bis in der Toskana die roten abgestorbenen Kronen der Strandkiefern zu sehen waren. In Portugal und Marokko wurden mittlerweile resistente Pinien gezüchtet und gepflanzt, das gibt Hoffnung auch für die Toskana.

## Eine kleine Chemiefabrik

Unter dem Mikroskop erkennt man Kiefernholz an seinen weiten Harzkanälen. Früher war Harz das begehrteste Produkt der beiden Pinien, wichtiger noch als die Piniennüsschen. Zweihundert bis dreihundert Liter pro Hektar flossen über fischgratförmigen Rillen in ein Töpfchen. In Pisa entstand 1940 die *Compagnia Resiniera Italiana*, die „Italienische Harzgesellschaft". An der Küste nahe San Rossore und Migliarino hingen an 10.000 Kiefern die Töpfe der Compagnia; 1,5 Liter Harz flossen aus jedem Baum pro Jahr.

Man unterschied die „Lebend"- von der „Totharzung" (*resinazione a vita, a morte*). Die erste Methode schonte den jüngeren Baum, nur ein Drittel seines Stammumfangs wurde angeritzt. Bei der „Todesmethode" ritzte man Bäume zwei bis drei Jahre vor der Schlägerung zu zwei Dritteln des Umfangs; im Jahr vor der Fällung dann den Baum rundum.

Harz war begehrter Rohstoff für Farben, Lacke und Kolophonium – dem Multitalent, das in der Elektronik und beim Weichlöten gefragt war und als Geigenharz diente, um der Bogensehne aus Rosshaaren den kräftigen Haftgleiteffekt zu verleihen. Wichtig war es auch als „Saupech", mit dessen Hilfe die geschlachteten und überbrühten Schweine ihrer Borsten entledigt wurden. Heute ersetzen Erdölderivate das Harz, die Harzgewinnung an den Pinien hat aufgehört.

# Holz für die Stadt, Eicheln für die Schweine. Der Wald im Hügelland

*Nel mezzo del cammin di nostra vita*
*Mi ritrovai per una selva oscura...*

*Es war in unseres Lebensweges Mitte*
*Als ich mich fand in einem dunklen Walde.*
Dante Alighieri, Divina Commedia, Inferno I, 1321

Am Anfang der „Göttlichen Komödie" steht der Wald als Symbol und Metapher für die Verirrung und Verwirrung eines Menschen in der Mitte seines Lebens, vielleicht auch für die eigene *midlife crisis* Dante Alighieris. Diese *selva oscura*, der dunkle Wald des Florentiners Dante, unterschied sich stark vom Wald in der Vorstellung eines Mitteleuropäers; es war der Wald der bäuerlichen Landschaft, der Mezzadria, in der Umgebung seiner Vaterstadt.

Die großen Städte der Toskana hatten einen unersättlichen Energiehunger, Holz und Holzkohle befeuerten Herde und Öfen. Für die Mezzadri hingegen war der Wald als Weide für die Schweine wichtig. Die Erlöse aus dem Verkauf von Holz und Holzkohle gingen allein an den Padrone, die Erträge aus dem Wald waren im Mezzadria-Vertrag nicht vorgesehen.

Der Wald in den toskanischen Hügeln ist ein Laubwald, hier wachsen Eichen, Mannaeschen, Hopfenbuchen und, in höheren Lagen, Edelkastanien. Von den Eichen gibt es zwei: die Flaumeiche (*roverella*) mit ihren behaarten Blättern, Zweigen und Knospen und die Zerreiche (*cerro*) mit tief gelappten, fransigen Blättern. Die Flaumeiche war begehrter, ihre Eicheln schätzten die Schweine, im Meiler verkohlt ergab das Holz gute Kohle. Die Eicheln der Zerreiche hingegen sind bitter, das Holz ist rissiger, es „arbeitet". Da Zerreichen schneller wachsen als Flaumeichen, war es eine besondere Kunst der Bauern, die Flaumeiche gegenüber ihrer Konkurrentin zu fördern. Zerreichen verrotten nicht leicht, das sicherte dem Baum im 19. und 20. Jahrhundert eine Marktnische; er lieferte Millionen von Schwellen für das wachsende Schienennetz der italienischen Eisenbahn.

Eine weitere häufige Baumart im Eichenwald ist die Mannaesche. Im Frühjahr leuchten die weißen Blüten dieses *orniello* zwischen den Eichen hervor. Die höher gelegenen Kastanienwälder lieferten vor allem Pfähle für den Weinbau.

Dieser gemischte Laubwald wird *ceduo* genannt, auf Deutsch „Niederwald". Der Ceduo ist eine alte, schon von den Lateinern beschriebene Form der Waldwirtschaft. Die Bewirtschaftung nutzt die natürliche Fähigkeit der Laubbäume, aus ruhenden und kaum sichtbaren Knospen in der Rinde wieder auszutreiben, nach Brand oder Windwurf. Diese Fähigkeit haben Nadelbäume nicht. Der wirtschaftende Mensch erntet den Stamm der Bäume in Bodennähe („setzt den Baum auf den Stock"), aus der Rinde der verbleibenden Baumstöcke sprießen die neuen Triebe. Man sieht daher im Niederwald Bäume, die ringförmig aus alten Baumstöcken wachsen Die Bäume des Ceduo muten dem an Fichtenwälder gewöhnten Europäer oft wie große Büsche an. Diese Büsche haben es aber in sich: Ihre Massenleistung ist beträchtlich, die Produktivität pro Hektar groß. Seit der Antike lieferten die Cedui verlässlich Brennholz und Holzkohle für Städte und Dörfer.

Ein Niederwald wird alle 10 bis 15 (20) Jahre „auf den Stock gesetzt", das gibt in 100 Jahren sechs bis zehn Ernten – mehr Holz als in 100 Jahren ungestörtem Wachstum. Die eher langsam wachsenden immergrünen Steineichen wurden alle 15 bis 18 Jahre gefällt; sie lieferten die beste Holzkohle. Die Edelkastanien hingegen erreichten schon in fünf bis sieben Jahren die gewünschten Maße, zu diesem Zeitpunkt hatten sie den gewünschten Durchmesser, um als Pfähle im Weinberg die Reben zu stützen. Solche Pfähle kamen vor allem in den höheren Lagen zum Einsatz, wo die Reben nicht auf lebende Stützen gebunden wurden wie im tieferen Hügelland. Dadurch weitete sich das Verbreitungsgebiet der Edelkastanie beträchtlich aus.

Nach wiederholten Nutzungszyklen erlahmt die Kraft der Stöcke, Stockausschläge zu produzieren. Nun bringen Bäume neuen Schub, die aus Samen (Eicheln, Kastanien) stammen und nicht aus Stockausschlägen. Samenbäume, sogenannte Mutterbäume – *matricine* (von lat. *mater*) – bleiben über mehrere Produktionszyklen im Niederwald stehen, sie sind die einzigen großen Bäume im Ceduo, alt genug, um Samen zu produzieren.

Wenn, nach einigen Produktionszyklen, die Fähigkeit der Matricine nachließ, Samen zu produzieren, endeten sie als Bauholz im Podere; die freiliegenden Dachsparren und Balken in den alten Bauernhäusern stammen von ehemaligen Matricine.

Matricine produzierten nicht nur Samen für die Waldverjüngung. Äußerst wichtig war ihre Eichelproduktion für die Schweineweide. Die Mezzadri hatten das Recht, ihre Schweine im Ceduo weiden zu lassen, ab dem vierten Jahr nach der Nutzung, *dopo la terza messe*. Manche Cedui waren stark von der Schweineweide geprägt – im unteren Stockwerk wuchsen Zerreichen, deren Eicheln die Schweine mieden, darüber standen die größeren Flaumeichen, deren Eicheln bei den Rüsseltieren sehr begehrt waren. Durch ihre kleinen Kronen warfen die Stockausschläge kaum Eicheln ab, es waren die Matricine, die das Schwein ernährten. Die Mezzadri kannten die ergiebigen Eichen genau, sie förderten die gut tragenden gegenüber den geizigeren Produzenten.

Für die Mezzadri war die Eichelproduktion wichtiger als die Holzproduktion: 60 Matricine auf dem Hektar hätten als Samenerzeuger genügt, um alte Stöcke zu ersetzen. Im sienesischen Chianti standen aber bis zu 140 Matricine auf dem Hektar, sie produzierten fleißig Eicheln für die Schweine. Matricine waren an der Basis bis zu einem halben Meter dick. Auch heute stehen solche alten Schweineeichen als Relikt in manchem Ceduo.

Auch Ochsen oder Mastschweine im Stall bekamen Eicheln. Im Ofen gedarrt, damit sie nicht keimten, gemahlen und zu einer Art Brot, dem *pastone*, gebacken, kam es in den Futtertrog.

Doch die heute den Matricine zugeschriebene Hauptfunktion, der Ersatz „erschöpfter" Stöcke, taucht in den historischen Waldbeschreibungen erst gegen Ende des 19. Jahrhunderts auf – damals setzte eine allmähliche Verschiebung der ökonomischen Funktion der Wälder ein,

von der Ernährung der Schweine hin zu einer Brennholz-
und Holzkohleproduktion für die wachsenden Städte.

Die große Nachfrage machte den Ceduo bald zur *cash cow*
des Grundbesitzers, der Holzverkauf lief über die Fattoria.
Die Mezzadri hingegen mussten ihr Brennholz mühsam
zusammenklauben. Sie verheizten die Zweige und Blätter
vom Ölbaumschnitt, holten Reisig aus Ginster, Brombeeren, Schlehdorn und Weißdorn im Wald. Reisigsammeln
war Aufgabe der Frauen und Kinder. Die Bauern verkochten in mühsamer Arbeit Strünke der Baumheide in Erdlö-
chern zu Holzkohle.

Der Wald lieferte noch mehr: Kräuter und Pilze, Wachol-
derbeeren für den Gin, Weidenruten zum Körbeflechten,
wilden Spargel. Auch Misteln und Pinienharz waren begehrte Produkte. Aus der Rinde gewann man Tannin für
die Gerbereien.

Die Brennholznot war stets eine Quelle der Erbitterung
der Mezzadri gegenüber den Grundeigentümern. Eine
bäuerliche Großfamilie verbrauchte im Jahr 1000 kg
Brennholz. Manche Fattoria ging so weit, dass sie den
eigenen Bauern Holz verkaufte.

Mit dem Aufstieg des Heizöls erlebte die Wirtschaftsform
des Ceduo zunächst einen Niedergang. Vor allem wegen
der hohen Arbeitskosten bei den Waldarbeiten konnten
die Produkte des Ceduo mit dem Öl nicht konkurrieren.
Im Weinbau ersetzten Betonpfeiler oder Metallstangen
die Stützen aus Kastanienholz. Durch die unterbliebene
Nutzung wuchsen die Stockausschläge zu dichtem und
ungepflegtem Wald heran. Der Hieb der Stockausschläge

alle 10 bis 15 Jahre gehörte – vorübergehend – der Vergangenheit an.

Heute liefern die Niederwälder aus dem Hügelland der Toskana wieder große Mengen Holz: 900.000 Kubikmeter jährlich; 700.000 davon als Brennholz. Ein guter Teil davon befeuert die Öfen der Pizzerien. Die Nachfrage ist groß, die Preise sind stabil.

Forstleute sehen in einer geordneten Niederwaldwirtschaft keine Bedrohung für das Waldökosystem. Erosion und sinkende Bodenfruchtbarkeit sind Probleme der Vergangenheit, als auch noch das dünnste Reisig aus dem Wald geklaubt und von den Mezzadri verheizt wurde. Die vor allem in der Rinde gebundenen Mineralstoffe wie Kalzium, Kalium und Magnesium sind für die Bodenfruchtbarkeit entscheidend – das Entfernen selbst der feinsten Zweige und Äste aus der Schlagfläche bedeutete eine nicht unbeträchtliche Entnahme von Nährstoffen aus dem Wald bei jeder Schlägerung.

Trotzdem können Studien nicht eindeutig eine Verarmung der Waldböden durch den Niederwaldbetrieb nachweisen, obwohl viele Flächen auch der Waldweide oder Bränden ausgesetzt waren. Die Erosionsgefahr wird dadurch gemildert, dass die Wurzeln der Bäume nach der Fällung im Erdreich bleiben und die verstreuten Strünke das Regenwasser abbremsen. Entscheidend ist aber, dass die Baumstöcke schon nach wenigen Wochen, bei Vegetationsbeginn im Frühjahr, wieder austreiben und die frischen Stockausschläge rasch eine gute Bodenbedeckung herstellen. Was kurz davor im Winter noch den Eindruck eines Kahlschlages erweckte, prangt nun als üppiges Grün.

# Stacheln, Nesseln, Dornen.
# Im Dickicht der Macchia

*Die Myrte still und hoch der Lorbeer steht*
*Goethe, Lied der Mignon, Wilhelm Meisters Lehrjahre, 1796*

Jeden Dienstag ist Markt in Siena – Stände mit Schuhen und Klamotten wechseln sich ab mit den Pecorino-Ständen der Sarden, es riecht nach gegrilltem Huhn und *porchetta*, Spanferkel. Am Rand des Geschehens duckt sich ein Kiosk mit ein paar Plastiktischen, an dem Marktbesucher rasten, unter einen riesigen *leccio*, einer Steineiche, unweit der Festungsmauer von 1557 , erbaut von den Medici nach der Eroberung Sienas. Stolz zeigt der Kioskbetreiber interessierten Gästen das Buch *I patriarchi della natura*, in dem der Baum beschrieben ist. „Dieser Baum ist über 400 Jahre alt, so alt wie die *fortezza*", sagt der Signore mit ehrfürchtiger Stimme.

In den heißesten Gebieten der Toskana, in den tiefsten Lagen und den Hügeln, die hinter der Küstenebene aufsteigen, dominieren die dunkelgrünen Buschwälder der Macchia die Landschaft. *Darsi alla macchia,* sich der Macchia geben, ist die italienische Metapher für untertauchen, verschwinden, im Dickicht entkommen. Die immergrüne, nur wenige Meter hohe Macchia ist ein Sekundärwald, keineswegs ein Urwald, trotz all der Lianen, Nesseln und Dornen. Überweidung mit Rindern, Schweinen und Ziegen sowie Feuer haben den einstigen Wald, den immergrünen Steineichenwald, zur Macchia gemacht. Doch auch in degradierter Form ist der Wald faszinierend genug: Die

Macchia blüht im Winter und Frühjahr, in der Hitze und Trockenheit des Sommers stellen viele Sträucher ihr Wachstum ein, um im Herbst wieder damit zu beginnen.

Die immergrüne Steineiche, Hauptbaumart der Macchia, wird bis zu 25 Meter hoch. Doch in der Macchia tritt sie meist als Strauch auf. Der „Patriarch der Natur" in Siena lässt erahnen, wie groß Steineichen werden können, wenn sie in Ruhe wachsen dürfen. Monumentale Steineichen findet man vor allem in den *Giardini all'italiana,* den Renaissancegärten um die Landhäuser und Villen, wie im Park der Villa Chigi-Saracini in Castelnuovo Berardenga bei Siena.

Im Naturpark Uccellina an der Küste im Süden der Toskana kann man im Herbst Wanderungen durch die blühende Macchia unternehmen, durch duftende, immergrüne Sträucher, viele mit Dornen versehen und mit verdickten oder dicht behaarten Blättern. Rosmarin, Lorbeer, Thymian, Majoran, Wacholder wachsen hier, auch Pistazien, Baumheide und Ginster – viele der Pflanzen scheiden ätherische Öle aus. Safran, Wermut, Dill, Boretsch, Kerbel, Kapern, Kümmel, Lavendel und Salbei kommen dazu. Ursprünglich wuchsen diese Sträucher nur im Unterholz der dunklen Steineichenwälder, auf Lichtungen oder auf Felsen. Heute, in der vom Menschen gelichteten Vegetation, dominieren sie die Macchia.

Es duften hier nicht die Blüten, sondern die Blätter. Sie sondern ätherische Öle ab; die Verdunstungskälte kühlt und verhindert Überhitzung und Austrocknung. Eichen, Myrthen, Rosmarin kennen aber noch weitere Strategien, um sich gegen die mediterrane Höllensonne zu verteidigen: Die Blätter sind klein und ledrig, mit Wachs oder

Härchen überzogen. Diese filzigen, weißen Überzüge reflektieren die Sonnenstrahlen. Der Filz schafft blattnah eine windstille Luftschicht, das reduziert die Verdunstung, zum Beispiel bei Sonnenröschen, Zistrosen, Wermut und Lavendel. In der Macchia finden wir unsere Küchenkräuter als ausladende Büsche wieder: Rosmarin, Lorbeer und Salbei. Es gibt auch Sträucher, die zur gleichen Zeit Blüten und Früchte tragen, wie der *Corbezzolo* – „Erdbeerbaum" zu Deutsch, wegen seiner der Erdbeere ähnlichen Früchte.

Hoch steht hier die Myrthe; trotz ihres in deutschen Ohren poetisch klingenden Namens als *pianta invadente,* als Unkraut, angesehen. Mannshoch wächst auch die Baumheide, aus deren Wurzelstöcken die Köpfe der Bruyère-Pfeifen geschnitzt werden– ihr Holz ist so hart und dicht, dass es nicht brennt.

Im Frühjahr leuchten im Naturpark der Maremma frischrot die geschälten Stämme der immergrünen Korkeiche aus der Macchia. Mit der dicken Korkschicht schützt sie in diesem heiß-trockenen Klima bei Waldbränden den Stamm. Korkeichen sind oft in Hainen gepflanzt worden. Das Schälen der Rinde ist im italienischen Forstgesetz genau geregelt. Was wie Zahlenrabulistik anmutet, sind aus langer Erfahrung stammende Regeln: Nur alle 9 Jahre dürfen der Stamm und dickere Äste geschält werden, ihr Umfang muss mindestens 90 cm messen.

Früher kannte man den Kork als Pfropfen für Wein- und Ölflaschen. Heute stehen andere Verwendungen im Vordergrund, zu gut sind seine Eigenschaften als Isolier- und Dämmstoff. Kork ist elastisch, leicht, unbrennbar, resistent gegen Fäulnis und Schimmel, er wärmt im Winter und kühlt im Sommer. Nach wie vor herrscht große Nachfrage nach diesem Naturprodukt, trotz aller synthetischen Konkurrenz.

Botaniker unterscheiden drei Stadien der Macchia: Die hohe Macchia, jene, die dem einstigen Steineichenwald ähnelt. In ihr dominieren Steineiche, Erdbeerbaum und Korkeiche. Dann die niedere Macchia, jene mit den – allerdings oft mannshohen – Küchenkräutern, mit Baumheide, der *Erica arborea*. Schließlich die niedrigste Form, dort wo Ziegen und Feuer lange am Werk waren. Es ist eine degradierte Form der Macchia, die *gariga*, wo zwischen niedrigen Dornsträuchern der nackte Boden hervorkommt. In der Gariga wachsen diverse Wacholderarten, Greiskraut, Meeresfenchel und Lavendel. Die Gariga prägt auch die Vegetation auf vielen Mittelmeerinseln.

Der Macchia entstammt auch die Wildform des Ölbaums; es ist der Oleaster, ein niedriger Strauch, mit Dornen bewehrt, mit kleinen, lanzettlichen Blättern und noch kleineren Steinfrüchten, die nur wenig bitteres Öl enthalten. Die Anfänge seiner Domestikation reichen Jahrtausende zurück. Ohne den Ölbaum ist die Zivilisation des mediterranen Raums nicht vorstellbar.

Ein besonderer Steineichenbestand ist die *Selva del Lago* in der Montagnola Senese, westlich von Siena. Dieser Steineichenwald dürfte unter den hier herrschenden klimatischen Bedingungen nicht gedeihen. Vom Klima her würde man die laubabwerfenden Eichenwälder höherer Lagen erwarten. Dieser „azonale" Steineichenwald stockt hier auf karstigem Untergrund, der Regen rasch durchlässt. Die genügsame Steineiche gedeiht gut. Sie ist hier den sonst konkurrenzstärkeren, aber feuchtigkeitsliebenden Baumarten überlegen. Über Hunderte von Jahren lieferten die Steineichen der Selva del Lago Holzkohle für die Herde und Öfen der Stadt Siena.

# Chiantifeeling

*Coperto di quercie in parte il Chianti, li monti suoi petrosi sono*
*ridotti a terrazze, ....la terra portata coi corbelli nelle aiuole a*
*spianarle, ivi sono piantate le viti*
*...a dare il miglior vino di Toscana.*

*Der Chianti ist zum Teil mit Eichenwäldern bedeckt,*
*seine steinigen Hügel sind zu Terrassen geformt*
*....die Erde wird mit Körben auf die Flächen*
*gebracht, um sie einzuebnen, dann pflanzt man die Reben*
*...um den besten Wein der Toskana zu geben.*
*Leopoldo II, Il governo di famiglia in Toscana, hrg. 1987*

Als Goethe 1786 nach Italien reiste, war sein Ziel keineswegs die Toskana. Er beobachtete zwar sehr genau die
Getreidefelder der Crete oder die Mischkultur, würdigte
jedoch die Ästhetik der Landschaft mit keinem Wort:
"Hier tut sich wieder eine ganz neue, mir unbekannte
Welt auf, an der ich nicht verweilen will...Ich eilte so
schnell heraus als hinein." Das Ziel seiner Italiensehn-
sucht waren die Stätten der Antike, waren Rom und Sizilien.

Als Topos kam die toskanische Landschaft erst Mitte des
19. Jahrhunderts in Mode, mit Jacob Burckhardts „Die
Kultur der Renaissance in Italien" (1860). Florenz war
schon eine obligatorische Destination auf der *Grand Tour*,
der großen Bildungsreise des europäischen Bürgertums.
Zunächst kamen die Engländer. Nach den Villen rings um
Florenz entdeckten die *anglobeceri*, die „Englischquass-
ler" auch die Hügel des Chianti südlich davon; bald sprach
man vom *Chiantishire*. Das Chiantigebiet wurde zum In-

begriff und Destillat des Toskanafeelings, in dem das, was die Toskana ausmacht, in dichter und reiner Form vorliegt: Weinberge, Olivenhaine, Kirchen, Bauernhäuser, Burgen und Dörfer, Hügel, von Eichenwäldern bedeckt.

Der Chianti, zwischen Siena und Florenz gelegen, ist geprägt von der jahrhundertelangen Rivalität zwischen dem guelfischen („päpstlichen") Florenz und dem ghibellinischen („kaiserlichen") Siena. Viele der befestigten Borghi und Kastelle stammen aus jener Zeit; im Mittelalter ließen sich mächtige Familien aus Florenz im Chianti nieder: die Gherardini, Tosinghi, Adimari oder Buondelmonti. Der Name Chianti geht wahrscheinlich auf *Clante* zurück, einen etruskischen Familiennamen. Landschaftsprägend sind die bis 800 Meter hohen Hügel, die Monti del Chianti. Im Westen fließen Pesa und Elsa, auch ihre Namen sind etruskischen Ursprungs. Im Süden geht der Chianti mit den flacheren Hügeln der Berardenga direkt in die Crete Senesi über. Über die Hälfte des Chianti ist von Eichenwäldern bedeckt; er ist im Verständnis der Toskaner eher ein Wald-, als ein Weinland.

Lange Zeit dominierte die Zucht der weißen Chianine-Rinder den Chianti, Wein war nur Nebenprodukt auf den Poderi. Das änderte sich gründlich mit dem Baron Bettino Ricasoli, Agrarreformer und Politiker (er war der erste Kanzler des 1861 vereinigten italienischen Staates): Ricasoli entwickelte das „Rezept" für den Chiantiwein. Die Ricasoli, ein Geschlecht langobardischer Abstammung, hatten das Schloss von Brolio 1141 erbaut, strategisch an der Grenze des florentinischen Einflussbereichs zu Siena gelegen.

Doch nicht nur Florenz und Siena bestimmten das Geschehen im Chianti. Radda, Castellina und Gaiole, die Regionalzentren im Inneren des Chianti, verbündeten sich im Mittelalter zur mächtigen *Lega del Chianti*, um der Macht von Siena und Florenz zu trotzen. Mit der Eroberung der Toskana durch die Medici 1557 wurde der Chianti dann auf Jahrhunderte befriedet.

Viele berühmte Toskaner lebten – zumindest zeitweise – im Hügelland des Chianti: Macchiavelli schrieb in St. Andrea a Percussina 1515 den „Fürsten" (*Il Principe*). Leonardo da Vinci zeichnete 1473 das Panorama der Villa von Vignamaggio, den Geburtsort der Mona Lisa. Giovanni da Verrazzano (1485-1528), der Seefahrer, der die Bucht von New York und den Hudson River erkundete, stammte aus dem Castello di Verrazzano bei Greve.

Der Chianti war immer Vorreiter in der Entwicklung der Landwirtschaft, emblematisch für die Kultur der Mezzadria, die hier ihre stärkste Ausprägung und Differenzierung erfuhr.

Als die Mezzadria in die Krise geriet, wurden viele Poderi verlassen. Die Bauernhäuser verfielen, die Terassen der Weinberge wurden eingeebnet, kaum eine Rebe noch auf Bäume gebunden. Die alte bäuerliche Landwirtschaft fand ein Ende, doch es gab auch Glück im Unglück: Das Chiantigebiet blieb von der Industrialisierung weitgehend verschont. Dörfliche Siedlungen mit Relikten der alten Landwirtschaft prägen heute noch das Landschaftsbild in den Hügeln, schaffen Bilder von großem landschaftlichem Reiz. Eine der schönsten Straßen im Chianti ist die alte Chiantigiana. Sie verbindet Florenz mit Siena, an ihr liegen die alten Borghi, aufgereiht wie an einer Perlenschnur – Strada, Greve, Panzano, Castellina.

## Palle! Die Toskana und die Medici

Palle! – Kugeln! Das war der Schlachtruf der Anhänger der Medici. Die Palle sind die roten Kugeln im Wappen der Familie, die über Jahrhunderte Florenz und die Toskana beherrschte. Die Kugeln könnten Symbole für Pillen sein, verabreicht von den Medici – den „Ärzten". Doch gibt es keinen Hinweis, dass die Medici tatsächlich Ärzte waren. Wahrscheinlicher ist, dass die Kugeln Symbole für Münzen waren. Denn die Medici waren Gutsbesitzer aus dem Mugello und Geldwechsler in Florenz.

Giovanni Bicci de' Medici (1360-1429) legte den Grundstein für das Vermögen der Familie. Er gründete die Banco Medici. Sein Sohn Cosimo (1389-1434) leitete den politischen Aufstieg der Familie ein. Nachdem er seine gefährlichsten Rivalen, die Albizzi, vertrieben hatte, stieg er zum mächtigsten Mann der Stadt auf. Er bekleidete zwar keine offiziellen Ämter, war aber ein begabter networker, er verstand es, durch Geldverleih viele an sich zu binden, er knüpfte Allianzen und hielt sich Günstlinge. Cosimo begründete auch das Mäzenatentum der Familie. Im Jahr 1444 beauftragte er Michelozzo mit dem Bau des Palazzo Medici-Riccardi in Florenz – innen prächtig, außen schlicht, um den Neid anderer nicht zu sehr anzustacheln. Als Cosimo starb, wurde er mit dem Titel pater patriae geehrt.

Cosimos Sohn Piero (1416-1469), il Gottoso, der Gichtige, war ein Opfer des Überflusses. Gicht war die Krankheit der Reichen. Durch Fleischvöllerei hervorgerufen, ist sie eine schmerzvolle Entzündung der Gelenke. Piero musste die Macht der Medici gegen die konkurrierende Familie Pitti verteidigen. Von Schmerzen gepeinigt, übergab er Politik und Geschäfte an seinen Sohn Lorenzo, der als der glänzendste Vertreter seiner Dynastie in die Geschichte eingehen sollte.

Lorenzo (1449-1492) il Magnifico, der Prächtige, war der Inbegriff des Renaissanceherrschers, kunst- und feinsinnig, gebildet und machtbewusst. Als Mäzen förderte er die besten Künstler und Köpfe seiner Zeit, Architekten, Maler, Bildhauer, Philosophen und Literaten: Michelangelo (er verbrachte Kindheit und Jugend in seinem Haushalt), Leonardo da Vinci, Verrocchio, Ghirlandaio, Botticelli, Filippino Lippi, Leon Battista Alberti, Giuliano da Sangallo erfuhren seine Gunst. In seiner Villa in Careggi, am Stadtrand von Florenz, trafen sich die Gelehrten der von Marsilio Ficino gegründeten (neu)platonischen Akademie, unter ihnen Angelo Poliziano und Pico della Mirandola.

So viel Macht und Glanz rief Neider und Rivalen auf den Plan. Unter den Patrizierfamilien von Florenz waren die Pazzi fanatische Gegner der Medici. Auch Papst Sixtus IV Della Rovere (jener der Sixtinischen Kapelle) schielte nach den Besitzungen der Medici. Seine Macht festigte er durch Nepotismus, sein Neffe Girolamo Riario aus Florenz wollte versorgt sein. Auf diesem Nährboden nahm die „Verschwörung der Pazzi" ihren Lauf. Am Ostersonntag des Jahres

1478 stürzten sich, während der Ostermesse im Dom, Riario und Francesco de' Pazzi mit weiteren Mördern auf Lorenzo und seinen Bruder Giuliano (1458-1478). Giuliano de' Medici, begabt, schön und im Volk beliebt, verblutete noch im Dom. Lorenzo rettete sich leicht verletzt in die Sakristei. Die Rache der Medici folgte auf dem Fuß. Jacopo de' Pazzi und der Bischof von Pisa, Francesco Salviati, sowie weitere Verschwörer, baumelten wenige Stunden nach dem Überfall im Dom als Gehenkte vom Balkon des Palazzo della Signoria. Sie hatten das Volk auf ihrer Seite gewähnt. Doch dieses empörte sich über die Verschwörer, eine Hetzjagd begann, der Ruf palle! ertönte in den Straßen. Lorenzo ließ das Volk gewähren, die Pazzi und andere Verschwörer wurden allesamt umgebracht oder vertrieben. Einer von ihnen, Bernardo di Bandino Baroncelli ist der „Gehenkte" in der berühmten Zeichnung von Leonardo da Vinci.

Die Medici brachten zwei Päpste hervor, Leo X (1475-1521) und Clemens VII (1478-1534). Leo X war ein typischer Vertreter der Renaissance, ein großer Mäzen und Freund der Künste, den der Tod seines Porträtisten Raffael 1520 mehr beschäftigte als die Kunde über den ketzerischen Mönch Martin Luther aus Deutschland. Sein Vetter Papst Clemens zeugte den Sohn Alessandro de' Medici (1510-1537), dieser wurde vom Kaiser zum Herzog ernannt. Die bürgerlichen Medici waren endlich geadelt. Alessandro, genannt il Moro – seine Mutter war eine schwarze Hauswirtschaferin des Papstes – war ein grausamer, haltloser Mensch, in Florenz gehasst und gefürchtet. Er fand durch Lorenzino (1514-1548) den Tod, weil dieser sich für den legitimen Herrscher hielt. Lorenzino stammte aus der jüngeren Linie der Medici, die von nun an alle Herrscher bis zum Ende der Dynastie stellen sollte. Zehn Jahre später ereilte Lorenzino in Venedig dasselbe Schicksal wie Alessandro, er wurde ermordet.

*Cosimo I (1537-1574), der nächste Medici, gilt als Gründer des toskanischen Staates. Er war verheiratet mit der unglücklichen Eleonora di Toledo, die 1562 nur Wochen nach ihren kleinen Söhnen Giovanni und Garzia an Malaria starb. Cosimo I dehnte seine Herrschaft von Florenz auf die gesamte Toskana aus, mit Ausnahme Luccas; er eroberte Siena mit der Maremma. So entstand 1569 das* Granducato di Toscana, *das Großherzogtum Toskana. Papst Pius V vollendete den Aufstieg, indem er Cosimo in den Rang eines Großherzogs erhob.*

*Cosimo war ein ehrgeiziger Herrscher, sein Ziel war eine merkantile, politische und militärische Großmacht Toskana. Er stiftete den militärischen Stefansorden und ließ eine Flotte erbauen. Aber Cosimo gründete auch einen der ältesten botanischen Gärten der Welt, den* Giardino dei Semplici *in Florenz, ebenso wie die Boboligärten hinter dem Palazzo Pitti.*

*Zwei Söhne Cosimos, Francesco und Ferdinando, folgten als Großherzöge ihrem Vater. Mehr als an Großherzog Francesco I (1541-1587) erinnert man sich heute an seine zweite Frau und große Liebe, Bianca Capello (1548-1587) aus einer venezianischen Patrizierfamilie. Francesco und Bianca starben am selben Tag, nach einem Reitausflug. Die rothaarige Ausländerin Bianca stand in Florenz unter Hexereiverdacht. Einem Gerücht nach wollte sie den Schwager vergiften, doch trank ihr Gemahl aus Versehen das Gift. Den*

Irrtum bemerkend, vergiftete sie sich selbst. Die Exhumierung der Medicigräber erhärtete den Verdacht: Arsen wurde in beiden Körpern nachgewiesen.

Eine Gründung Francescos hatte weitreichende Folgen: Die Accademia della Crusca, die Hüterin der toskanischen Sprache, trug – zusammen mit der Göttlichen Komödie Dantes und den Bemühungen des Renaissancephilosophen Pietro Bembo – dazu bei, dass das Toskanische zur italienischen Hochsprache wurde.

Francescos Bruder Ferdinando I (1549-1609) ist bekannt durch seine Bemühungen, das Chianatal und das Valdarno trockenzulegen. Er erkannte die Bedeutung eines Freihafens für die Toskana, deshalb baute er Livorno zu einem modernen Hafen aus; die darsena vecchia, der alte Binnenhafen, gibt noch Zeugnis davon. Sein Toleranzedikt von 1593, Costituzione Livornina genannt, brachte eine große jüdische Gemeinde nach Livorno, wie auch katholische Engländer und Hugenotten; sie leiteten die wirtschaftliche und kulturelle Blüte der Stadt ein.

Der nächste Großherzog Cosimo II (1590-1620), Förderer und Beschützer Galileo Galileis, beherbergte ihn in der Villa Medici in Rom, um ihn vor der Inquisition abzuschirmen. Nach dessen Verurteilung sorgte er für Galileis Rückkehr in die Toskana, wo er in der Villa in Arcetri bei Florenz (heute noch Sitz der Sternwarte) seinen Studien nachgehen konnte.

Unter Ferdinando II (1610-1670), Cosimos Sohn, zeichnete sich ein Niedergang des Großherzogtums ab. In der Pest von 1630 bewährte sich Ferdinando zwar, er ließ zwei Pestspitäler in den Hügeln bei Florenz erbauen, in San Miniato und Fiesole. Trotzdem wütete die Seuche mehrere Jahre, sie kostete ungefähr 10 Prozent der toskanischen Bevölkerung das Leben. Die Pest war über Livorno in das Land gekommen. Das war die Kehrseite des blühenden Handels in der Hafenstadt.[25] Ferdinando konnte die Toskana zwar aus dem Dreißigjährigen Krieg heraushalten, war aber in lange teure Kämpfe gegen den Kirchenstaat verwickelt. Die Tuchindustrie von Florenz litt unter der Konkurrenz aus dem Norden; viele Manufakturen mussten schließen.

Cosimo III (1642-1723) regierte unfassbare 53 Jahre lang – von 1670 bis 1723. Er konnte den Niedergang seiner Dynastie nicht aufhalten. Der bigotte, dicke und unansehnliche Cosimo war seiner Frau, Margherite Louise von Orléans, derart zuwider, dass sie nach Frankreich floh und von dort in Briefen ihren Gemahl in die Hölle wünschte.

Nachdem der älteste Sohn Ferdinando III 1713 gestorben war, wurde der haltlose Trunkenbold und Kinderschänder Giangastone (1671-1737) zum Thronfolger. Seine Ehefrau Anna Maria von Sachsen-Lauenburg reiste nie in die Toskana; Giangastone hasste sie, er vergnügte sich mit Knaben. Vater Cosimo versuchte ein Letztes, um die Herrschaft der Medici zu retten: Sein Bruder, Kardinal Francesco (1660-1711), verzichtete auf sein Priesteramt und heiratete Eleonora Luisa Gonzaga (1686–1742). Doch Eleonora verspürte eine solche Abscheu vor ihrem Gemahl, dass sie seine Nähe nicht ertrug. Auch hier gab es keine Nachkommen.

*Mit dem Tod des völlig heruntergekommenen Giangastone 1737 (er hatte sein Bett jahrelang nicht verlassen) war die Familie Medici ausgestorben.*

Die Vielfalt der Landschaft hat ihre Wurzeln in der *Mezzadria*.

*Coltura mista:* Getreidebau unter Reben.

Turm, Haus, Stall, Scheune: *Casa colonica*, das steinerne Bauernhaus.

Relikt aus früherer Zeit: auf lebenden Baum (Mannaesche) gebundene Rebe.

Unverwüstlicher Ölbaum: Beim großen Frost 1986 abgestorben, dann wieder ausgetrieben.

Niederwald: Stockausschläge liefern Brennholz, die hohen *Matricine* Bauholz und Samen. Sie bleiben über mehrere Waldgenerationen stehen.

Herrschaftliche und sakrale Symbolik:
Zypressen führen zur Villa des
Grundherren (oben)
 und bewachen das Heiligtum (links).

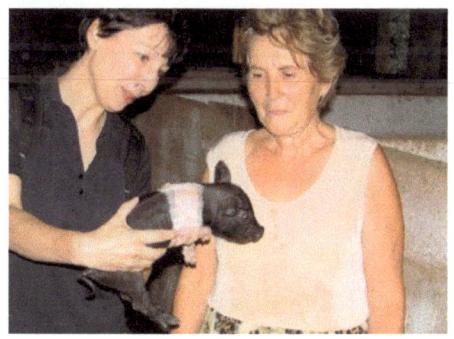

*Cinta- Senese*-Ferkel:
Streift bald durch Eichen-
und Kastanienwald.

Olivenöl- und
Pecorino-
produzent:
Raimondo Mozzo,
sardischer Einwanderer
der ersten Generation.

Quellen des
Pecorino:
Schafe der
Sarden auf
Stoppelfeld
in den Crete
Senesi.

Schwere Tonböden in den Crete:
Weizenfeld mit Wasserableitungen.

Butteri, die Cowboys der Maremma.

Er hilft der Maremma auf und zertritt
die Schlange der Malaria: Denkmal
Großherzog Leopoldos II in Grosseto.

Architekturdenkmal *Casa Rossa* von Ximenes:
Es verhinderte das Eindringen von Meerwasser ins Landesinnere.

Küsten-
schutz und
*Pinoli-*
Produktion:
*Pineta Gran-
ducale.*

Intensive
Monokultur
neben
historischen
Landschafts-
elementen.
Maremma
heute.

Ponte a
Cappiao über
dem Usciana-
Kanal. Von
Leonardo in
seiner
Valdarno-
Karte
ein-
gezeichnet.

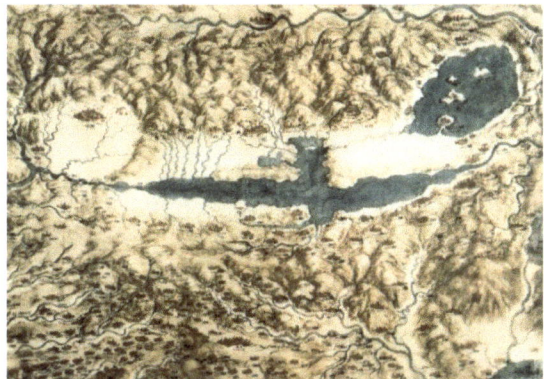

Vor der Ent-
sumpfung:
Valdichiana
aus der Vogel-
perspektive.
Karte von
Leonardo da
Vinci.

Modellhöfe
*Leopoldine* in der
trockengelegten
Valdichiana.
Begründet von
Großherzog
Pietro Leopoldo
(1765-1790)

Chiusa dei Monaci: Flussumkehr des Chiana

133

Im Hinter-
grund:
Tannen-
wälder des
Casentino,
eingebettet
in Buchen-
wald

Umgeben von
mächtigen
Tannen: das
Kloster
Camaldoli.

Mit schneerei-
chen Wintern
vertraut:
Camaldu-
lenser, die
Herren der
Wälder des
Casentino.

Edelkastanien im
10x10 m Abstand:
Mathilde von
Canossa legte die
Pflanzordnung der
Kastanienhaine fest.

Das Böse niederringend:
Schwarzweiße Hunde, Symbole
der Dominikaner
(*domini canes*), zerfleischen
Wölfe.
Fresko von Andrea di Bonaiuto
(1346-1379).

Verfemt und verfolgt: Wölfe waren fast
ausgerottet. Heute streifen sie wieder
durch die Wälder der Toskana.

# Fango.
## Die Tonböden der Crete

*„So schleppt sich der Bauer, hinter seinen Ochsen gebückt, einher*
*und wühlt die Erde auf".*
Goethe, Italienische Reise, 1786

„Weil es so viel tiefer lag, so hat das alte Meer recht seine
Schuldigkeit getan und tiefen Lehmboden aufgehäuft... Sie
pflügen tief, aber noch recht auf die ursprüngliche Art: ihr
Pflug hat keine Räder, und die Pflugschar ist nicht beweglich. So schleppt sich der Bauer, hinter seinen Ochsen
gebückt, einher und wühlt die Erde auf. Es wird bis fünf-
mal gepflügt, wenigen und nur sehr leichten Dünger
streuen sie mit den Händen. Endlich säen sie den Weizen,
dann häufen sie schmale Sotteln auf, dazwischen entstehen tiefe Furchen, alles so gerichtet, daß das Regenwasser
ablaufen muß. Die Frucht wächst nun auf den Sotteln in
die Höhe, in den Furchen gehen sie hin und her, wenn sie
jäten...". Auf seinem Weg nach Rom sah Goethe 1786 die
Mezzadri auf den Feldern hinter ihren Ochsen einhertrot-
ten.

Heugelb ist der Lehmboden in den *Crete Senesi*, den
baumlosen Hügeln südlich von Siena. Siena hatte seinen
Einflussbereich ab dem Mittelalter immer stärker nach
Süden ausgedehnt über die Crete hinaus bis in die Maremma. Auf Lorenzettis Fresko im Rathaus der Stadt sind
die Crete dargestellt, mit dem Hafen von Talamone in der
Maremma im Hintergrund. Die Crete waren seit den Zei-

ten der Etrusker Ackerland, vor allem Weizenanbauge-
biet.

Während im Chianti der mit Bäumen – Oliven und Wein –
bestandene Acker vorherrschte (*seminativo arborato*),
gab es in den Crete das „nackte" Weizenfeld (*seminativo
nudo*). Die Felder waren groß, der Ertrag gering und die
Wege lang, die die Mezzadri, im schweren Lehm stapfend,
bewältigen mussten. „Die Crete waren die Hölle für die
Mezzadri" meint Sandra Becucci, Anthropologin und Lei-
terin des *museo del paesaggio* (Landschaftsmuseum) in
Castelnuovo Berardenga. Goethes Expertenblick sah es
gleich: der „wenige und sehr leichte Dünger", die spärli-
chen Grashalme „auf den Sotteln", auf der Krone der auf-
gehäuften Erde zwischen den Furchen, die geplagten
Bauern hinter altmodischen Pflügen, die sie hinter den
Ochsen herschoben, zeugten nicht von einem glücklichen
Bauerndasein.

Es wurde „...alles so gerichtet, dass das Regenwasser ablaufen muss": Goethe sah wahrscheinlich den *rittochino*,
die vertikal verlaufenden Furchen, die zwar die gefürchtete Staunässe verhinderten, aber der Bodenerosion gefährlich Vorschub leisteten. Ab dem 19. Jahrhundert ging
man dazu über, hangparallele Furchen, den *girapoggio,* zu
ziehen. Durchschnitten wurden die Furchen damals wie
heute von einer langen Diagonalfurche, die das Regenwasser gebremst abfließen lässt.

Doch ist der Weizenanbau in den Crete heute vielerorts
Geschichte. Viele Äcker sind jetzt grünes Weideland. Der
Grund dafür liegt im Niedergang der Mezzadria, begin-
nend um die Mitte des vorigen Jahrhunderts. Und er liegt
in einer der erstaunlichsten sozio-ökonomischen Ver-

schiebungen in der Nachkriegsgeschichte Italiens – der Einwanderung von Sarden in die Toskana.

## Vom Weizen zum Schaf: Sarden in den Crete

*Mi sono incamminato* – „Ich habe mich auf den Weg gemacht". Laut Pier Giorgio Solinas, Anthropologe an der Universität Siena, drückt dies exemplarisch die Fähigkeit des Schäfers aus, „Zwischenräume" zu finden und zu nutzen. Zwischenräume mehr als genug boten die Crete nach dem Ende der Mezzadria, als große Weizenfelder durch die Landflucht brach gefallen waren. Die Bauern zogen vom Land in die Fabrik, die Landwirtschaft alter Ordung brach zusammen, Bauernhäuser waren dem Verfall preisgegeben.

Das war nun die Bühne für die größte Migration im ländlichen Italien seit dem Krieg, die Einwanderung sardischer Hirten in die aufgelassenen Weizenfelder und Höfe.

„Die Ankunft der Sarden hatte, fast unbemerkt, schon vor dem Ende der Mezzadria an der Küste von Orbetello begonnen", weiß Sandra Becucci. Sie analysierte in ihrer Diplomarbeit die Migration der Sarden in die Toskana. Anfangs pflegten sie weiterhin ihre althergebrachte halbnomadische Lebensweise. Sie sömmerten in Sardinien ihre Herden auf den Allmenden in den Bergen und überwinterten die Schafe an der Küste. Die Dörfer der Schäfer lagen zwischen den saisonalen Weidegebieten, auf halbem Weg zwischen Küste und Berg. Doch die Schäfer selbst verbrachten bestenfalls wenige Wochen im Jahr zu Hause, sie waren auf Wanderschaft.

Die Küste der Maremma in der Toskana und weiter südlich im Latium war anfangs nur eine Erweiterung ihrer

Winterweiden, zu der die Schafe jedoch mit der Fähre von Sardinien übergesetzt werden mussten.

Zwischen 1960 und 1970 tobten derweilen die *lotte mezzadrili*, die Kämpfe um die Mezzadria. Die Bauern strömten in den PCI, den *Partito Comunista Italiano* und sie strömten in die Fabriken. Die Grundeigentümer bewirtschafteten, wo möglich, ihre Poderi mit Tagelöhnern oder sie gaben die Bewirtschaftung völlig auf und verkauften ihre Güter.

Das war die Stunde der Sarden. Die sardischen Hirten verdingten sich in den Crete zunächst als Pächter. Doch wenn sie konnten, kauften sie das Land mit einem Kredit – die Preise waren günstig. Jetzt kam es zu einer massiven Einwanderung aus Sardinien. Zunächst kamen Männer mit ihren Herden. Nach einem Jahr folgten Frauen in die provisorisch hergerichteten Bauernhäuser. Die meisten ließen sich um die Stadt Asciano mitten in den Crete nieder. In der Provinz Siena waren im Jahr 1992 16.000 Hektar Land im Eigentum sardischer Schäfer, hinzu kamen 6000 Hektar gepachtete Flächen. Die Betriebsgrößen sind heterogen, durchschnittlich 95 Hektar groß, mit 350 Schafen pro Betrieb. Einige Betriebe werden mittlerweile in zweiter Generation bewirtschaftet.

Die Sarden waren angekommen. Sandra Becucci spricht mit Hochachtung von ihnen: „Sarden wollen vorankommen, wollen heute, dass ihre Kinder studieren." Erstes Ziel jedes Einwanderers war aber zunächst der Erwerb eines bäuerlichen Kleinbesitzes. Herdenbesitzer mutierten so zu Grundeigentümern.

In Sardinien reisten die Hirten mit der Eisenbahn an die Küste, zusammen mit den Schafen. Dann kamen die Tiere auf die Fähre Olbia – Talamone, und, einmal auf toskanischem Boden, mit dem Lastwagen in die Crete. Neun bis zwölf Tage dauerte die Reise. Unterwegs kamen Lämmer zur Welt. „In unserer Herde mit 720 Schafen wurden 50, 60 Lämmer geboren und wir haben nicht eines verloren", berichtet ein Hirte.

Vor ihrer Ankunft konnten die an Knappheit gewohnten Hirten es nicht glauben, dass es Land für ihre Schafe geben sollte. Die Unternehmungslustigsten schauten zunächst nach, ob es stimmte, trafen mehr oder weniger seriöse Makler, die die Ländereien im Auftrag der Grundbesitzer verkauften. „Der *Manca* aus Oruno hat die anderen aus seinem Dorf mit sich gezogen", weiß Sandra Becucci. Solche Pioniere setzten eine Migrationskette in Gang. Viele Migranten, alle mehr oder weniger verschwägert, kamen aus dem Dorf Austis – ein Drittel des Dorfes, 317 Personen, sind in die Toskana eingewandert.

Anfangs lebte noch die Tradition des *servo pastore* fort, des Hirtenknechts. Er besaß keine eigenen Schafe. Im von Soziologen *familismo* genannten System gab es die Figur des Wahlneffen, eines nominalen Verwandten oder eines jüngeren Verwandten in ebendieser Funktion. Er fristete für einige Jahre das karge Leben eines Hirtenknechts.

Da die Frauen in der Minderzahl waren, gab und gibt es viele ledige Hirten. Sie bezahlten ihr Fortgehen von zuhause mit der Einsamkeit. Heiraten zwischen toskanischen Frauen und sardischen Hirten waren – von beiden Seiten – unerwünscht und selten.

Die Seßhaftwerdung auf den Poderi war ein Tribut an die Moderne. Die Hirten akzeptierten die Mühsal der Wanderschäferei im Herkunftsgebiet immer weniger, wie auch den Kampf der Sarden untereinander um Weidegründe und Herden. Sie wollten auch die archaischen Mechanismen der Blutrache aus der Barbagia Sardinens durchbrechen, die *vendetta barbaricina*.

Die Betriebe der Sarden florierten bald. Die Hirten lernten Futteranbau und Stallbau, bauten Remisen für Landmaschinen, hatten Melkmaschinen, kauften Traktoren. Aus dem Schafstall wurde ein landwirtschaftlicher Betrieb. Manchmal kamen zu den *basics* Weide, Stall, Melkkammer die – meist genossenschaftlich organisierten – Strukturen für den ganzen Produktionszyklus hinzu: Käserei, Magazin, Verkaufsstelle.

Auf den früheren Weizenfeldern weideten jetzt Schafe. Schäfer ohne Land, die in Sardinien nur Vieh besaßen, wurden in der Toskana zu autonomen Produzenten.

Die Sarden nutzten die Krise der Mezzadria; sie wandelten innerhalb weniger Jahre viele Weizenäcker der Crete in Schafweiden um. Anthropologen lehren, dass fast immer die ältere Weidewirtschaft in eine jüngere Ackerbaukultur übergeht. Hier war die Entwicklung umgekehrt: Die Wanderschäferei löste den Weizenanbau ab. Doch die Traditionen änderten sich rasch, die Schäfer wurden sesshaft. In der alten Heimat besaßen die Hirten das Vieh, nicht das Land; die Viehweide war Allmende. Nun hatten sie beides, Vieh und Land in einer Hand.

Die sardische Immigration in der Toskana ist in mancher Hinsicht eine Besonderheit. Es gab keine Konflikte zwischen Einwanderern und Alteingesessenen. Letztere gingen fort und ließen das Land unbewirtschaftet zurück. Das Interesse an Grunderwerb durch Einheimische war gering. All das kam den Sarden entgegen, wie auch die günstigen Preise für Grund und Boden. Die Konjunktur für ihre Erzeugnisse hingegen, die Produkte der Schäferei war nach dem Krieg gut – Milch, Schafkäse, Schaffleisch erzielten gute Preise.

Migrationsbewegungen entstehen meist aus der Not heraus – wie die Auswanderung der Süditaliener in die Industriegebiete Norditaliens oder Deutschlands. Die Sarden hingegen nutzten die günstige Gelegenheit in der Toskana zur Expansion ihrer Geschäfte. Anders als bei vielen Migranten gab es bei den Sarden die Kontinuität der Berufswahl, die kulturelle Konservierung von Arbeitstechniken.

In den Dörfern der Crete riefen die neu Angekommenen oft Befremden hervor – die *sardegnoli* waren fremd, schweigsam, zäh und sprachen das unverständliche Sardisch. Sarden blieben unter sich, Bezugspunkt war vor allem die Familie.

An Raimondo Mozzo im Borgo von Castelmuzio in den Crete zeigt sich das Phänomen der sardischen Einwanderung wie in einer Nussschale. Raimondo ist Einwanderer der ersten Stunde. Heute lebt er in einem alten Haus mit Messinggriff an der schweren Eingangstür. Eingebaut in der geräumigen Küche ist ein wandseitiger, begehbarer offener Kamin, mit Decke und Wänden, mit Sitzplätzen nahe am Feuer, eine Art Raum im Raum für die kalte Jahreszeit. Gastfreundlich und offen, erzählt Raimondo vom Leben in der neuen Heimat: "Ich bin 1969 mit meinem *babbo* in die Toskana gekommen. Das Land in den Crete war geeignet, die Schafe konnten frei umherziehen. In unserer Gegend hier, in Trequanda und Montisi, gab es in den guten Jahren 50.000 Schafe, *tantissime*".

Anfangs nutzten seine Landsleute die bestehenden Käsereien zur Erzeugung ihres *pecorino*; in Castelmuzio gab es eine kleine Käserei. „Meine Mutter verarbeitete die Schafmilch zu Käse, zu Pecorino – jeden Tag, über viele Jahre. Heute haben haben wir eigene Käsereien, meist als Genossenschaften organisiert". Sardischer Schafkäse (*Cugusi, Coddeddu, Puzzolu, Cannas*) hat einen ausgezeichneten Ruf; auf den toskanischen Wochenmärkten sind die Käsestände der Sarden von der Kundschaft umlagert.

„Hier im Dorf, in Castelmuzio, leben 70 von uns unter den 350 Einwohnern. In manchen Gemeinden stellen die Sarden aber zwei Drittel der Bewohner. Viele haben Poderi gekauft, andere gepachtet. Viele unserer Bauern liefern Schafmilch nach Pienza; in Pienza selbst gibt es nur 800 Schafe. Doch Pienza ist mittlerweile berühmt für den *pecorino sardo*".

Mit der Zeit wuchs Raimondo Mozzo über die Schafwirtschaft hinaus. Er ist mittlerweile Vorstand der Olivenöl-Kooperative *Il lecceto*, die einen sehr guten Ruf genießt. Nachfragen nach ihrem Olivenöl kommen bis aus Japan.

Zwischen den Sarden in der Toskana und ihren Verwandten in Sardinien gibt es viele Verbindungen. Besonders eng sind die Beziehungen zu den Dorfgenossen, zu den anderen Sarden. Sie veranstalten gemeinsame Märkte, in Siena und Volterra. Sandra Becucci: „Die albanischen

Einwanderer wollen sich so schnell wie möglich integrieren. Die Sarden hingegen bleiben unter sich, sie geben sich kaum mit Toskanern ab."

Es ist schwierig, die Anzahl der Sarden in der Toskana zu schätzen. Eine Studie in der Provinz Siena spricht von 1.250 Personen, 16.000 Hektar Land, 100.000 Tieren mit Schwerpunkt in den Gemeinden Asciano, Radicofani, Montalcino, Murlo, Monteroni d'Arbia, Chiusdino (mit Castelmuzio).

Die Schafherden der Sarden mit ihren Hütehunden, den großen, weißen *pastori maremmani,* sind heute ein häufiges Bild in den Crete. Doch die sardische Immigration ist fast schon wieder Geschichte: Schwerlich denkbar, dass noch neue Einwanderer kommen; undenkbar, dass sardische Jungen sich noch als Hirtenknechte verdingen. Die Schafzucht geht heute zurück, die Jungen wollen nicht unbedingt Schafe züchten. Albaner und Montenegriner arbeiten als Hirten für die Sarden. „Wir sind zu Arbeitgebern geworden" sagt Raimondo, der Mann der ersten Stunde. Im Bewusstsein der soziologischen Umwälzungen konstatiert er über die Beziehungen seiner Landsleute zu den Einheimischen: „Der Sieneser ist abweisend, ihm hat weder der Sarde, noch das Schaf je gefallen."

# Zweiter Teil
## Ebene

# Land des Fiebers.
## Sümpfe an Meer und Flüssen

*Non fronda verde, ma di color fosco;*
*Non rami schietti, ma nodosi e 'nvolti*
*Non pomi v'eran, ma stecchi con tosco;*
*Non han sì aspri sterpi ne sì folti*
*Quelle fiere selvagge che in odio han*
*Tra Cecina e Corneto i luoghi colti.*

*Kein grünes Laub gab es, nur schwarzgraues;*
*Keine glatten Äste, nur knotige und krumme;*
*Keinerlei Früchte, dafür giftige Stacheln.*
*Ein so widerwärtiges Gestrüpp*
*Haben nicht einmal die wilden Tiere,*
*die zwischen Cecina und Corneto*
*alles bestellte Land verabscheuen.*
*Dante Alighieri, Divina Commedia, Inferno XIII, 1321*

Als Maremma (von spanisch *marisma* = sumpfiges Küstenland) verstand man einst jene mit dem Tyrrhenischen Meer verbundene Sumpflandschaft zwischen dem Golf von Follonica, den Flussläufen der Bruna und des Ombrone sowie der Lagune von Orbetello am Monte Argentario. Dieser malariaverseuchte, nur von den Hügelketten der Monti dell'Uccellina unterbrochene Küstenstreifen war auch für Dante Alighieri (1265-1321) ein Ort des Schreckens. Im *Inferno* der Göttlichen Komödie büßen Selbstmörder in einer Landschaft, deren verfilztes Dorngebüsch sogar die wildesten Bestien meiden. Sümpfe als Metapher des Verderbens war für Toskaner über Jahrtausende die gewohnte Assoziation: In der undurchdringlichen Macchia, am Sumpf, dem *padule*, gab es keine Felder, denn das Sumpffieber ließ die Menschen hier nicht siedeln.

Es war in der Maremma Pisana, in der sich auch das Schicksal Eleonoras von Toledo entschied. Im Oktober 1562 begleitete sie ihren Gemahl Cosimo I de' Medici, den ersten Großherzog der Toskana, dorthin, um die von ihm begonnenen Bonifizierungen zu inspizieren. Die Ärzte hatten ihr empfohlen, den Winter im milden Klima der Küste zu verbringen, um der in Florenz grassierenden Tuberkulose zu entkommen. Während des Aufenthalts im Kastell von Rosignano starben plötzlich ihre beiden Söhne Garzia und Giovanni. Eleonora starb einen Monat später in Pisa. Bald entstand die Legende, nach der Garzia während eines Jagdausfluges seinen Bruder Giovanni erstochen, Vater Cosimo, als er davon erfuhr, Garzia im Zorn erschlagen hatte. Eleonora sei daraufhin an gebrochenem Herzen gestorben.

Gerichtsmediziner in Florenz brachten die Wahrheit ans Licht, als sie 2004 die Gräber der Medici öffneten. Eleonora (1522-1562), von Bronzino in gold-silbernem, mit Perlen besticktem Kleid porträtiert, hatte trotz ihrer Stellung als Großherzogin ein elendes Leben gehabt: Sie brachte acht Söhne und drei Töchter zur Welt. Ihre Zähne waren bis auf die Stümpfe abgefault, wahrscheinlich litt sie tagein, tagaus unter Schmerzen. Sie hätte sich nicht an die Küste begeben sollen. Eleonora war zwar der Tuberkulose entkommen, hatte sich aber mit Malaria infiziert, wie auch die beiden Söhne. Das war die wahre Todesursache.

Nach Dante beschrieben noch viele Autoren die Schrecken der Maremma. George Dennis (1814-1898), Abenteurer und Erforscher Etruriens, schrieb über ein Dorf in der Maremma: *"...das Dörfchen ist schäbig jenseits jeder Beschreibung, komplett verfallen, im Sommer wegen der Malaria entvölkert und im Winter von nicht mehr als 50 Seelen bewohnt."* Der französische Historiker Fernand Braudel (1902-1985) schreibt in seinem monumentalen Werk „Das Mittelmeer und die mediterrane Welt in der Epoche Philipps II"[26] über die südliche Maremma zwischen Castiglione della Pescaia und Grosseto: *„Die weitläufige Tiefebene der Sieneser Maremma, das große Fieberreich, ist genau wie die benachbarte toskanische* (d. h. nördliche) *Maremma mit herrschaftlichen Burgen übersät. Ihre Türme, ... ihre anachronistischen Silhouetten erinnern an eine bestimmte Gesellschaft, an die drückende Gegenwart der Grundherren, die das Land beherrschen, ohne ständig dort zu leben, denn diese Wohnsitze dienen nur als zweite Residenz. Gewöhnlich leben diese Herren in Siena".*

Die in der Ebene langsam fließenden Flüsse Ombrone, Bruna oder Cecina hatten die Sümpfe entstehen lassen. Sie fanden durch die Sanddünen an der Küste, die *tomboli*, nur schwer den Weg zum Meer, fächerten vor den Hindernissen breit aus. Die dadurch entstehende Landschaft aus Mäandern, Seen, Sandbänken und Röhricht war vor allem durch die winterlichen Hochwasser ständigen Veränderungen unterworfen.

Nicht nur der Küstenstreifen unterlag den formenden Kräften des Wassers. Auch die großen Flussebenen des Arnotales-Valdarno und des Chianatales-Valdichiana kennen eine lange Geschichte des Kampfes gegen Sümpfe, Seen und Fiebermücken.

Heute gilt die Maremma von Grosseto im äußersten Süden der Toskana als die eigentliche Maremma. Es gibt jedoch geographisch und sozio-ökonomisch vergleichbare Gebiete, wie die nördliche Maremma Pisana, die sich von Follonica bis Rosignano Marittimo erstreckt.

Anstrengungen, die fieberbringenden Sümpfe trockenzulegen, reichen weit über tausend Jahre zurück. Der historische Ausdruck „Bonifzierung", also Verbesserung, hat daher eine lange Geschichte. Die Chronik der Maremma ist Zeugnis von Fortschritten und Rückschlägen, von Landgewinnung durch Kanalbauten, Abzugsgräben, Besiedelung; von Verfall und Versandung der Kanäle, dem Wiederansteigen des Wassers, der Rückkehr der Malaria, der Entvölkerung. Nur wenn stehende Gewässer trockengelegt sind, wenn Kanäle funktionieren, geht die Anophelesmücke, die Überträgerin der Malaria, so weit zurück, dass eine Besiedelung erfolgen und aufrechterhalten werden kann.

Heute sind die Sümpfe bis auf wenige Reste verschwunden. Diese ehemaligen Sumpfgebiete gehören nicht zur reizvollen Landschaft, die Reisende in der Toskana suchen. In der Maremma um Grosseto und in der Valdichiana herrscht heute intensive Landwirtschaft mit Gemüse-, Getreide-, Sonnenblumen- und Tabakanbau vor. Draußen an der Küste liegen beliebte Badeorte wie Castiglione della Pescaia, Follonica oder Castiglioncello. Im unteren Valdarno, zwischen Florenz und der Hafenstadt Livorno, ist der Talboden dicht besiedelt und industrialisiert.

Reste der alten Landschaft sind heute streng geschützt – aus todbringenden Fiebersümpfen wurden naturparadiesische Feuchtgebiete. Am bekanntesten ist der Naturpark

Monti dell'Uccellina in der südlichen Maremma. Hier hüten berittene Hirten, die *butteri*, auf einer alten Pferderasse, dem Maremmapferd, zur Freude von Besuchern die nicht minder archaischen Graurinder mit ihren beeindruckenden Hörnern, auch sie eine alte Haustierrasse, die keinen Stall kennt und sich mit karger Weide zufrieden gibt. In der Uccellina geschützt ist auch der große Pinienhain, die *pineta*, ein von den Großherzögen der Toskana gepflanzter Schutzriegel gegen die Stürme des Meeres.

Ein bedeutendes Naturschutzgebiet ist auch die Lagune von Orbetello. Drei Sandstreifen umschließen das seichte Meeresbecken; sie reichen vom Festland zum Inselberg Monte Argentario. Die Lagune von Orbetello mit über 200 Vogelarten, darunter auch Flamingos, wird vom WWF Italien sorgsam gehütet, es ist Besuchern in einem Informationszentrum erschlossen.

Abseits der Küste, im Arnotal, ist der See von Fucecchio mit seinen Uferzonen heute das größte Feuchtgebiet Italiens. Besonders wichtig ist der See für überwinternde Wasservögel.


## Mala Aria

*L' aria bona sta nel pignatto*
*Die gute Luft steckt im Kochtopf.*
*Toskanisches Sprichwort*

*Leider sagt das Sprichwort hier nicht die Wahrheit: Ein schlechter Ernährungszustand war nicht die Ursache der Malaria. Der Spruch war ein Versuch, die Ursache des Fie-*

bers zu ergründen. Eine andere Erklärung war die schlechte Luft, die mala aria, die von den Sümpfen durch den Wind in die Orte getragen wurde. Eine weitere verbreitete These, vertreten auch von Gelehrten wie Leonardo Ximenes, war das Entstehen der Malaria aus der Mischung von Salz- und Süßwasser an der Mündung der Flüsse.

Den tatsächlichen Erreger der Malaria, das Geißeltierchen Plasmodium, entdeckte 1880 der französische Militärarzt Charles L. A. Laveran (1845-1922). Dafür erhielt er 1907 den Nobelpreis für Medizin. Damit war aber der Übertragungsweg noch nicht geklärt. Auch dafür gab es mehrere Thesen. Der italienischen Zoologe Giovanni Battista Grassi (1854-1925) bestätigte 1898 in einem Experiment die Richtigkeit der Theorie von der Übertragung durch die Anopheles -Mücke.

Obwohl die Ursache der Malaria lange unbekannt blieb, ergriff man doch seit den Zeiten der Etrusker die richtigen Maßnahmen zu ihrer Bekämpfung: die Austrocknung stehender Gewässer.

Es gibt mehrere Arten von Plasmodien, die die typischen zyklischen Fieber in unterschiedlichen Abständen auslösen: Malaria quotidiana, terzana, quartana. Bei Mehrfachinfektionen mit verschiedenen Erregern hört das Fieber gar nicht mehr auf.

Der Malariaerreger braucht sowohl den Menschen als auch die Mücke als Wirte für seinen komplizierten Lebenszyklus: Im Zwischenwirt, dem Menschen, durchläuft er seine asexuelle Phase, im Endwirt, der Anopheles, die sexuelle Vermehrung. Durch den Stich der Anopheles gelangen die Erreger ins Blut und in die Leber, wo sie sich vermehren. In der Blutbahn zerstören sie die roten Blutkörperchen, was den Fieberschub auslöst. Fieber schwächt den Organismus und führt à la longue zum Tod. Ein gut genährter Mensch widersteht dem Fieber besser – die gute Luft steckt in diesem Sinne vielleicht doch im Kochtopf.

Malariagebiete sind im Winter ungefährlich – bei weniger als 15° C stirbt die Anopheles ab. Die winterliche Transhumanz mit Hirten und Schafen in die Sümpfe war gefahrlos möglich.

1954 wurde die Maremma als frei von Malaria eingestuft. Weltweit aber ist Malaria noch immer jene Krankheit, die am meisten Todesopfer fordert. Ein wirksamer Impfstoff existiert nicht.

Wie sehr die Malaria das Leben in der Maremma erschwerte, zeigt die Statistik: 1862 waren 40 Prozent der Bevölkerung Grossetos krank, die durchschnittliche Lebenserwartung betrug 19 ½ Jahre. In Alberese nahe der Uccellina gab es noch 1924 einen starken Befall: 80 Prozent der Bevölkerung war infiziert; dazu kamen die Wanderarbeiter, die sich zur Getreideernte dort aufhielten. Sie schufteten 13 Stunden täglich in der Gluthitze, waren der Anopheles am meisten ausgesetzt. Wie viele von ihnen nach der Rückkehr in ihre Dörfer starben, ging in keine Statistik ein.

Parallel zur forcierten Entsumpfung der Küstengebiete durch das faschistische Regime begannen 1925 die Antimalariakampagnen. Jeden Morgen kam ein Arzt in Häuser und Schulen, um den Leuten Chinin zu verabreichen. Die Kinder lutschten Chininbonbons. Chinin wirkt fiebersenkend; es wurde seit dem 19. Jahrhundert eingesetzt, Malaria heilen konnte es nicht. Eine wirksame Vorbeugung gegen die Stechmücke waren damals wie heute feinmaschige Gitter vor dem Fenster sowie Moskitonetze über dem Bett. Doch waren sie bei der ländlichen Bevölkerung noch kaum verbreitet.

# Maremma in der Antike.
# Etrusker und Römer

*"Aska mi eleivana"*

*„Ich bin eine Ölvase"*
*Inschrift auf einer etruskischen Amphore aus der Maremma*
*7. Jhdt. v. Chr.*

Maremma, Malaria, Entvölkerung – das ist die heute geläufige Geschichte. Weniger bekannt ist, dass die Maremma schon in der Antike dauerhaft besiedelt und frei von Malaria war. Es begann mit den Etruskern, den ersten Siedlern in Mittelitalien im 8. Jahrhundert v. Chr. Bekannt sind uns die Etrusker vor allem als Bergleute und durch ihre Metallverarbeitung. Sie waren berühmte Waffenschmiede. Bergwerke, Erzabbau und die Zentren der etruskischen Metallindustrie lagen auf der Insel Elba und im Süden der Toskana, am Monte Amiata und in den Colline Metallifere – den „metallhaltigen Hügeln." Dort, bei Campiglia Marittima und Massa Marittima, lieferten die Bergwerke Kupfer, Silber, Blei und Zink. *Marittima* bedeutet hier nicht „am Meer", sondern „in der Maremma."

Auch wenn Bergbau und Schmiedekunst den Ruhm begründeten, die Etrusker waren auch Bauern. Sie brachten Schafe, Ziegen und Schweine mit, wahrscheinlich auch die ersten Rinder. Der genetische Ursprung der heutigen Chianina, des weißen Rindes der Toskana, weist auf eine anatolische Abstammung, wie auch die Herkunft der Etrusker selbst. Der große Bedarf an Holzkohle für die Eisenverarbeitung hinterließ tiefe Spuren im Wald. Die Etrusker waren auch Köhler. Es ist anzunehmen, dass der Einschlag von Bäumen um die Kohlstätten Licht auf den Boden brachte und so die Weide für Haustiere begünstigte. Örtlich wandelte sich der Wald zur Weidelandschaft. Groß war auch der Holzbedarf für den Schiffsbau. Dafür waren die Wälder der Berge im Einzugsgebiet des Arno prädestiniert, auf dem die Stämme in die Werften geflößt werden konnten.

Die Etrusker waren auch Ackerbauern, sie legten Felder an im Tal der Chiana und in der Maremma, den späteren Malariagebieten. Sie waren Meister der Bonifizierung, zogen Kanäle und konstruierten hydraulische Systeme, um das Wasser abzuleiten. Aus Sumpfgebieten schufen sie Ackerland.

Malaria gab es nicht, als sich die Etrusker in der Maremma niederließen; eine Besiedelung der Sümpfe wäre sonst nicht möglich gewesen. Woher später die Malaria in die Maremma kam, ist nicht bekannt. Die Malaria trug letzten Endes dann maßgeblich zum Niedergang der etruskischen Küstenstädte bei.

Eine wirksame Bekämpfung des Überträgers, der Anopheles-Stechmücke, erfolgte erst in den Jahren nach dem Zweiten Weltkrieg bis 1950, nicht zuletzt durch flächiges Ausbringen von DDT.

Die römische Kolonisierung Etruriens brachte große Veränderungen in der Landschaft mit sich. Die Römer bemühten sich, die hydrogeologische Kontrolle über die Maremma zu erlangen. Die Wiederausbreitung der Sümpfe war eine ständige Gefahr. Die Felder wurden in regelmäßigen Flächen neu geordnet, im Prozess der Zenturiation. Die Römer holten Kolonisten aus anderen Provinzen – eine Praxis, die sich im Laufe der Jahrhunderte wiederholen sollte, zuletzt im 20. Jahrhundert, als Mussolini Siedler aus dem Veneto in die Maremma brachte. Heute noch findet man viele Spuren der römischen Zenturiation: Feldwege und Straßen verlaufen entlang der Grenzen der ehemaligen Felder; besonders in der Gegend von Ansedonia, am See von Burano, an der Mündung des Flusses Albegna.

Auch die *tagliata etrusca*, wörtlich die „etruskische Schneise", stammt aus der Römerzeit. Sie ist ein Kanal, ein tiefer Einschnitt im Kalkgestein des Felsvorsprungs über dem Hafen von Ansedonia, dem antiken Cosa. Mit der Tagliata verbanden die Römer die Lagune unterhalb Cosas mit dem Meer und verhinderten so die Einsandung des Hafens. In der Nähe sind die Ausgrabungen des antiken Hafens von Cosa zu sehen. In römischer Zeit entstand auch die Via Aurelia, jene frequentierte Küstenstraße, die heute die Touristen das Fürchten lehrt. Ziegel und Marmor aus römischer Zeit findet man unweit der Straße – sie stammen aus Villen oder aus einer *statio* – einer der Raststätten mit heißen Bädern. Bei Alberese wurde vor einigen Jahren die Statio von Hasta ausgegraben.

Es gab Veränderungen der Küstenlinie. So ist der Monte Argentario, in der Antike eine Insel, heute durch Landzungen mit dem Festland verbunden.

Im 1. und 2. Jahrhundert war die römische Kolonisierung der Maremma vollendet, das Land war mit Feldern und Bauernhäusern versehen, die Kanäle funktionierten.

Um die Wende zum 1. Jahrhundert deuteten sich große Veränderungen an – Großgrundbesitz breitete sich aus, Sklaven, nicht mehr Bauern, verrichteten die Arbeit. In Cosa gruben Archäologen die Villa von Settefinestre aus, mit Nebengebäuden, insgesamt über acht Fußballfelder groß. 250 Hektar Grundbesitz gehörten zur Villa, die Hälfte davon Acker und Weide, die Hälfte Wald und *saltus*, baumbestandenes Weideland. Die Besitzer lebten in Luxus, die Sklaven hausten in den *cellae*, in elenden Unterkünften.

Ende des 2. Jahrhunderts geriet die Maremma in eine tiefe Krise. Durch die Konkurrenz mit anderen römischen Provinzen verfielen die Preise für landwirtschaftliche Produkte – es gab eine Überproduktion von Weizen und Wein. Extensiver Weizenanbau und Viehweiden lösten die intensive Öl- und Weinkultur der Maremma ab. Die Felder lagen nach jedem Anbauzyklus von Weizen drei bis vier Jahre brach, dort und auf unbebauten, versumpften Gründen weideten Schafe. Auch für die Villa Settefinestre ist die Wirtschaftsänderung von Wein- und Ölbanbau zu extensiven Weizenkulturen belegt. Nach sozialen Unruhen und Sklavenaufständen waren Arbeitskräfte knapp. Die Kanäle der Zenturiation begannen zu verfallen, die Felder versumpften. Auch Häfen verödeten, die Bevölkerung floh vor der Malaria.

Gegen Ende des römischen Imperiums, im 4. und 5. Jahrhundert, verfielen die römischen Villen in der Maremma. In einer dieser Ruinen fanden Archäologen die Knochen junger Männer. Diese Menschen hatten sich fast ausschließlich von Fleisch ernährt – ein Hinweis darauf, dass sie Hirten waren. Sie lieferten auch den ältesten Hinweis auf die Malaria in der Maremma: Sie litten an Sichelzellenanämie, einer Mutation der roten Blutkörperchen, eine Reaktion auf den Malariaerreger. Aus jener Zeit fanden die Archäologen auch Reste von Sumpfpflanzen, die in älteren Schichten gefehlt hatten – ein Zeichen, dass sich die Sümpfe in wenigen Jahren ausgebreitet hatten. Auch die Aurelia, die Hauptverkehrsader, verfiel. [27]

Im beginnenden Mittelalter wanderten die Menschen in das Hinterland der Maremma, wo die ersten *borghi* entstanden, von Steinhäusern umgebene Kastelle auf Hügeln, die Keimzellen der späteren Städte.

Die sozioökonomischen Mechanismen der Antike blieben in der Maremma fast 2000 Jahre lang wirksam. In schlechten Zeiten dominieren Schafe und Weizen, in guten Öl und Wein. Mit der Versumpfung einer geht stets eine Abnahme der Bevölkerung – der trostlose Niedergang ist ein Klassiker der Maremma. Auch der Versuch der Neukolonisierung durch Siedler hat eine lange Geschichte, bei den Römern, unter der Herrschaft Sienas und der Medici, den Großherzögen von Habsburg-Lothringen und zuletzt unter Mussolini.

# Maremma im Mittelalter.
# Franken und Langobarden

*"Ricorditi di me, che son la Pia;*
*Siena mi fé, disfecemi Maremma:*
*salsi colui che 'nnanellata pria*
*disposando m'avea con la sua gemma.*

*"Gedenke mein. Die Pia hieß ich droben,*
*Der Siena Leben gab, Tod die Maremme.*
*Er weiß es, der mir, um sich zu verloben,*
*Als schon Verlobter schenkte seine Gemme."*
*Dante Alighieri, Divina Commedia, Purgatorio V, 1321*

Pia de' Tolomei bittet Dante, für sie zu beten, um das Fegefeuer bald hinter sich lassen zu können, auf dem Weg in das Paradies. Pia hofft, dass auf Erden ihrer gedacht wird. Sie nennt Dante ihren Geburtsort, Siena, und den Ort ihres Todes, die Maremma. Mit Bitterkeit erwähnt sie ihren Mörder, ihren eigenen Ehemann, der das Versprechen der unauslöschlichen Treue, symbolisiert durch den Ring, gebrochen hat, um Margherita Aldobrandeschi zu heiraten. Die Aldobrandeschi waren die mächtigen mittelalterlichen Feudalherren der südlichen Maremma.

Dokumente aus dem 10. Jahrhundert berichten von ihnen, nachdem es seit dem 6.Jahrhundert, nach dem Ende des Imperiums, keinerlei Aufzeichnungen aus der Maremma gegeben hatte. [28]Der Hafen von Talamone war verlassen. Vielleicht gab es eine geringe Salzproduktion und den

sporadischen Durchzug von Hirten, Jägern oder Holz-
sammlern.

Nach dem Untergang des Römischen Reiches im 5. Jahrhundert wechselten sich Versuche der Kultivierung ab
mit dem Verfall von Kanälen, mit dem Auftreten der Malaria und Zeiten der Entvölkerung.

Im 11. Jahrhundert rafften sich die Bischöfe von Rosellae
auf zum Kampf gegen die Sümpfe; sie gründeten mitten in
der alten *Maretima*, auf den Hügeln der Uccellina, die Ab-
tei von San Rabano. Vielleicht war der Gründer auch Hil-
debrandt von Sovana, der spätere Papst Gregor VII. Hil-
debrandts Grabmal, die *Tomba Ildebranda*, liegt mitten in
der etruskischen Nekropole von Sovana im Hinterland
der Maremma.

Die gotischen Ruinen von San Rabano liegen heute im
Naturpark Uccellina, auf den Hügeln über dem Meer. Der
Naturpark konserviert das, was von der alten grossetani-
schen Maremma heute noch übrig ist. Die Benediktinermönche begannen, der Maremma Äcker und Weingärten
abzutrotzen. Sie terrassierten Hänge, bauten Weizen an
und brachten – als erste – den Ölbaum in die Gegend. Im
16. Jahrhundert zogen die Mönche in das nahe Dorf Alberese. Das Kloster wurde verlassen und verfiel. Als Ruine
zeugt es heute vom Kolonisierungswillen der Benediktiner in alter Zeit. Die Terassen von einst sind längst verfallen und überwuchert. Pirateneinfälle und die Malaria hatten die Mönche zur Aufgabe gezwungen.

Bestand hatten die befestigten Siedlungen auf den Hügeln
des Hinterlandes der Maremma, die *borghi*. Ein Borgo,
eine kleine Stadt, wuchs Schutz suchend um die Mauern

eines Kastells. Bei Gefahr floh die Bevölkerung mit ihrem Vieh hinter die Burgmauern. Der *borgo* und die *Burg* haben dieselbe Bedeutung, die möglicherweise auf eine keltische Wurzel zurückgeht. Die verwinkelten, steilen Dörfer mit ihren steinernen Häusern und engen Gassen sind ein Erkennungsmerkmal der Landschaft Mittelitaliens. Die meisten Borghi entstanden im 10. und 11. Jahrhundert – wie zum Beispiel San Gimignano, Montalcino oder Montepulciano.

Im Mittelalter stieg das langobardische Geschlecht der Aldobrandeschi zu mächtigen Feudalherren in der Maremma auf. Ihre Burg thront über der alten Etruskerstadt Sovana im Hinterland; sie besaßen Feudalgüter in Istia d'Ombrone, bei Grosseto und Populonia, am Monte Amiata und im Corniatal. Die Aldobrandeschi beschützten die von ihnen beherrschten Siedlungen vor Invasoren. Sie gründeten das Kloster San Salvatore am Monte Amiata, das die Via Francigena, die Frankenstraße, sicherte, im Mittelalter die wichtigste Pilgerstraße nach Rom. Auch die Straße von Orbetello durch das Hinterland bis nach Orvieto stand unter ihrer Kontrolle.[29] 1216 eroberten sie dann die ursprünglich etruskische Bischofsstadt Rosellae. Deren Niedergang begann gleichzeitig mit dem Aufstieg Grossetos, einer relativ jungen Stadt, um das Jahr 800 gegründet und von den Aldobrandeschi als ihre Bastion in der Nähe der Küste ausersehen. Um 1183 war der Bischofsitz schon nach Grosseto verlegt worden, nachdem Rosellae in einem Sarazeneneinfall zerstört worden war. Doch der Fluch der Malaria schwebte stets über Grosseto. Bischof Ildebrandino III ersuchte 1197, die Stadt wegen der besseren Gesundheit auf die nahen Hügel der Moscona verlegen zu dürfen.[30]

Die Aldobrandeschi versuchten eine rationelle Nutzung ihres Herrschaftsgebietes. Es gibt Hinweise auf Salinen an der Mündung des Ombrone, Reusen zum Fischfang im Sumpf und an der Flussmündung, Waldnutzung und Weizenanbau. Der florierende Hafen von Talamone war von Siena sehr begehrt.

Im Jahr 1337 wird alles anders: Die gesamte südliche Toskana fällt an Siena, welches nun über Jahrhunderte versuchen wird, das Gebiet zu entwickeln. Talamone wurde einer rigorosen Planung unterzogen, innerhalb seiner Mauern waren 100 Häuser mit Wohnungen vorgesehen, die Grundstücke sollten mit Äckern versehen werden. An der Küste und im Binnenland war die Bonifizierung von versumpften Flächen geplant. Siedler – *coloni* – sollten, wie immer, wenn es um die Kolonisierung der Maremma ging, von weit her kommen. Doch die Pläne Sienas wurden nach wenigen Jahren von der Pest durchkreuzt. Die Seuche wütete von 1347 bis 1352 in ganz Europa – wieder einmal blieb die Maremma weitgehend entvölkert zurück. Den Rest besorgte die Malaria, „die *aere inferma,* die krankmachende Luft, die die Menschen tötet": 1371 gab es in Grosseto nur noch 10 Familien. Wald und Sumpf breiten sich wieder aus – ein Ort namens Palus Nova, Neusumpf, taucht in Dokumenten auf. Der Verfall Talamones begann um 1400 – Florenz hatte Pisa erobert, nachdem es Talamone Siena entrissen hatte. Pisa, näher an Florenz gelegen und durch den Arno mit ihm verbunden, stieg auf Kosten Talamones auf. Die nächste Pestepidemie 1474 versetzte Talamone den Todesstoß. Nie mehr sollte es die Bedeutung erlangen, die es einst im Mittelalter gehabt hatte.

## Vom Mittelalter zur Neuzeit

Die *mala aria,* die schlechte Luft, die fieberbringenden Ausdünstungen der unwirtlichen, wilden Maremma wurde im Mittelalter zum kulturellen und literarischen Topos – man denke nur an die zahlreichen Zitate in der Göttlichen Komödie, in der die Maremma als Metapher für Tod, Sünde und Höllenschrecken erscheint. Der Städter Sercambi[31] aus Lucca gab den *comune sentire,* die übliche Ansicht über die Maremma wieder, die er den *paese selvatico* nennt, die gott- und menschenverlassene Gegend, die nur unter Gefahr für Hab und Gut, für Leib und Leben durchquert werden kann. Sercambi zeigt in idealtypischer Weise den Gegensatz zwischen der urbanisierten und besiedelten Landschaft der Mezzadria und den der menschlichen Kontrolle entzogenen Sümpfen. Trotzdem ist die weitläufige, kaum besiedelte Maremma Großgrundbesitz und Objekt ökonomischer Begierden: Im Winter, bei Niedrigwasser, wenn die Malariaüberträger ruhen, strömten Schafherden aus den Bergen zur Überwinterung in die Ebene. Die Kopfsteuer auf Schafe, die *gabella,* war zusammen mit den Erträgen aus dem extensiven Weizenanbau ein wichtiges Element der feudalen Ökonomie.

Nach dem Jahr 1000 entwickelten sich Handel und Wirtschaft in Europa, es begann, an die fortgeschrittene Welt im Nahen Osten aufzuschließen. Auch die Bevölkerung nahm zu, in der Folge stieg die Nachfrage nach Weizen, auch nach Weizen aus der Maremma. Die Häfen von Talamone und Cosa gewannen wieder an Bedeutung, auch der Verkehr auf der Aurelia, der alten Römerstraße nahm zu. Im Spätmittelalter, vor der Großen Pest, erreichte die demographische Expansion ihr Maximum. Im Hügelland breitete sich die Mezzadria aus.

Doch in den Ebenen stagnierte der Fortschritt, genauso wie das Wasser, das in den Sümpfen stand. Enorme Flächen entzogen sich jeder Veränderung. Allein der Lago di Castiglione (oder Lago di Prile) bei Grosseto, damals der größte See der Toskana, hatte eine Ausdehnung von 100 Quadratkilometern, das ist die Fläche der heutigen Stadt Florenz. Heute ist der Lago di Prile restlos verschwunden. Südlich davon lagen der See von Alberese, dann das Feuchtgebiet von Orbetello. Auch von diesen Gewässern gibt es heute kaum noch eine Spur. Nur an wenigen Stellen, zum Beispiel im Arnotal bei Prato nördlich von Florenz, kam es schon im Spätmittelalter zu durchgreifenden Bonifizierungen.

Gegen Ende des Mittelalters, nach der Großen Pest, waren Hafen und Stadt von Talamone mitsamt der ganzen Gegend verfallen. Grosseto hatte 1379 noch 100 Einwohner, Talamone ganze acht. Die Weizenproduktion sank von 10.000 Star (Eimern) Korn auf 300. Nicht einmal die fleißigen Benediktiner hatten es geschafft, die Maremma dauerhaft zu kultivieren; sie konnten der Malaria nicht trotzen, genauso wenig wie den sarazenischen Piraten, die im Mittelalter die tyrrhenischen Küsten heimgesucht hatten.

# Die Medici in der Maremma

*Questo Paese è distrutto.*

*Dieses Land ist vernichtet.*
*Sallustio Bandini (1677-1760) Discorso sopra la Maremma di*
*Siena, 1877*

Schon unter der zweihundertjährigen Herrschaft des Stadtstaates von Siena war die Maremma nicht viel mehr als eine der Ausbeutung anheimgefallene Kolonie. Danach, unter den Medici, nahm der Verfall noch zu.

Als Dank für die Unterstützung im Krieg gegen Papst Klemens VII verlieh Kaiser Karl V dem Florentiner Herrscher Cosimo de' Medici im Jahr 1557 den Titel *Granduca* – Großherzog – der Toskana. Die bürgerlichen Medici waren endlich in den Adel aufgestiegen. Bald dehnten sie ihre Macht auf die gesamte Toskana aus. Auch Siena geriet mitsamt der Maremma unter die Herrschaft der Medici. Diese Ära sollte ebenfalls zweihundert Jahre dauern. Der Schriftsteller Andrea Mazzoleni vergleicht die Lage am Ende der Herrschaft der Medici mit dem Zustand ihres letzten Vertreters: „Giangastone, 1737 gestorben an Drogen und Alkohol, total dement und heruntergekommen… Auch die Maremma lag in Agonie."[32] Heute, fast 500 Jahre später, sind in der Maremma die Ressentiments gegen Florenz – und auch Siena – lebendig wie eh und je.

Der Autor Aldo Mazzolai[33] aus Grosseto klagt über die Politik der Medici: „Grosseto verlor den Status einer Stadt, wurde zu einer von Soldaten bewohnten Festung. Alle Maßnahmen der Instandhaltung der Gebäude und

Straßen dienten militärischen Zwecken. Gleichzeitig verfiel die Stadt. 1583 stürzte eine Mauer des Doms ein, die Neuweihe erfolgte erst 100 Jahre später. Nur ca. 200 Zivilisten, alle in Diensten des Militärs, lebten in Grosseto. Malariakranke, Zwangsarbeiter, Verzweifelte, *uomini di fatica* – Männer der Mühen – mussten jede Arbeit verrichten, sich auf den Feldern von der Sonne verbrennen lassen; der Malaria ausgesetzt, dem Durst in den Salinen, bei der Arbeit in den Kanälen von Blutegeln befallen.“

Aber die Maremma brachte Geld in die Privatschatulle der Medici. Der Geldfluss sprudelte aus drei Quellen: Aus der Verpachtung der Fischereirechte am Lago di Prile, der Kopfsteuer auf in der Maremma überwinternde Schafen und, in geringerem Umfang, aus der Besteuerung des Weizenanbaus. Die Maremma war in der Hand von Großgrundbesitzern, der Stadt Siena, des Adels und der Kirche.

Im Jahr 1559 erwarb Cosimo die Grafschaft von Castiglione della Pescaia von den dortigen Feudalherren Piccolomini-Aragona. Zur Grafschaft gehörte auch der See von Prile mit allen Rechten am Fischfang. Die Verpachtung der Fischereirechte generierte große Summen – über 7.000 *scudi* pro Jahr – das war ein Drittel aller Einkünfte aus sämtlichen Ländereien der Herrscherfamilie. Der von Cosimo I aufgesetzte Vertrag mit den Pächtern hatte bis ins 18. Jahrhundert Bestand. Er gibt Einblick in die Art der Binnenseefischerei. An der Halbinsel Badiola del Fango lieferten die vielen Fischer der Pächter den täglichen Fang an, Aale, Hechte, Barsche. Solche Süßwasserfische waren auf den Märkten von Florenz und Siena sehr begehrt.

Als Eigentümer des Lago di Prile hatten die Medici ein Privatinteresse am Fischfang. Die Interessen der anderen Grundbesitzer liefen in eine andere Richtung. Sie wollten durch Entsumpfung Ackerland gewinnen und die Malaria eingedämmt wissen. Das aber wäre mit einer Verringerung der Seefläche einhergegangen. Die Medici taten hingegen alles, um die Fischereipächter nicht zu verärgern. Die Anstrengungen zur Entsumpfung waren daher halbherzig, sie galten eher der Sicherung des Wasserspiegels des Sees von Prile.

Der Nachfolger Cosimos, sein Sohn Francesco I (1574-1586) gründete das *Ufficio dei Fossi* („Behörde der Gräben"), das für Kanäle und Regulierung der Gewässer zuständig war. Das Ufficio baute Kanäle, die den Wasserspiegel des Sees konstant halten und seine Einsandung verhindern sollten. Auch die Nachfolger Francescos, Ferdinando I, Cosimo II und Cosimo III dokterten im 16. und 17. Jahrhundert mit Kanälen und Dämmen am Lago di Prile herum: Ferdinando mit der *Fossa Nuova* von 1592, Cosimo II mit einem Kanal von Grosseto bis Castiglione, Cosimo III mit einem Kanal im Inneren des Padule. Die Bauwerke behandelten Symptome und waren nur von lokaler Bedeutung. Sie verbesserten die Lage an einer Stelle und verschlechterten sie an anderer. Ein Problem war der rasche Verfall der teuren Bauwerke durch mangelnde Pflege, durch Überschwemmungen sowie die Zerstörung der Dämme durch das unbeaufsichtigte Vieh. Heute ist von diesen Bauwerken nichts mehr zu sehen.

Überhaupt war die Herrschaft der Medici von vielen Widersprüchen gekennzeichnet. In ihrer zweihundertjährigen Dominanz über die Maremma schwankten die Interessen zwischen Fischfang, Weide und Weizenanbau.

Die durch die Transhumanz zur Überwinterung in die Maremma gebrachten Schafe waren eine wichtige Einnahmequelle der Finanzverwaltung der Toskana, denn die Kopfsteuer auf Schafe in den Weidegründen, die *gabella*, ging an den Staat – anders die Erlöse aus den Verpachtungen der Fischerei am See, die ja in der Privatschatulle des Großherzogs landeten.

Ein Motiv der Medici, sich im Krieg gegen Siena zu engagieren, war die Aussicht gewesen, sich der Weizenproduktion in der Maremma zu bemächtigen. Doch die Weizenproduktion war kompliziert.

Pächter, die sogenannten *faccendieri (faccenda* – Angelegenheit, Geschäft), besorgten den Weizenanbau auf den Gütern der Großgrundbesitzer. Der Anbau war mühsam, weil nach drei bis vier Produktionszyklen der Boden erschöpft war und die Felder danach drei bis vier Jahre zur Erholung brach liegen blieben. Auf diesen Brachen überwinterten die Wanderschäfer aus den Bergen ihre Herden. Um nach der Brachephase die inzwischen verbuschten und vernässten Flächen wieder für den Weizenanbau zu richten, war der Aufwand groß und kostspielig. Die Faccendieri besorgten sich dafür und für das Saatgut oftmals Geld bei Wucherern.

Damit noch nicht genug: Die Medici kontrollierten den Getreidepreis und die Getreidespeicher durch eine eigene Behörde, die *Abbondanza* („Überfluss“). Ihre Aufgabe war es, Brot in Zeiten der Knappheit an die städtische Bevölkerung zu geringen Preisen zu verteilen. denn nichts fürchteten die Medici mehr als Hungerrevolten in den Städten. Die festgelegten Preise lagen oft unter dem

Marktpreis oder – noch schlimmer für die Produzenten – unterhalb der Gestehungskosten.

Für manche Faccendieri war der Weizenanbau nicht mehr rentabel, die Anbauflächen schrumpften. In manchen guten Jahren wurden zwar „die Tratten geöffnet", das heißt der Weizenexport freigegeben. Daraufhin erweiterten sich die Anbauflächen wieder, doch meist nur kurzfristig. Hohe Zölle behinderten den Weizenexport weiterhin.

Gegen Ende der Herrschaft der Medici, im 18. Jahrhundert, war die Maremma heruntergewirtschaftet. Die Wende kam mit den Großherzögen aus dem Hause Habsburg-Lothringen.

# Pietro Leopoldo (1765-1790).
## Der aufgeklärte Souverän

*Giovane di anni, ma vecchio di mente.*

*Jung an Jahren, aber alt im Geiste.*
Pompeo Neri (1760-1776), Minister, über Pietro Leopoldo

Nach dem Tod des letzten Medici Giangstone (1723-1737) fiel die Toskana an das Haus Lothringen. Dies sollte sich für die Toskana, besonders für die Maremma, als der Beginn einer wirtschaftlichen und zivilisatorischen Wiedergeburt erweisen. Unter den Reformen der vier Großherzöge von Habsburg-Lothringen – sie regierten von 1765 bis 1859 – erfuhr die Toskana eine Reihe von Neuerungen. Die Lothringer führten eine Landreform durch, was zu massiven Konflikten mit dem grundbesitzenden Adel, der Kirche und den Klöstern führte. Sie waren auch seit der Antike die ersten, die eine systematische Trockenlegung der hinderlichen Gewässer in Angriff nahmen.

Der erste Großherzog aus dem Hause Lothringen, Franz Stephan (1737-1765), der Gemahl Maria Theresias, überließ das Regieren einigen Stellvertretern – er selbst betrat nur einmal toskanischen Boden, nämlich zu Beginn seiner Regentschaft, der *reggenza*. Seine Regierung leitete erste Reformen im wirtschaftlich heruntergekommenen Großherzogtum ein. Franz Stephan hing den Ideen der Aufklärung an. Seine Wirtschaftspolitik gründete auf der in der Aufklärung vorherrschenden Lehre der „Physiokratie", wonach der Wohlstand eines Volkes auf den physikalischen Gegebenheiten seines Landes beruht; auf seinen Bodenschätzen, der Produktivität seiner Böden, der gut organisierten Landwirtschaft.

Seit der Mitte des 17. Jahrhundert war die Maremma verlassen. Am rechten Ufer des Ombrone, des zweitgrößten Flusses der Toskana, gab es keine Ansiedlungen, nicht zuletzt wegen der Malaria im Umfeld der stehenden Gewässer wie des Lago di Prile. Franz Stephan richtete sein Augenmerk auf die „darniederliegenden Gebiete", die *aree depresse.* Durch Sanierung – sprich Entsumpfung - und eine Modernisierung der Landwirtschaft sollte eine Besiedelung der Maremma wieder möglich sein. Tatsächlich setzte während der Reggenza eine erste Bevölkerungszunahme ein.

Der große Reformer in der Geschichte der Toskana war jedoch Franz-Stephans Sohn Pietro Leopoldo (1765-1790). Bei seinem Regierungsantritt war er 18 Jahre alt. Pompeo Neri (1706-1776), Jurist und später Minister im Dienste Pietro Leopoldos, bezeichnete ihn als „jung an Jahren, aber alt im Geiste". Und tatsächlich war der junge Granduca ernst und grüblerisch veranlagt. Er war exemplarischer Vertreter eines aufgeklärten Souveräns, lehnte sich an den fortschrittlichsten Teil der toskanischen Oberschicht an, umgab sich mit den besten Fachleuten und Gelehrten, die ihn bald nicht mehr als ausländischen Herrscher ansahen.

Als aufgeklärter Mann war Pietro Leopoldo ein Anhänger der *civiltà del fare*, der „Zivilisation der Tat" und der „nützlichen" Wissenschaften. In der Ökonomie verfolgte er, wie sein Vater, die Ideen des Physiokratismus. Aus diesem Grund richtete er besonderes Augenmerk auf die Sumpfgebiete an der Küste und die Flussniederungen im Inneren des Landes. Pietro Leopoldo wollte einen modernen Agrarstaat – er glaubte nicht, dass Wohlstand durch Industrialisierung erreicht werden könne, befürchtete den Ruin der toskanischen Textilindustrie durch ausländische Konkurrenz. Er glaubte, wirtschaftliche Autonomie durch die Reform der Landwirtschaft, die Ausweitung der Ackerflächen, die vollkommene Marktliberalisierung und die Neuordnung der Verwaltung zu erreichen.

Pietro Leopoldo hatte die gesamte sozio- ökonomische Sanierung der Toskana im Blick. Er etablierte ein einfacheres Steuersystem, baute Straßen und Aquädukte, förderte das Handwerk und setzte einen Schuldenerlass für die Kommunen durch. Sofort nach seinem Amtsantritt tat er seine Absicht kund, sowohl die Ökonomie als auch die Struktur der Verwaltung zu reformieren. Er begann seine Herrschaft mit der wiederbelebten Praxis der Visitationen bis in die hintersten Landstriche, in die kleinsten Pfarreien. Bei allen seinen Reformen ging er nach dem gleichen Muster vor: Nach dem Studium der Lage, der Definition von Maßnahmen, begann die langsame Umsetzung, zuerst auf lokaler Ebene, dann im ganzen Staat. Auch die Bonifizierung der Maremma begann so.

## Tote Hände im Sumpf

Die Fattoria von Poggiocavallo liegt auf einem Hügel in der Maremma von Grosseto, am Fuße des alten Borgo Istia d'Ombrone. Die Villa und die landwirtschaftlichen Gebäude stammen aus dem Jahr 1790. „Der Granduca hatte einst Grundflächen zur Bonifizierung übergeben", erklärt heute die freundliche Verwalterin. Mit „Granduca" war Pietro Leopoldo gemeint und die Flächen, die er „übergeben" hatte, stammten aus dem Großgrundbesitz der Diözese von Grosseto – 9000 Hektar daraus wurden zwangsverpachtet. Auch andere Großgrundbesitzer mit brachliegendem Grundbesitz mussten sich dieser *allivellazione* unterwerfen.

Als „Tote Hand"(*manomorta*) galt eine Körperschaft oder Stiftung, deren Grundbesitz der Veräußerung und Vererbung entzogen war; nicht bebaut, vernachlässigt und von der Grundsteuer befreit. In der Maremma bedeckten die Manimorte riesige Flächen; sie gehörten vor allem kirchlichen Einrichtungen – dem Kirchenstaat, Klöstern und Spitälern, zum Beispiel dem mächtigen *Spedale* von Santa Maria della Scala in Siena. Schon Franz Stephan hatte 1751 ein erstes Gesetz zur Abschaffung der Toten Hand erlassen, doch erst Pietro Leopoldo brachte mit einer Neufassung Bewegung in die Sache. Es zwang Grundeigentümer, ihre Flächen innerhalb eines Jahres in Bewirtschaftung zu nehmen. Geschah dies nicht, wurde vom Staat einem Pächter ein Stück Land überlassen, unter der Maßgabe, es zu bonifizieren und das Land unter den Pflug zu nehmen.

In der Maremma oder der Valdichiana bedeutete dies die Einführung der Mezzadria auf den neuen landwirtschaftlichen Flächen. Der jährliche Pachtzins betrug drei Prozent des Grundwertes, war also gering. Nach der Entsumpfung konnte der Pächter das Grundstück zum ursprünglichen Grundwert erwerben, ohne dass die Wertsteigerung durch die durchgeführten Maßnahmen auf den Kaufpreis angerechnet wurde. Auf diese Weise war auch das Gut von Poggiocavallo entstanden. Um eine Zersplitterung zu verhindern, durfte das erworbene Eigentum unter nicht mehr als drei männliche Erben aufgeteilt werden. Eine neue Klasse bürgerlicher Grundeigentümer entstand. Pietro Leopoldo entschied sich bewusst gegen die Aufteilung der Gründe auf arme Kleinbauern. Er war der Ansicht, nur Vermögende wären imstande, die nötigen Investitionen zur Landverbesserung zu tätigen.

Pietro Leopoldo hatte sich mit seinen Maßnahmen mächtige Gegner geschaffen: Kirche und Adel. Eine eingeleitete Zerschlagung des Großgrundbesitzes scheiterte; viele Flächen landeten nach kurzer Zeit wieder in Händen von Großgrundbesitzern. Die Fürsten Corsini erwarben große Ländereien in der Maremma, die Familie Ricasoli zum Beispiel die Fattoria von Barbanella in der Nähe von Grosseto.

Beim Regierungsantritt Pietro Leopoldos bot die Maremma das gewohnt triste Bild: Entvölkerung, Ausbreitung des Waldes, der „Macchia" durch den Niedergang der Wirtschaft, wenig Getreideanbau, mehr Weideland, die wenigen Felder durch eindringendes Weidevieh geschädigt. Wege waren im Winter unpassierbar, auch im Sommer in schlechtem Zustand. Der See von Prile füllte „die Luft mit schlechten Dämpfen". Die Gemeinden in der Maremma waren verschuldet; Malaria und unzureichende Infrastruktur hatten zur wirtschaftlichen und kulturellen Lähmung geführt. Nun kam der Großherzog mit ehrgeizigen Kolonisierungplänen. Doch zunächst machte er sich daran, die Macht Sienas zu brechen.

Siena, die zweitgrößte Stadt der Toskana und ewige Rivalin von Florenz, hatte sich immer große Unabhängigkeit bewahren können. Der antike Stadtstaat von Siena war im Großherzogtum erhalten geblieben, mit all den feudalen

Strukturen, die eine einheitliche Verwaltung und Gesetzesordnung unmöglich machten. Diese Autonomie war schon den Medici ein Dorn im Auge gewesen. Siena galt als Staat im Staate, der die Einheit der Toskana gefährdete. Die Stadt war ein Anachronismus mit einer herrschenden Klasse, mit Beamten, die ihre Privilegien mit Zähnen und Klauen verteidigten. Pietro Leopoldo zerschlug diese Strukturen, die Reste der Privilegien des Adels und der Kirche und die lokalen Autonomien.

Zwei Monate nach seinem Regierungsantritt erließ der junge Großherzog ein *Motuproprio*, mit dem er das Territorium Sienas in zwei Provinzen untergliederte, eine obere und eine untere Provinz. Letztere, die *Provincia Inferiore Senese,* wurde zum autonomen Sanierungsgebiet, sie umfasste die südliche Maremma mit ihrem Hinterland. Diese neue Provinz wurde dem Granduca direkt unterstellt. Pietro Leopoldo erkannte die Notwendigkeit, die Maremma juristisch und administrativ vom Rest der Toskana zu trennen, um seine Reformen durchsetzen zu können. Als wichtigste Behörde wurde der *Magistrato Fossi e Coltivazioni* (Magistrat der Kanäle und Bodenfrüchte) geschaffen, in dessen Hand alle Maßnahmen gebündelt werden sollten. Der Gouverneur war die neue, direkt dem Großherzog unterstellte Autorität.

Pietro Leopoldo sah die Entsumpfung als wichtigen zivilisatorischen Akt an, bei der der Bau von Kanälen und Dämmen von weiteren sozio-ökonomischen Maßnahmen flankiert werden sollte. Bonifizierung hieß nicht mehr nur Eindämmung der Flüsse und Entsumpfung, sondern war nun ein organischer politischer Plan, um die tieferen Ursachen der Entvölkerung und territorialen Desorganisation zu verändern. Die Sanierung der Niederungen, sollte von der ersten „improvisierten Bonifizierung" (*bonifica estemporanea*) der Medici zu einer „vollständigen Bonifizierung" (*bonifica integrale*) führen. Neue Gesetze sollten die Gepflogenheiten des Feudalismus abschaffen, die Weidenutzungsrechte, Holzrechte, Einsaat-, Jagd- und Fischereirechte. Auch die Toskana reihte sich nun in den Reigen von Staaten ein, die die europäische Agrarwirtschaft revolutionieren sollten.

*Falso, bugiardo, maligno, vendicativo und violento.*
*Falsch, lügnerisch, böse, rachsüchtig und gewalttätig.*
*Pietro Leopoldo über Leonardo Ximenes*

Der erste wichtige Schritt Pietro Leopoldos kurz nach seinem Regierungsantritt war der Auftrag an den Jesuiten Leonardo Ximenes (1716–1786) mit der Bonifizierung der versumpften Niederungen der Toskana zu beginnen. Ximenes war Mathematiker, Ingenieur, Wasserwirtschaftler, Geograph, Astronom. Sein Ziel war die „physische Reduktion" (*riduzione fisica)* der Gewässer, also deren Eingrenzung. Er begann seine Arbeit in der Maremma. Sie sollte ein Labor für Neuerungen sein, die später auf den ganzen Staat übertragen werden konnten, so wie es der Großherzog auch für andere seiner Reformen praktizierte. Geplant waren die Planung und Durchführung der Entsumpfung, freier Getreidehandel, Abschaffung von Zöllen und Nutzungsrechten, daraus folgend höherer Weizenertrag und schließlich ein Bevölkerungswachstum.

Ximenes konzentrierte seine Arbeiten zunächst auf Sumpf und See von Prile zwischen Grosseto und Castiglione, die gefährlichste Quelle der Malaria. Er dachte an eine planmäßige Verlandung des Sees mit der Schwebfracht des Flusses Ombrone, der durch einen Kanal zugeleitet werden sollte. Dazu kam es zunächst nicht. Die Sanierung des Sees wurde durch widersprüchliche Zielsetzungen erschwert: Das Wasserregime sollte zwar reguliert, die Gefahr der Malaria verringert, der See aber gleichzeitig erhalten und nicht aufgefüllt werden. Grund war die Bedeutung des Fischfangs in diesem hochproduktiven Gewässer. Ximenes wollte die Größe des Sees zu allen Jahreszeiten konstant halten. Dazu baute er den Kanal *Fosso maestro* oder *reale*, mit einem Schleusensystem. Durch den konstanten Wasserstand des Sees wurde die Binnenschifffahrt möglich. Zuletzt erlaubte ein Netz von Kanälen und Wasserstraßen von Grosseto bis zum Hafen von Castiglione den raschen Warentransport an die Küste. Im architektonisch ansprechenden Schleusenhaus, der *Casa Rossa di Ximenes*, zeugt heute ein kleines Museum von diesem genialen Wasserbauer.

Mit seinen Plänen machte sich Ximenes viele Großgrundbesitzer zum Feind. Sie wollten keine Veränderungen, keine kostspieligen Maßnahmen. Beim Großherzog beklagten sie sich über die mangelnde Produktivität der bonifizierten Gründe. Sie bezichtigten Ximenes auch der Korruption. Ximenes verlor schließlich das Vertrauen Pietro Leopoldos. In seinen Tagebüchern beschrieb der Großherzog Ximenes als *falso, bugiardo, maligno, vendicativo* und *violento, di cui non vi è da fidarsi* ("falsch, lügnerisch, böse, rachsüchtig und gewalttätig, dem man nicht trauen kann").

Der Nachfolger Ximenes', der Mathematiker Pietro Ferroni (1745-1825) führte ab 1781 Entsumpfungen durch in Talamone, Alberese und Massa, vor Pitgliano und Capalbio. Eine Verlandung des Sees von Prile versuchte er auf kleinerer Fläche. Von einer Sanierung der gesamten

Niederung sah er wegen der enormen Kosten ab. Auch der nächste Wasserbauer, Pio Fantoni (1721-1804), dachte zunächst an eine Durchleitung des Ombrone durch den See; Kosten und die technischen Probleme ließen auch ihn davor zurückschrecken.

Die Resultate Pietro Leopoldos in der Maremma blieben wegen des Umfangs der Aufgaben eher bescheiden, trotz enormer Summen, die unter seiner Regentschaft aufgebracht worden waren – 150.000 *scudi* nur für die Projekte von Ximenes –, aber die Richtung war vorgegeben. Eine neue Territorialkultur war entstanden, mit einer Erneuerung der ökonomischen Ordnung, einer Schwächung des Großgrundbesitzes, mit mehr bürgerlichen Eigentümern. Erstmals seit der Antike gab es für die Maremma eine Entwicklungsperspektive. Johann Pesendorfer, der Biograf der toskanischen Habsburger, schrieb: „Pietro Leopoldo hat das Verdienst, als erster die säkulare Großtat der Habsburger in der Toskana eingeleitet zu haben: die Bonifizierung der Maremma."[34]

Zu Beginn seiner Regentschaft war Pietro Leopoldo mit einer Hungersnot konfrontiert. Hungersnöte waren zwar primär durch Missernten verursacht, wurden aber durch Zölle und Verwaltungshindernisse entscheidend verschärft. Durch Preisbindung verschwand das Korn vom Markt, es wurde von Großgrundbesitzern trotz Verbots gehortet und auf dem Schwarzmarkt verkauft.

Nach reiflicher Überlegung liberalisierte Pietro Leopoldo 1766 die Kornpreise. Hohe Zölle waren unüberwindliche Hindernisse für Import und Export von Getreide – bei Hungersnöten funktionierte die Einfuhr von Getreide nicht. Zunächst wurden die internen Zölle gekappt, um den Kornpreis zu konsoldieren. Der Granduca plante auch, bei Hungersnöten Getreide aus dem Ausland einzukaufen und es von Staats wegen kostenlos an die Hungernden zu verteilen. Überhaupt befreite Pietro Leopoldo Markt und Produktion von den Hemmnissen aus der Zeit der Medici, von Myriaden von Zollschranken und Partikularbestimmungen.

Pietro Leopoldo verfuhr in der Landwirtschaft nach dem Prinzip „Freiheit und Gleichheit". Dazu gehörte auch die Aufhebung von Servitutsrechten. Die Nutzungsrechte (Holz, Weide, Wasser, Streunutzung) stellten eine Einschränkung des Eigentums an Grund und Boden dar. Sie gerieten im 18. Jahrhundert in Europa in den Fokus der Reformer. Pietro Leopoldo schaffte sämtliche Nutzungsrechte ab, auch die weit verbreiteten Weide- und Holzrechte, nach der neuen bürgerlichen Idee des ungeteilten Grundbesitzes, wonach das Eigentum und seine Nutzung in einer Hand vereinigt sein sollten. In der Maremma bestanden vor allem Weiderechte zur Überwinterung von Schafen. Nun war es an den Grundbesitzern, Verträge mit den Besitzern der Schafherden auszuhandeln. Dasselbe galt für die Holznutzung der Bauern im Wald auf fremdem Grund und Boden, zum Ausgleich hatten die Bauern keine unbezahlten Arbeitsschichten mehr zu leisten.

Die leopoldinische Poltik hatte auch unbeabsichtigte Auswirkungen. Es entstanden neue Ackerflächen auf Kosten des Waldes. In Hanglagen, wie im Casentino, führte dies zu Erosionen. Pietro Leopoldo hatte vor allem die geohydraulische Sanierung der Böden in den Talgründen im Auge, an die Berghänge dachte er zunächst nicht. Der Erosionsschutz an Berghängen erfolgte erst Jahrzehnte später, während der Regierung seines Enkels Leopoldo II.

Nicht auf allen Gebieten hatte Pietro Leopoldo mit seiner pyhysiokratischen Politik Erfolg. Die Freigabe des Weizenpreises verschärfte entgegen der Absicht Hungersnöte. Einfuhr und Verteilung funktionierten nicht immer, Grundbesitzer verlangten Schwarzmarktpreise für gehortetes Korn. Die Abschaffung von Nutzungsrechten traf kleine Bauern und Herdenbesitzer, sie waren zu schwach für freie Preisverhandlungen mit den Grundeigentümern. In der Folge versetzten die Maßnahmen auch der Transhumanz insgesamt einen Schlag.

Am Ende seiner Regierungszeit war der Grundbesitz in der Toskana weitgehend privatisiert – der Besitz war einzig und unteilbar, das heißt, nicht mehr von Nutzungsrechten belastet.

## Pietro Leopoldo, der Reformer

Von allen Gesetzen Leopolds des Weisen gibt es keines, das an Ruhm seinem Kodex gleichkäme.
Christian Erhard (1759-1813), Leipzig, 1791

*Franz Stephans zweitgeborener Sohn und Nachfolger Pietro Leopoldo (1765-1790) ging als großer Reformer in die Geschichte der Toskana ein. Bei seinem Regierungsantritt 1765 war er 18 Jahre alt. Er war ernst und grüblerisch veranlagt, „jung an Jahren, aber alt im Geiste." Er galt als bescheiden in der Lebensführung, als Mann vieler Interessen, sehr belesen, durchdrungen von den Ideen der Aufklärung. Schon bald sprach und „dachte" er toskanisch.*

Die „nützlichen Wissenschaften" (Wirtschaft, Medizin, Naturwissenschaften) hatten im Zeitalter der Aufklärung Hochkonjunktur. Pietro Leopoldo war hier stark engagiert. Er gründete 1755 das Naturhistorische Museum „La Specola" in Florenz mit dem astronomischen Observatorium und den berühmten anatomischen Wachsmodellen. Diese Modelle sind äußerst realistische Darstellungen des Körperäußeren und -inneren. Aufklappbare Modelle zeigen z.B. verschiedene Stadien der Schwangerschaft; Knochen, Blutkreislauf, Gedärme und Muskeln. Sie dienten als Anschauungsunterricht für angehende Ärzte; zarte Gemüter sollten sich einen Besuch überlegen. Überhaupt galt das große Interesse Pietro Leopoldos den medizinischen Wissenschaften: Er ließ im Spital Santa Maria Nuova jeden Montag und Freitag Anatomievorlesungen abhalten. In der Specola befindet sich seine Arbeitsbank für chemische Experimente. Er gab auch die Werke Galileo Galileos neu heraus.

Die physiokratischen Lehren waren der Grund für das Interesse des Großherzogs an den Sumpfgebieten an der Küste und den Flussniederungen im Inneren des Landes, vor allem des Valdarno und der Valdichiana. Pietro Leopoldo glaubte nicht, dass Wohlstand durch Industrialisierung erreicht werden könnte, vor allem da er den Niedergang der toskanischen Textilindustrie durch die ausländische Konkurrenz erlebte. Er glaubte, die wirtschaftliche Autonomie der Toskana durch eine Reform der Landwirtschaft, die Ausweitung der Ackerflächen und eine vollkommene Marktliberalisierung zu erreichen. Er strebte die sozio-ökonomische Sanierung der Toskana an; verfolgte einen ökonomischen Liberalismus und vereinfachte das Steuersystem. Er baute

Straßen und Aquädukte und förderte das Handwerk. Pietro Leopoldo scheiterte mit seiner physiokratischen Politik auf manchen Gebieten. Die Freigabe des Weizenpreises sollte den Import in Zeiten der Nahrungsknappheit sicherstellen – tasächlich aber verschärfte sie die Hungersnöte, die damals noch häufig waren.

Sofort nach seinem Amtsantritt tat Pietro Leopoldo seine Absicht kund, sowohl die Verwaltung als auch die Ökonomie der Toskana zu reformieren. Er verfolgte eine Strategie der kleinen Schritte, schritt vom Studium der Lage zur langsamen Umsetzung, zuerst lokal – zum Beispiel in der Valdichiana –, dann im ganzen Großherzogtum.

Alle Reformen Pietro Leopoldos sollten gekrönt werden durch seine Justizreform von 1786. Mit ihr bekam die Toskana das fortschrittlichste Strafrecht, schaffte als erster Staat der Welt Folter und Todesstrafe ab, drei Jahre vor Ausbruch der französischen Revolution. Die Folterinstrumente ließ er im Hof des berüchtigten Gerichtsgebäudes von Florenz, des Bargello, verbrennen. Er schaffte auch das Delikt der Majestätsbeleidigung ab. Die Reform war inspiriert von Cesare Beccaria und seinem Werk Dei delitti e delle pene (von den Verbrechen und den Strafen). Beccaria lehnte Folter und Todesstrafe ab, ein Verbrecher sollte als unschuldig gelten, solange er nicht überführt war. Kein Geständnis durfte gewaltsam erzwungen werden. Primäre Interessen waren ein humanerer Strafvollzug und eine humanere Strafgesetzgebung. Der Staat sollte nicht auf Gewalt aufgebaut sein, sondern auf Güte und Recht. Auch heute noch sind die Toskaner überaus stolz auf diesen

*Granduca: Der Tag, an dem der* Codice Leopoldino *in Kraft trat (30. November) ist der Landesfeiertag. Diese Reform ließ Pietro Leopoldo zum Mythos werden und brachte ihm die Bewunderung aufgeklärter Geister in ganz Europa ein; sein Ruf erstrahlte in den Hauptstädten ganz Europas. Pietro Leopoldo beabsichtigte die Einführung der Gewaltenteilung und eine drastische Einschränkung der Macht des Souveräns. Der Verfassungsentwurf sah die Anhörung aller Bürger auf allen Ebenen vor.*

*Bei seiner Gemeindereform schlug der Granduca Schneisen in den undurchdringlichen Gesetzesfilz aus der Medicizeit, lichtete das Dickicht an Verordnungen, Rechten, Verträgen, Privilegien. Die Zahl der Kommunen wurde auf 200 reduziert, Gemeindegrenzen neu gezogen und die feudalen Klein-und Stadtstaaten abgeschafft. Die politisch-administrative Einteilung Pietro Leopoldos ist bis in unsere Tage erhalten geblieben.*

*Er war derjenige, der 1766 dem Feudalismus auch mit dem Steuersystem ein Ende machte. Feudalherren und Kirche wurden dem Gesetz unterstellt, es gab Jurisdikiton über das Eigentum der Kirche. Die Befreiung von der Grundsteuer aufgrund antiker Privilegien in großen Gebieten wurde gestrichen. Er schaffte alle Steuervorteile der alten privilegierten Stände ab und ersetzte sie durch die* tassa di redenzione, *eine Einheitssteuer für alle. Zum ersten Mal hatten Bürger und Bauern, Bewohner der Hauptstadt und der kleineren Zentren, Patrizier und Adelige die gleichen Steuerpflichten. Er befreite Markt und Produktion von Hemmnissen, die noch aus dem vinkulistischen Staat der Medici* stammten; von den Myriaden von Zollschranken und Partikularbestimmungen.

Auch in Schule und Kultur brach unter dem Principe illuminato, dem aufgeklärten Fürsten, eine neue Zeit an. Jeder sollte lesen und schreiben lernen – ein damals sehr ambitioniertes Projekt. Hier hatte Pietro Leopoldo seine Mutter als Vorbild: Maria Theresia hatte in ihren Kronländern die Schulen reformiert und die allgemeine Alphabetisierung vorangetrieben. Pietro Leopoldo gründete die Florentiner Kunstakademie und das Konservatorium „Luigi Boccherini". Er reformierte die Universität von Pisa: Das Studium war kostenlos – damit war die Toskana der Entwicklung im Rest von Europa 100 Jahre voraus.

Pietro Leopoldo nahm den Kampf gegen die Kirche in der Toskana auf. Er stütze sich dabei unter anderem auf Scipione de' Ricci (1741-1810), den „toskanischen Papst", der mit jansenitischen Ideen sympathisierte. Der Jansenismus wollte eine vom Staat kontrollierte Kirche. Fast alle Bischöfe der Toskana verurteilten den Jansenismus und De' Ricci auf Weisung Roms: Der Jansenismus sei „häretisch, tadelnswert, schismatisch, sakrilegisch, falsch und Störung der öffentlichen Ordnung". Eine besondere Provokation Pietro Leopoldos war die Abschaffung der Inquisition und die Einführung des säkularen Strafrechts. Er behielt sich das Recht vor, die Veröffentlichung der päpstlichen Bullen und Edikte in der Toskana seiner Genehmigung zu unterstellen. Er stattete die Pfarreien mit den auf dem Index stehenden jansenitischen Texten aus. Obwohl vorsichtig gegen

Widerstände und Hindernisse handelnd, unterschätzte er letztlich die Macht der Kirche.

Der Kaiser von Österreich war von tiefem Misstrauen gegenüber den Bestrebungen des Bruders erfüllt, die Toskana vom Kaiserhaus zu lösen. Besonders der Verfassungsentwurf Pietro Leopoldos erregte sein Misstrauen. Der Absolutismus Josephs war von der Aufklärung inspiriert, trotzdem wollte er die Macht des Souveräns nicht beschnitten wissen. Er zwang seinen Bruder, nach Wien zu kommen. Dort verschwand dessen Verfassung in der Schublade. Als Pietro Leopoldo nach Josephs II Tod 1790 Kaiser wurde, blieb sie dort – die Französische Revolution war in der Zwischenzeit ausgebrochen.

Das größte Hindernis für die ökonomische Entwicklung der Toskana war das fehlende Straßennetz, mehr als die Zölle behinderten sie den Freihandel. Noch immer waren die Römerstraßen (Aurelia, Cassia) die einzig funktionierenden; seit der Antike hatte es keinen nennenswerten Straßenbau mehr gegeben. Sonst gab es unbefestigte Saumpfade und Karrenwege, die im Winter ungangbar waren. Und, am schlimmsten, auch die häufigen Hungersnöte wurden durch die Unmöglichkeit des Transports verschärft. Pietro Leopoldo baute wichtige Passstraßen: die Florenz-Bologna über den Passo della Futa, die Pisa-Modena über den Abetone, die Straße über den Passo della Consuma in das Casentino.

Pietro Leopoldo wollte die Modernisierung der Toskana auf allen Gebieten. Er umgab sich mit den besten Köpfen seiner Zeit, den besten Technikern und Agrarökonomen, wie Ximenes und Fossombroni. Aber die physiokratische Politik traf auf viele Hindernisse durch aktiven und passiven Widerstand gegen die Reformen, fehlende unternehmerische Initiative, Kapitalmangel. Unbeabsichtigte Folgen der Liberalisierung und Privatisierung war zum Beispiel die Erosion des Bodens durch verstärkte Waldrodung und der Niedergang der Transhumanz.

Mit Pietro Leopoldo war ein moderner Verwaltungsstaat entstanden, der auf den Prinzipien der Aufklärung beruhte. Die materiellen und immateriellen Spuren, die Pietro Leopoldo in der Toskana hinterließ, sind nach wie vor allgegenwärtig: Flussregulierungen und Entsumpfung, vor allem in der Valdichiana, Straßen und Brücken, Kanalisation, Spitäler, Schulen, Konservatorien, Theater, Akademien. Er hatte die Toskana in eine rationale Staatsorganisation mit liberaler, merkantilistischer Wirtschaftsordnung umgewandelt. Er hatte die territoriale Einheit der Toskana geschaffen und die mittelalterliche feudale Fragmentation der Territorien beendet. Die Staatsschulden waren unter seiner Regentschaft um zwei Drittel zurückgegangen. Nach dem Tod Josephs II 1790 musste er die Toskana verlassen, um Kaiser in Wien zu werden. Auch dort setzte er Reformen in Gang. Er starb aber bereits 1792.

# Leopoldo II (1824-1859).
## Der großherzogliche Hausvater

> *Maremma – figlia mia bella e languente*
> *Amor traeva a soccorrer Maremma.*

> *Maremma – meine schöne schmachtende Tochter.*
> *Die Liebe zu ihr gebot mir, der Maremma zu helfen.*
> *Leopoldo II, Il governo di famiglia in Toscana, 1987*

Leopoldo II (1824-1859), der letzte Großherzog der Toskana, hatte seine Kindheit während der napoleonischen Herrschaft im Exil verbracht. Er war 27, als er Großherzog wurde, als Nachfolger seines Vaters Ferdinando III (1790-1799 und 1814-1824), dessen Regentschaft von der napoleonischen Ära unterbrochen worden war.

Er wirkte im Geiste seines großen Vorbildes, des Großvaters – des *nonno* – Pietro Leopoldo. In der Toskana ist er vor allem durch das größte Projekt seiner Regentschaft, die Trockenlegung der Maremma, in Erinnerung.

"In jenem Jahr begann die größte jemals von mir begonnene Unternehmung: Die Liebe zu ihr gebot mir, der Maremma zu helfen." So beginnt Leopoldo in seinen Memoiren[35] die Beschreibung seines Mammutprojekts, die Trockenlegung der Maremma von Grosseto. Am 27. November 1828 erlässt er sein berühmtes *Motuproprio*; dieser Tag gilt heute als entscheidendes Datum für die endgültige und nachhaltige Wiederauferstehung der Maremma aus ihrer Jahrhunderte alten sozio-ökonomischen Depression.[36] Die zyklopische Unternehmung verlangte den ganzen Einsatz der großherzoglichen Verwaltung, forderte die besten Techniker und Ingenieure heraus und brauchte den unerschütterlichen Willen Leopoldos, dessen Langmut weder durch die Dauer (letztlich mehr als ein Jahrhundert) noch durch die gigantischen Kosten (von einer geschätzten Million auf 20 Millionen Goldgulden gestiegen) erschüttert wurde.

Leopoldo trug schwer an der Verantwortung für dieses Vorhaben, zweifelte am Gelingen. Er beriet sich mit den führenden Experten; doch unter denen gab es Streit. Der Doyen war Vittorio Fossombroni (1754-1844), der schon unter Pietro Leopoldo die Trockenlegung der Valdichiana geleitet hatte. 1828 war Fossombroni 74 Jahre alt. Die einzige für ihn gültige Methode war die Auffüllung der Ebene mit der Trübfracht der Flüsse, die berühmte *bonifica per colmata.* „Die Flüsse in der Ebene rufen durch geringe Neigung Wasserstau und Fäulinis hervor...", so Fossombroni. Dieser Zustand sei „unheilbar", außer durch die Mittel der Natur, das heißt durch die Ablagerungen, die die Flüsse mit sich führen. Leopoldo unternahm Reisen mit ihm, zuerst ins Chianatal, wo Großvater Pietro Leopoldo die Bonifizierung fast zu Ende gebracht hatte. „1828 im Chianatal, mit Fossombroni. Eine Provinz, die den Ruf gehabt hatte, ungesund und desolat zu sein und die zu neuem Leben erwacht war. Fossombroni führte mich. Wir schauten uns die sanierte Gegend an...". [37]

Am 9. April 1828 war Leopoldo mit Fossombroni in der Maremma. „Aus den Häusern schauten einige verwirrte und bleiche Gesichter...; Fossombroni schaute aufs Meer. Jetzt wurde die Maremma zur fixen Idee bei mir....In der Nacht schlief ich nicht, studierte Karten...In den antiken

191

Karten sieht man eine große Meeresbucht, dort wo jetzt der Sumpf von Castiglioni ist...". Dort, bei Castiglione della Pescaia, stand die Casa Rossa von Ximenes mit den Schleusen, die den Wasserstand des Sees konstant hielten. Fossombroni plante die – teilweise – Auffüllung; der See sollte zum Teil erhalten bleiben. Gaetano Giorgini (1795-1874), Mathematiker und Hydrauliker, wollte die Schleusen. Er war Anhänger der Theorie, die in der Mischung von Süß- und Salzwasser die Ursache der Malaria sah. Er stichelte in Richtung Fossombroni: „Die Auffüllung ist eine Methode, um Land zu gewinnen, die Schleusen eine Methode, um Leben zu retten."

Leopoldo berief schließlich Alessandro Manetti (1787-1865). "Nach profunden Spekulationen und vielen Experimenten eines aufgeklärten Souveräns: Der einzige Weg ist, den Ombrone in den Sumpf zu leiten und ihn so aufzufüllen", schrieb Leopoldo in seinen Memoiren. Manetti begann also mit der Auffüllung und Trockenlegung des Sees von Prile, deren Dauer er auf 22 Jahre schätzte. Und tatsächlich sollte er 1849 die – positiven – Resultate seiner Arbeiten publizieren. Auch Leopoldo engagierte sich Jahrzehnte lang in der Maremma, mit vielen Reisen, mit großer Sachkenntnis in technischen Fragen.

Er bereitete sich auch auf anderem Wege vor: Er las, sammelte und sah alle Bücher durch, die er in Archiven fand. Gleichzeitig trainierte er "reiten und gehen", damit er für alle Eventualitäten auf dem Land gerüstet wäre. "Ich gewöhnte mich an das Leben im Freien, pflegte Umgang mit den Menschen auf dem Land, mit guten Ingenieuren. Gleichzeitig ging ich aufs Land, um das Auge zu schulen, um Sümpfe zu studieren, Wasserläufe, Sandauflagerungen."[38]

Nach dem Vorbild Pietro Leopoldos strebte auch Leopoldo die *bonifica integrale* an. Er baute Wasserleitungen und Kanalisation, bohrte artesische Brunnen, pflasterte Straßen und legte Friedhöfe an. Die Ortschaft Follonica entstand neu. In zwei Modellfattorien – Alberese und La Badiola bei Castiglione (heute ein Golf- und Wellnessressort) – ließ er Reben, Ölbäume und Maulbeerbäume pflanzen, die in der Maremma noch kaum angebaut wurden.

Zu Beginn der ersten Grabungskampagne im Winter 1828 war Leopoldo II vor Ort. "Die Natur sorgte mit den Sandablagerungen für Vorarbeit...Die Seele verspürte Rührung beim Anblick der ersten Erdbewegungen, aus deren Busen aber unterträglicher Gestank stieg." Das war der Gestank der *cuora*, der Mischung aus Sand und faulenden Pflanzen, die bei vielen als die Ursache der Malaria galt. Die Grabungskampagnen waren kurz: Winter und Frühjahr. In der warmen Jahreszeit war es wegen der Malaria zu gefährlich.

Tausende von Arbeitern strömten in die Maremma. In nur 177 Tagen (und 400.000 Arbeitstagen) gruben sie die ersten 9 km des Ableitungskanals, der den Ombrone in den Sumpf leitete. Dort wurden fünf große Auffüllungssenken ausgehoben, in denen die vom Fluss gebrachten Sedimente sich setzten. Um die geklärten Wasser abzuleiten, wurde zuerst der von Ximenes begonnene Canale Maestro vor Castiglione erweitert und vertieft. Dazu kamen drei weitere Kanäle, Bilogio, San Rocco und San Leonardo, die das Wasser zum Teil heute noch ins Meer leiten, durch den von Manetti angelegten Pinienhain, in dem jetzt Campingplätze liegen. Die großen Flüsse Ombrone und Bruna (bei Castiglione) wurden hoch eingedämmt; in die Hauptkanäle mündeten die *canali diversori,* Nebenkanäle, die das Wasser aus dem Sumpf zogen. Insgesamt war das neue Kanalnetz über 800 km lang. Alle Kanäle waren mit Schleusen versehen, die einen Aufstieg des Meerwassers ins Innere verhinderten. Im raschen Fortgang der Arbeiten spiegelte sich das äußerst entschlossene Vorgehen des Großherzogs wider.

Die Bonifizierung rief grandiose Zusammenstöße Leopoldos mit den örtlichen Großgrundbesitzern hervor – den Corsini, den Gherardesca – und brachte ihm ihre immerwährende Feindschaft ein – ein Umstand, der sich für ihn am Ende seiner Herrschaft als äußerst gefährlich erweisen sollte. Die zu sanierenden Flächen wurden vom Staat zeitweilig requiriert, zu einem Jahreszins von 5 Prozent des Grundwertes. Die lange Dauer der Maßnahmen führte dazu, dass dieser Zins mit der Zeit den Gesamtwert der Flächen überstieg – Großgrundbesitzer profitierten also davon. Nach abgeschlossener Bonifizierung mussten die Grundeigentümer, um ihre Flächen zurückzubekommen, den festgelegten Preis für den Mehrwert ihrer Böden entrichten, entweder in bar oder in Naturalien. Dies führte zu erheblichen Problemen: Die Großgrundbesitzer weigerten sich, die Wertsteigerung anzuerkennen und die geforderte Summe dem *Ufficio di Buonificamento* zu entrichten. In den 1850er Jahren folgten viele Großgrundbesitzer der Maremma Bettino Ricasoli und der Anschlussbewegung an Italien. Sie trugen zum Sturz Leopoldos entscheidend bei.

Leopoldo II schildert in seinen Memoiren *Il governo di famiglia in Toscana* Zustände und Vorkommnisse während der Arbeiten. Spekulanten und Bankrotteure aller

Art waren nach Grosseto eingefallen, um am Aufschwung zu partizipieren und schnell reich zu werden

Er liefert auch eine lebendige Schilderung der zweiten Grabungskampagne in der Maremma im Winter 1929: In Grosseto waren zuerst die Arbeiter knapp, 3000 hätte man gebraucht. Schon in der ersten Kampagne 1828 berichteten die Beauftragten der Bonifizierung über Härten, Isolierung, verspätete Post, mangelnde Hilfsinfrastruktur für die Arbeiter vor Ort. Es kamen dann „alle möglichen Leute", aus der Toskana und dem (italienischen) Ausland.

Leopoldo berichtet über die Pisaner: „Sie arbeiteten im Hemd, wurden vom Tramontano, dem kalten Bergwind, frontal getroffen. Viele von ihnen husteten. Manetti, der Inspektor und Leiter der Baustelle, schickte sie an tiefere Stellen, wo der Aushub sie vor dem Wind schützte. Abends in der Hütte fanden sie Zuflucht vor der Kälte." Leopoldo visitierte Krankenstationen und Unterkünfte. In letzteren wollte man die Erfahrung von 1816/17 der Kasernen in Grosseto vermeiden, wo der Flecktyphus gewütet hatte. Spitäler und „Erholungsorte" wurden eingerichtet, gute Unterkünfte, gutes Stroh und regelmäßige Strohwechsel gehörten dazu, gutes Wasser für die Arbeiter, Suppe am Abend, Feuer und Licht – „schlecht ernährte Arbeiter frieren leicht". Wächter passten auf die Sachen der Arbeiter auf, die Hütten wurden regelmäßig „purgiert". Auch um das Seelenheil seiner Leute kümmerte sich der fromme Granduca: Er erhöhte die Anzahl der Priester für den spirituellen Dienst.

1830 war Leopoldo wieder in der Maremma, um die Arbeiten für die Wiederherstellung der alten Römerstraße Aurelia zu initiieren. Er stieß auf zahlreiche Hindernisse, wie bei Scarlino auf einen Erlenbruch, den nur die Büffel, die *bufale* überwinden konnten. Bei Piombino verschlangen „gefährliche Pfützen" Pferde und Rinder. Der Boden bei Sterpeto war auf eine Meile so hart, dass man mit dem Pickel nur kleine Brocken herausschlagen konnte. Doch der praktische Großherzog wusste Rat; er sprengte den harten Boden mit Hilfe der Artillerie aus der Festung von Grosseto. Die Arbeiter im Straßenbau waren in Kompanien zu 50, 100 oder 150 Männern vereinigt.

1831 funktionierte die Infrastruktur, die Spitäler waren gut ausgestattet, die Unterkünfte der Arbeiter inspizierte man regelmäßig. Spekulationen auf Lebensmittel und Wucher wurden unterbunden, den *ingordi grossetani*, den unersättlichen Geschäftsleuten aus Grosseto, legte man das Handwerk. Die frühe Hitze „ließ für das Leben der Arbeiter fürchten wegen des Fiebers." In einem Kraftakt wurde der Kanal deshalb am 29. Mai fertiggestellt. Nach letzten Arbeiten in der Nacht sprengte Manetti den letzten Erdwall weg, das Wasser des Ombrone floss in den Kanal. Die Arbeiter schwammen den Kanal hinunter. Vorher aber noch gab es ein Pferderennen, einen *palio* im trockenen Kanal. Sieben Prozent der Arbeiter erkrankten 1831 am Fieber.

Die Reise in die Maremma in der Jahresmitte 1858 sollte die letzte für den Großherzog sein. „Ich gab letzte Anweisungen für den letzten Stoß zur Auffüllung des *padule* von Castiglione."[39] 1859 war der Sumpf fast trockengelegt, die Maremma saniert, 80 Quadratmeilen (220 qkm) Land gewonnen.

Die heute noch so genannte lothringische Bonifizierung brachte sehr gute Resultate: Die Hälfte der Sümpfe der südlichen Maremma – 7500 Hektar – wurden zwischen 1829 und 1843 in fruchtbare Böden umgewandelt, 830 km Kanäle waren gegraben worden. Auf den neu gewonnenen Flächen entstanden 453 (!) Poderi. Außer vor Grosseto wurden große Bonifizierungen auch bei Piombino, Scarlino, vor Alberese und in der Gegend von Orbetello in Angriff genommen.

Als Leopoldo II 1859 die Toskana verlassen musste, blieben ganz im Süden, bei Orbetello, noch 1200 Hektar Sumpf bestehen. Auch hinter den Dünen von Castiglione gab es noch Reste des Sumpfs, die *Diaccia Botrona*, heute ein Schutzgebiet der RAMSAR-Konvention.

Leopoldo II hatte innerhalb von 30 Jahren das Problem der Sümpfe gelöst, wenn auch noch nicht jenes der Malaria. Dies sollte erst im 20. Jahrhundert geschehen.

### *Der großherzogliche Hausvater: Leopoldo II*

Imbiancare l'oscena pittura del Zuccari
LeopoldoII, Il governo di famiglia in Toscana, 1865

*Die obszöne Malerei des Zuccari übertünchen – Leopoldo II kümmerte sich außer um die große Entsumpfung der Maremma um viele andere große und kleine Angelegenheiten seiner „Toscanina". Federico Zuccari (1593-1609) bemalte 1576 das Innere der Kuppel des Doms von Florenz, nachdem Giorgio Vasari, der die Malereien begonnen hatte, gestorben war. Die Obszönitäten, an denen sich Leopoldo stieß und die er übermalen lassen wollte, waren die vielen nackten Figuren in der Darstellung der Hölle. Er wollte* auch die Westfassade des Doms vollenden lassen, doch „es floss nicht genug Geld." Im Palazzo Pitti gründete er die Galleria Palatina und in der Specola, dem von Pietro Leopoldo gegründeten Naturkundemuseum, die Tribuna di Galileo, die Tribüne, in der Galileos Instrumente gesammelt wurden und „sein Bildnis mit ihm in der Mitte, um ihn herum die größten Wissenschaftler" aufgehängt.

Leopoldo gründete in Florenz die „Medizinische und chirurgische Schule" im Spital Santa Maria Nuova. 1830 fand in Pisa der erste wissenschaftliche Kongress mit 400 Teilnehmern statt – das geballte Auftreten der Naturwisssenschaftler wurde von der Kirche misstrauisch beäugt.

Leopoldo beschäftigte sich mit der staatlichen Verwaltung der Bergwerke und Schmelzen des Großherzogtums. Fossombroni forderte den Erzabbau: „Gott verlangt die Ausbeutung der Minen, die Er so reich ausgestattet hat."

Auf die Regentschaft war Leopoldo II schlecht vorbereitet. Trotz seines Drängens bekam er keine adäquate Erziehung und Vorbereitung. Lediglich die Aufzeichnungen des Großvaters, des nonno, gab man ihm zu lesen, die er eifrig studierte und die die Grundlage für seine lebenslange Verehrung Pietro Leopoldos wurde. Der Vorfahr, in ganz Europa zum Mythos geworden, wurde zum großen Vorbild des Enkels.

Die spottlustigen Toskaner versahen ihn mit respektlosbissigen, wenngleich gutmütigen Spottnamen, von Canapone, dem Flachshaarigen über il Babbo wegen seines väterlich-biederen Gebarens, und – ziemlich gemein – il Broncio, die Schnute, als Anspielung auf das Kennzeichen seines Geschlechts, die berühmte „Habsburgerlippe". In der Ahnengalerie der Großherzöge der Toskana im Palazzo Pitti taucht die Lippe auf einmal auf, ab 1737, nach den Porträts der ausgestorbenen Medici.

Leopoldo stand wie sein Vorbild in der Tradition der Aufklärung. Mit paternalistischem Gestus gab er den „guten Vater", das Familienoberhaupt aller Toskaner. In seinen großartigen, nach seiner Abdankung im Exil geschriebenen Memoiren Il governo di famiglia in Toscana [40] („Die Familienregierung in der Toskana") schrieb er folgerichtig, ..."dass ein Staat nichts anderes wäre als eine große Familie unter einem Vater oder einem Patriarchen, oder einem Souverän."

Leopoldo II zeichnete sich nach vielen Kommentatoren aus als ein der Milde zugeneigter, etwas antiquierter Kavalier mit gutmütigem Temperament und zögerlichem Charakter. Andere waren rigoroser in ihrem Urteil: „Großherzog Leopoldo II war alles andere als der aufgeklärte und unternehmerische Großherzog, als der er immer beschrieben wird. Er verstand sein Jahrhundert nicht, das nicht mehr jenes der paternalistischen Reformer war, sondern des aufstrebenden Bürgertums und des aufständischen Nationalismus...Er war ...ein anachronistischer Aufklärer".[41] Der Historiker Zeffiro Ciuffoletti meint: „Seine Politik der guten Verwaltung, der öffentlichen Arbeiten zum Wohle der Untertanen, wie sein Mangel an Mut, seine Bigotterie, war Ausdruck jener Nabelschnur, die ihn im Grunde an die Politik Metternichs und an die habsburgischen Ideale band."[42]

Überhaupt war die Toskana „ständiger Stachel im Fleisch Metternichs."[43] Dieser schaute mit misstrauischem Auge nach Florenz, wollte die Toskana am kurzen Zügel halten. Leopoldo stand im Verdacht, er würde Liberale, Demokraten, Konstitutionalisten zu wenig im Zaum halten. Auch Fossombroni, der Entsumpfer der Valdichiana, erregte den Verdacht Metternichs. Fossombroni war zwar liberal und Konstitutionalist, aber kein Revolutionär, wie sich später herausstellen sollte. Die dottorini, wie er die Ideologen der italienischen Einheit nannte, waren ihm suspekt. Obwohl Aufklärer und der menschlichen Vernunft vertrauend, war er gegen politische Zugeständnisse liberalen Kräften gegenüber. Als Ministerpräsident förderte er die Wissenschaften, die Accademia della Crusca mit dem toskanischen Wörterbuch, unpolitische Literatur. Er war so etwas wie ein repressiver Aufklärer – ein Widerspruch, in dem ihm auch der Großherzog folgte. Der verbot, zur Beruhigung Metternichs, die Antologia, die Zeitschrift der geistigen Elite der Toskana, herausgegeben von Vieusseux, deren wichtigstem Kopf.

Und doch trieb Leopoldo nach dem napoleonischen Stillstand die Modernisierung der Toskana voran, ging eine Fülle von Aufgaben an, mit dem Willen zur Veränderung. Er baute und erneuerte Straßen (z.B. die Aurelia), die ersten Eisenbahnen, baute die Stahlindustrie auf. Doch ist er in der Toskana vor allem durch das größte Projekt seiner Regentschaft in Erinnerung, die Bonifizierung der Maremma.

# Flussumkehr.
## In der Valdichiana

*Qual dolor fora, se delli spedali*
*Di Valdichiana tra 'l luglio e 'l settembre*
*E di Maremma e di Sardigna e mali*
*Fosser in una fossa tutti insembre*
*Tal era quivi, e tal puzzo n`usciva*
*Qual suol venir delle marcite membre.*

*Als ob aus Valdichianos Hospitälern*
*Die Seuchen all vereint mit denen wären*
*Aus der Maremma und Sardiniens Tälern,*
*Wie sie im heißen Heu- und Herbstmond gären,*
*So schrie es hier, und aufwärts kam gezogen*
*Ein Stinken wie von eitrigfaulen Schwären.*
*Dante Alighieri, Divina Commedia, Inferno XXIX, 1321*

Auf der Karte der Valdichiana von Leonardo da Vinci aus dem Jahr 1503 ist fast die gesamte Talsohle vom *padule* bedeckt, von Sumpf und See; viele Zuflüsse von der Ost- und Westseite bringen immer neue Wassermassen ins Tal. Der Padule war vom Ende der Antike bis ins 18. Jahrhundert als Quelle der Malaria gefährlich – nicht umsonst liegen die Siedlungen am Hang über dem Talboden.

Dante siedelte den Höllenort der *spedali*, der mittelalterlichen Spitäler, in den drei „klassischen" Malariagebieten Maremma, Chianatal und Sardinien an. Auf den Gestank „wie von eitrigfaulen Schwären", auf die schlechte Luft, die *mala aria*, führte man die Krankheit zurück; an der

Küste auch auf die Mischung von Süß-und Salzwasser. Niemand vermochte sich zu dieser Zeit den wahren Erreger vorzustellen: das im Blut schmarotzende Geißeltierchen *Plasmodium distichum* mit seinem komplizierten Lebenszyklus, mit dem Menschen als Zwischenwirt und der Malariamücke Anopheles als Wirtstier.

Das Chianatal, das sich im Osten der Toskana von Norden nach Süden zieht, ist altes Etruskerland – hier gründeten sie drei ihrer Stadtstaaten: Arezzo, Cortona und Chiusi. Hier wie in der Maremma schafften es die Etrusker, stehende Gewässer im Talboden trockenzulegen und damit das Tal malariafrei zu halten. Sie bauten Weizen an – das Tal galt als die „Kornkammer Etruriens", beschrieben von Strabo, Tacitus und Plinius. Die Etrusker kanalisierten den Fluss *Clanis* und machten ihn dadurch schiffbar. Damals floss er noch nach Süden in den Tiber.

Ab dem 4. Jahrhundert drängten die Römer ins Tal, führten Schlachten gegen die Etrusker, trieben aber auch Handel und verschmolzen mit ihnen. Sie setzten im 2. Jahrhundert die Kanalisierung des Clanis fort, um seine Schiffbarkeit zu erhalten; der Korntransport nach Rom war wesentlich für die römische Wirtschaft. Ortsnamen wie *Nave* oder *Porto* erinnern an die Zeit, als der Chiana schiffbar war. Die Römer führten die Zenturiation der landwirtschaftlichen Flächen durch, bauten Hirse und Dinkel an; auf den Hängen über dem Talboden auch Wein und Oliven.

Gegen Ende der Kaiserzeit verfiel mit dem Kornpreis die Landwirtschaft; der Niedergang der römischen Kultur hatte begonnen. Zur Zeit der Völkerwanderung verfielen die Kanäle, das Tal versumpfte erneut. Die Bevölkerung wich vor der Malaria zurück in die Hügel.

Im 6. Jahrhundert kamen die Langobarden, im 9. und 10. Jahrhundert die Franken. Im Jahr 786 zog Karl der Große durch das Chianatal gegen Rom. Das Tal lag in jeder Epoche im Fokus der Mächtigen.

Im Mittelalter breiteten sich Sumpf und See immer weiter aus. Die geringe Neigung des Talbodens und Aufschüttungen der Flüsse aus den umgebenden Hügeln hoben den Wasserspiegel an; der Clanis wurde auf großen Flächen zum stehenden Gewässer. Die Wasserscheide schwankte – das Wasser floss ab Pulciano nach Norden ab, nach großem Hochwasser aber Richtung Süden, zum Tiber.

Im Jahr 1384 geriet das Chianatal unter die Herrschaft der Medici. Sie begannen mit dem Bau des *Canale Maestro*, der heute noch das Tal entwässert. Ab 1525 begannen sie, den Kommunen Flächen zu einem äußerst geringen Pachtzins in immerwährender Pacht zu überlassen – mit der Bedingung, die überlassenen Flächen zu entsumpfen (*allivellamento*). Eine Myriade kleiner Auffüllungen setzte ein, welche die Situation oft noch verschlimmerten. Clemens VII, ein Medici-Papst, schickte Antonio da Sangallo in die Valdichiana, zur Ausarbeitung eines Gesamtplans. Sangallo kam damit nicht weit, doch zeugt die berühmte Renaissancekirche von San Biagio bei Montepulciano in anderer Hinsicht von seinem Wirken dort.

## Leonardo und die Valdichiana

Die „Dame mit dem Hermelin" und die „Mona Lisa" hätten ausgereicht, um Leonardo da Vinci (1452-1519) als Maler unsterblich werden zu lassen. Doch das Universalgenie Leonardo war auch Anatom, Ingenieur, Mathematiker, Bildhauer und Architekt. In seiner Naturphilosophie beschäftigte Leonardo sich vor allem mit dem Wasser. Er wollte wissen, warum es regnet, wie sich Wolken bilden, suchte nach dem Grund für Ebbe und Flut, der Ursache von Wellen. Als Ingenieur konstruierte er Boote, plante Kanäle und baute Anlagen zur Bewässerung von Kulturen. Die Kräfte der Natur zu nutzen, um das Leben der Menschen zu erleichtern, war eines seiner Prinzipien.

In seinem bewegten Leben ergab es sich, dass ihn Cesare Borgia, Feldherr und Papstsohn, 1500 oder 1501 als Militäringenieur an den Hof von Montefeltro in Urbino holte, wo er sich einquartiert hatte. Von dort aus bereiste Leonardo Mittelitalien, inspizierte Festungsanlagen, plante die Trockenlegung der Sümpfe von Pombino an der Küste. Am Hof des Fürsten traf Leonardo bekannte Persönlichkeiten, darunter den Philosophen Niccolò Macchiavelli, der von Florenz als Abgesandter an den Hof des Fürsten kam. Man geht davon aus, dass Macchiavelli in seinem machttheoretischen Buch Il Principe – Der Fürst – Cesare Borgia zum Vorbild nahm.

Leonardo unterstützte die Feldzüge des Fürsten durch Militärkarten – die Kartographie war eines seiner großen Talente. Als Cesare Borgia, der illegitime Sohn eines Papstes und selbst Kardinal, den Aufstand von Arezzo gegen das

antipäpstliche Florenz unterstützte, war genaue Informa-
tion über das Chianatal gefragt. Die von Leonardo angefer-
tigte Karte – heute behütet in der Windsor Royal Library –
hatte demnach primär strategische Funktion. Die Zeichnung hat den Charakter einer Luftaufnahme, wahrscheinlich hatte Leonardo den Glockenturm von  Foiano della
Chiana bestiegen.

Der Talboden ist von Sumpf und See bedeckt, aus dem A-
pennin und den Bergen des Chianti strömen Seitenflüsse ins
Tal. Rechts oben ist der Trasimenosee zu erkennen; ganz
oben der Oberlauf des Tiber. Mit großer Detailtreue malte
Leonardo Hügel, Bäche und die Borghi der Valdichiana:
Arezzo, Montepulciano, Cortona, Chiusi. Man kann davon
ausgehen, dass Leonardo bei der Anfertigung seine wasser-
baulichen Pläne im Kopf hatte: Er plante einen Kanal von
Florenz bis zum Meer, dazu sollte das Wasser im Chianasee
gestaut werden, um in Trockenzeiten genügend Wasser
durch den Kanal fließen zu lassen. Der Kanal blieb ein Plan.

In seinen Gedanken beschäftigte Leonardo die Valdichiana
Leonardo sehr. So verschwindet im berühmtesten seiner
Bilder, der Mona Lisa, ein Fluss über deren rechter Schulter
in einer Schlucht – wahrscheinlich der Canale Maestro in
der Val di Chiana. Im Arnotal, auch in der Nähe von Arezzo,
stehen Felsformationen – Sand, Ton und gebankte Kiesel –
die Balze di Reggello – die den Hintergrund im bläulichen
Licht der Ferne der Mona Lisa und einem anderen berühmten Bild, der „Felsgrottenmadonna", bilden.

Großherzog Ferdinando I dei Medici (1549-1609) war, was die Trockenlegungen angeht, einer der Aktivsten seiner Dynastie, im Arnotal wie in der Valdichiana. Dort veranlasste er den Ausbau des Canale Maestro und begann mit dem Bau von großherzoglichen Fattorien (zuletzt waren es elf) auf neu entsumpften Böden. Damit waren große Flächen der Valdichiana im Privateigentum der Medici – verwaltet vom *Scrittoio delle Regie Possessioni*. 1561 dann beauftragte Cosimo I den Orden der Ritter von St. Stefan mit der Verwaltung von vier der Fattorien; Acquaviva, Montecchio, Foiano, Fontarronco. Das rote Kreuzwappen des Stefansordens ist an manchem alten Podere noch zu sehen. Cosimo nahm auch ein Problem in Angriff, das erst 1780 eine Lösung finden sollte: die Grenzziehung zum Kirchenstaat. Antonio Ricasoli sollte die Grenze definieren, scheiterte aber an der Dynamik der Wasserscheide – je nach Wasserstand floss das Wasser zwischen dem Hafen von Pulciano und Brolio mal nach Norden gegen den Arno, mal nach Süden Richtung Tiber.

Im 17. Jahrhundert stritten sich die Gelehrten, in welche Richtung das Wasser am zweckmäßigsten abfließen sollte. Enea Gaci wollte das Tal durch den ausgebauten und eingetieften Canale Maestro Richtung Arno lenken, vorbei an der Sperre der *Chiusa dei Monaci*, der Mönchsklause. Diesem Plan stimmte auch Galileo zu. Doch es gab auch Kritik, denn die Florentiner fürchteten Überschwemmungen, sollten die Wasser des gesamten Chianatales in den Arno münden und nach Florenz fließen.

Großherzog Cosimo III dämmte zwischen 1690 und 1723 den wichtigen Seitenfluss Foenna ein, sicherte die Schiffbarkeit des Kanals und errichtete das heute noch bestehende Schleusenwerk, den *Callone di Valiano*.

In der zweiten Hälfte des 18. Jahrhunderts trat Pietro Leopoldo auf den Plan. Ihm und Leopoldo II, dem Enkel, sollte die endgültige Trockenlegung des Chianatales gelingen. Längs des Kanals gab es große Flächen, die sogenannten *comunanze*, gemeinschaftliche Weidegründe. Sie sollten bonifiziert und in Äcker umgewandelt werden. Auch die Seen von Montepulciano und Chiusi, die Leonardo auf seiner Karte gezeichnet hatte, sollten trockengelegt werden. Pietro Leopoldo verfolgte auch hier, ähnlich wie in der Maremma, ein Konzept der *bonifica integrale*, die zusammen mit der hydrographischen Frage auch die sozioökonomischen Aufgaben in Angriff nahm, wie die Bekämpfung der Malaria, die dauerhafte Besiedelung des Tales, Wegebau und Wasserleitungen. Auf den großherzoglichen Fattorien führte Leopoldo führte die Mezzadria ein. Ein besonders gelungenes Beispiel dieses *appoderamento*, der Aufteilung von Gründen in Poderi, befindet sich nahe der Fattoria von Montecchio, von der aus der *filone*, ein Schotterweg, nach Westen führt, in den trockengelegten Talboden. Die Straße ist gesäumt von großzügigen leopoldinischen Bauernhäusern, mit Türmen und Loggien, außen prunkt das Wappen des Stefansordens.

Im Jahr 1780 schaffte Pietro Leopoldo die Lösung des Jahrhunderte alten Problems der Grenzziehung zum Kirchenstaat, in einem Staatsvertrag, nach Verhandlungen mit Papst Pius VII. Er schuf die heute noch existierende künstliche Wasserscheide, einen Damm, der in der Nähe des Bahnhofs von Chiusi zu sehen ist. Seitdem leitet der Canale Maestro alles Wasser der Valdichiana über die Chiusa dei Monaci in den Arno, auch jenes des Flusses Trezza, der einst in den Trasimener See gemündet war. Die schwankenden Grenzen zwischen Wasser und Land, der amphibische Charakter des Tales, waren weniger geworden.

Pietro Leopoldo verfolgte eine Politik der „Visitationen"; 1769 bereiste er das Chianatal. Sein Enkel Leopoldo II sollte diese Gepflogenheit wieder aufnehmen. Er verfasste einen Bericht über Schwierigkeiten und Widerstände, vor allem jene der Kirche, als Folge der Enteignungen der „Toten Hand".

In den folgenden Jahrzehnten stieg das Chianatal wieder zur Kornkammer auf, wie zu Zeiten Etruriens. Von 5200 Zentner Weizen im Jahr 1765 stieg die Produktion gegen Ende des 18. Jahrhunderts auf 100.000 Zentner.

Leonardo Ximenes verfasste im Jahr 1769 seinen Bericht über die Valdichiana. Er wollte keine *colmate*, keine Auffüllungen, sondern den Ausbau des Canale Maestro und die Absenkung der Chiusa dei Monaci. Perelli, ein Wasserbauingenieur, befürchtete Überschwemmungen in Florenz. Er gewann das Ohr Pietro Leopoldos, während Ximenes es verlor.

Pietro Leopoldo erteilte Fossombroni 1788 den Auftrag, das Tal aufzufüllen. Fossombroni diente auch Leopoldo II.

Mit Leopoldo II gingen die Arbeiten mit neuem Schwung voran. Bis 1827 waren 10.000 Hektar saniert, die Via Cassia instand gesetzt, die Chiusa dei Monaci abgesenkt. In jenem Jahr visitierte Leopoldo II das Tal. In seinen Memoiren schreibt er: "Mit Fossombroni in der Valdichiana – einer Provinz, die den Ruf hatte, ungesund und trostlos zu sein, und die zu neuem Leben erwacht war. Fossombroni führte mich". Sie sahen sich die sanierte Gegend an: "Die *Bozze chiusine*, ein kleines Flüsschen, war trocken gelegt;

die Flächen zu gesunder Erde geworden. Nachts entzündeten sich die Lichter: Man sah die vielen neuen Bauernhäuser, die Fattorien, Burgen, Türme, Städte. Der alte Fossombroni weinte."

Der pragmatische Manetti begann 1838 mit weiteren Maßnahmen, mit einer Kombination von Methoden, mit Auffüllungen (mit der heute noch aktiven *Colmata* von Brolio), mit der Eintiefung der Chiusa dei Monaci und des Canale Maestro um ganze vier Meter.

Unter Mussolini wurde die Bonifizierung abgeschlossen, unter anderem mit einem künstlichen Bett für den großen Nebenfluss Foenna.

Heute dominiert im Chianatal eine höchst intensive Landwirtschaft mit Getreide, Tabak, Sonnenblumen – und allen dazugehörenden Problemen.

# Aal im Kanal. Entsumpfung des Valdarno

*...navigai di poi il padule di Fucecchio, navigai le sue fosse.*
*1851...nei primi di settembre ...*
*presi a visitare il...lago di Bientina...(per) accertare*
*l'ultime idee intorno al progetto per prosciugar Bientina.*

*...ich befuhr dann den Sumpf von Fucecchio;*
*ich befuhr seine Wassergräben.*
*1851...in den ersten Septembertagen...*
*visitierte ich den See von Bientina...um die*
*letzten Ideen rings um das Projekt,*
*Bientina trockenzulegen, zu klären.*
*Leopoldo II, Il governo di famiglia in Toscana , 1987*

Das Valdarno ist kein klassisch-schönes Sehnsuchtsziel der Toskanareisenden, es ist dicht besiedelt, Industriefolgt auf Gewerbegebiet. Einst war das Untere Arnotal westlich von Florenz eines der drei großen Sumpfgebiete der Toskana, neben der Maremma und dem Chianatal.

Von Florenz nach Westen fließend, muss sich der Arno zunächst durch den querliegenden Bergrücken des Monte Albano schneiden; er tut dies mit einem eleganten *S*, um sich dann bei Empoli in das weite untere Arnotal zu ergießen. In großen Schwüngen erreicht er nach weiteren 50 km Pisa; die Stadt begrüßt er mit einer besonders großen Flussschleife, um weiter westlich in das Tyrrhenische Meer zu münden. Schon ein Blick auf die heutige Karte verrät: Hier windet sich ein Tieflandfluss bei geringem Gefälle durch das flache Land. In alter Zeit, bevor man ihn gebändigt hatte, überschwemmte der Arno bei Hochwasser das Tal, dabei verlagerte er gerne seine Mäander.

Das Land im Überschwemmungsgebiet war für die Land-wirtschaft schlecht nutzbar. Damit noch nicht genug: Im Norden befinden sich zwei ausgedehnte Senken, einst gefüllt mit großen Flachwasserseen, dem Lago di Fucecchio, nördlich der gleichnamigen Stadt gelegen und, westlich davon, durch die Hügel der Cerbaie getrennt, der Lago di Bientina, der sich bis hinauf nach Lucca erstreck-te. Mehrere Zuflüsse aus den Bergen speisten die Seen, nach Süden zum Arno hin entwässerte jeweils ein Fluss die beiden Gewässer. Das Charakteristikum beider Fließ-gewässer war, dass sie, wenn der Arno Hochwasser führ-te, ihre Fließrichtung änderten; somit Wasser flussauf-wärts in die Seen brachten, die dann bei gehobenem Was-serspiegel das Umland überfluteten, zum Leidwesen der Anlieger.

Auch hier gibt es eine lange Geschichte der Bemühungen, das Wasser des größten Flusses der Toskana unter Kon-trolle zu bekommen. Ernsthaft damit begonnen hat im 16. Jahrhundert Cosimo de' Medici, der erste Großherzog der Toskana, gefolgt von Großherzog Pietro Leopoldo und dessen Nachfolger Leopoldo II – doch erst im 20. Jahr-hundert, unter Mussolini, konnte der Wasserbau vollen-det werden.


*Kanäle, Schleusen, Pumpen.*
*Kleine Methodologie der Entsumpfung.*

*In der Toskana kamen verschiedene Methoden der Trock-enlegung zum Einsatz; zwischen den Experten gab es dar-über heftigen Methodenstreit.*

Die älteste Methode war der Aushub von Kanälen zum Abfluss des stehenden Wassers; diese „toten" Gewässer flossen dann in einen Vorfluter, einen Fluss oder Kanal. Die großen Kanäle bekamen ihrer Bedeutung entsprechende Namen: Canale Maestro *in der Valdichiana,* Canale Reale *(königlicher Kanal) in der Maremma oder gar* Canale Imperiale *(kaiserlicher Kanal) im Arnotal.*

Bis zur Erfindung elektrischer Pumpen gab es nur einen Weg, um Senken trockenzulegen, die durch Kanäle nicht entwässert werden konnten: die höchst aufwändige bonifica per colmata *(„Trockenlegung durch Auffüllung"). Hier wurde ein Gewässer in eine Senke geleitet, um dort seine Trübfracht (Sand, Schlick) abzusetzen. Im Laufe von Jahrzehnten füllte sich der Talboden auf. Wegen der großen Erdarbeiten war die Colmata äußerst kostspielig. Teuer und mühsam war auch der Bau des Kanals, mit Hilfe dessen das Hochwasser in die zu füllende Senke gelangte und des Ableitungskanals, durch den die geklärten Wasser abflossen. Praktisch überall im Inneren der Toskana griff man zu dieser Methode, besonders in der Valdichiana, wo man schon Mitte des 18. Jahrhunderts auf diese Weise 2500 Hektar trockengelegt hatte. Dort gibt es auch ein letztes aktives Auffüllungsbecken auf der Höhe von Brolio. Im 18. Jahrhundert war Pietro Leopoldo ein Anhänger, er überwarf sich deshalb mit seinem Chefingenieur Ximenes und wandte sich Fossombroni zu, dem bedeutendsten Verfechter dieser Methode.*

Ximenes nämlich war ein Anhänger der Trennung der Wasser (separazione delle acque). *Die Mischung von Salz- und*

*Süßwasser, die davon kommende Luft, galt lange Zeit als Ursache der Malaria: Wenn das aufnehmende Meer große Gezeitenschwankungen aufweist und Salzwasser durch den Kanal ins Innere des Landes aufsteigt, müssen Süß- und Salzwasser getrennt werden. Durch den Bau von Schleusen wird das Süßwasser ins Meer geleitet (bei offenen Schleusen) und die Rückflutung des Salzwassers verhindert (bei geschlossenen Schleusen). Das geschah bei der Casa Rossa von Ximenes bei Castiglione della Pescaia. Mancherorts versuchte man es auch mit dem* sistema olandese, *also mit Windmühlen, die Pumpen betrieben, die das Wasser in einen höher gelegenen Kanal hoben.*

*Alle Experten sagten aus, sie würden ihre Methoden den jeweiligen Gegebenheiten anpassen. In Wirklichkeit hatte jeder seine Präferenzen und Überzeugungen. Nur Alessandro Manetti, von Leopoldo II zum Nachfolger Fossombronis berufen, erzielte durch pragmatisches Vorgehen außergewöhnliche Resultate – durch Auffüllung in der Maremma, mit dem Arnodurchstich in Bientina, mit einer Kombination von Methoden in der Valdichiana.*

Schwerpunkte der Bemühungen im Valdarno waren über Jahrhunderte die beiden nördlich des Flusses gelegenen Seen. Dafür gab es drei Motive: Landgewinnung, Hochwasserschutz und Fischerei. Das letzte Motiv war den ersten beiden gegenläufig.

Im Mittelalter wand sich der Usciana, der Abfluss aus dem Lago di Fucecchio, bis zum Arno. An ihm lagen viele Mühlen. Boote und Plätten transportierten Waren aus dem

Seegebiet zum Arno und weiter nach Pisa. Über einen der wenigen Übergänge, die Brücke in Ponte a Cappiano, führte der wichtigste Pilgerweg des Mittelalters, die *Via Francigena*, die Frankenstraße. Die Kontrolle der Brücke lag in der Hand des Hospitalsordens von Altopascio. Nach einem Konflikt zwischen Lucca und Florenz zerstört und 1325 wiederaufgebaut, erhielt die Brücke einen Wachtturm. Beides ist festgehalten in einer Skizze von Leonardo da Vinci, dessen Heimatort Vinci unweit von hier am Fuß des Monte Albano liegt.

Über die wasserwirtschaftlichen Ziele im Umgang mit dem See war man sich uneins: Einerseits brachte der Fischreichtum dem Souverän große Einnahmen, vor allem aus der Verpachtung der Fischereirechte. Dem gegenüber standen die Interessen der Bevölkerung – die Gewinnung von landwirtschaftlichen Flächen und die Absicherung gegen Überschwemmungen. Auch lag den Leuten die Eindämmung der Malaria am Herzen. Zwar kannte man den Erreger und somit die eigentliche Ursache noch nicht, doch ein Zusammenhang der Seuche mit ausgedehnten Feuchtgebieten war eine altbekannte empirische Erfahrung.

Als das Gebiet 1435 unter die Herrschaft der florentinischen Republik gelangte, zeigten die Medici Interesse vor allem an der ergiebigen Aalfischerei. Der Aal, dieser weit verbreitete Fisch des Atlantiks, fand in den Flachwasserseen am Arno beste Wuchsbedingungen. Zwar waren seine Wanderungen über die Flüsse bis in das Meer bekannt, doch niemand ahnte, dass Aale dann noch einen weiten Weg vor sich hatten, vom Mittelmeer durch die Meerenge von Gibraltar, hinaus in den Atlantik bis in die

Nähe des Bermudadreiecks, um sich endlich im schwimmenden Seetang der Sargassosee fortzupflanzen.

Die Medici errichteten ein gemauertes Fischwehr, die *pescaia*, neben der Brücke von Cappiano, um den Fischfang aus dem Fluss zu erleichtern und um die Fische zu hältern. Das monumentale Gebäude war mit Schleusen versehen und mit Einfassungen, die den Abfluss des Wassers zum Fischfang über bestimmte Durchlässe erzwangen. Im 16. Jahrhundert, zur Zeit Cosimos, holte man jedes Jahr über 65 Tonnen Fisch aus dem See – Hechte, Schleien – und 13 Tonnen Aale an der Brücke. Das heutige Brückengebäude mit seinem Laubengang stammt von Bernardo Buontalenti (1531-1608), einem Architekten der Medici. Daneben versuchten die Medici aber auch, durch Bonifizierungen Land zu gewinnen, sie errichteten ähnlich wie in der Valdichiana großherzogliche Fattorien: Altopascio, Bellavista, Terzo, Case, Stabbia, Colle und Castelmartini. Letztere liegt heute im Naturschutzgebiet Padule di Fucecchio, in der Nähe des restaurierten Hafens, des *porto mediceo.*

Der Rückstau an den Fischschleusen an der Brücke führte zu Protesten in der Bevölkerung, die ihre Felder bedroht sahen und eine Ausbreitung der Malaria befürchteten.

Noch 1756 gab es in der Valdinievole, einem nördlichen Seitental des unteren Valdarno, Hunderte von Malariatoten. Noch war die Ratlosigkeit über die Ursachen der Malaria groß: Der Gelehrte Giovanni Targioni Tozzetti (1712-1783) gab den stinkenden Dämpfen, den *pestifere esalazioni,* der Thermalwässer von Montecatini die Schuld.

Eine neue Ära begann im Valdarno wie in der Valdichiana mit dem habsburgischen Großherzog Pietro Leopoldo. Im Jahr 1780 griff er zu radikalen Maßnahmen, demolierte das Fischwehr am Ponte a Cappiano, erneuerte die Schleusen, um das Aufsteigen der Hochwasser des Arno in das Seegebiet zu verhindern, reparierte die Kanäle.

Leopoldos Ziel war es, den See von Fucecchio mit seinem Gürtel an sumpfigen Flächen zu bonifizieren. Doch wurde die Trockenlegung des gesamten Sees nie vollendet. Die Planungen von 1898, die Kanäle und Pumpenwerke vorsahen, die das Wasser in den Arno leiten sollten, führten zum Protest des flussabwärts gelegenen Pisa, das Überschwemmungen fürchtete. Noch 1900 kam es in der Gegend zu einer Malariaepidemie.

Erst nach 1920 ergriff das faschistische italienische Regime entscheidende Maßnahmen, mit 20 km neuen Entwässerungskanälen und der Eindämmung des Usciana bis zum Arno. Dabei verlagerte man den Fluss vom Talboden an den Bergfuss und verlängerte dabei seinen Weg bis zum Arno um ein gutes Stück.

Vom einstigen See blieb nur mehr ein kleiner Rest erhalten, der heute mit seinen Schilfzonen als ein kostbares Feuchtgebiet von 1800 Hektar unter Schutz steht – es ist das größte Wasservogelschutzgebiet in Italien. Die Wasserfläche schwankt auch heute noch – besonders im Winter steht Wasser in angrenzenden Feldern. Vom Informations- und Bildungszentrum in Castelmartini führen Naturlehrpfade in den Padule. Im Winter ist der See Rastgebiet für Zugvögel: Rohrweihen, Scharen von Enten der verschiedensten Arten, Reiher, Rohrdommeln; auch Eisvögel finden sich ein. Dem Naturschutzbeauftragten Alessio Bartolini ist die Wasservogeljagd rundum ein Dorn im Auge: 1400 Jäger gibt es allein in der Stadt Fucecchio. Jagd mit der Flinte ist ein populärer Sport.

Zuerst hieß der einstmals größten See der Toskana Lago di Sesto, durch die Lage am sechsten Meilenstein an der alten Römerstrasse von Lucca hinunter ins untere Arnotal. Später war er besser bekannt als Lago di Bientina, benannt nach dem gleichnamigen Städtchen wenige Kilometer vom Arno entfernt. Heute führt dort die Strada *Provinciale Nr. 3* nach Norden, durch Gemüsekulturen und Felder; sie lässt nicht erahnen, dass man am einstigen Seegrund fährt.

Der große Flachwassersee war zur Hälfte Sumpf, also Schilfgebiet, zur anderen Hälfte offenes Wasser. Feuchtgebiete dieser Art heißen in der Toskana *chiari*. Manche Seen und Sümpfe sind erst in historischer Zeit entstanden, durch die große Dynamik an der Küste, mit Abtragungen, Aufschwemmungen und dem Rückstau des Arno. Für die Zeit vor dem 8. Jahrhundert ist am Ort des späteren Lago di Bientina kein See nachgewiesen.

Die Grenze zwischen der unabhängigen Republik – dem Stadtstaat – von Lucca und dem Großherzogtum Toskana verlief mitten durch den See von Bientina, von Altopascio im Nordosten bis Tiglio im Südwesten. Altopascio, mit seinem alten *spedale* an der Frankenstraße, der Fattoria Granducale und dem Hafen, war der bedeutendste Ort am See. Von dort aus fuhren Schiffe und Barken die Wasserstraße nach Norden bis vor Lucca.

Der See selbst stellte die Obrigkeit vor das bekannte Dilemma: Fischreichtum gegen Landgewinnung und Malariabekämpfung. Am ergiebigsten war die Fischerei; Bientina verpachtete die Fischereirechte an Meistbietende. Eine weitere Einnahmequelle war das Schilfstroh, es war begehrt für die Dächer der Häuser. Doch auch hier behielt die Landgewinnung letztlich Oberhand: Leopoldo II legte den See von Bientina im 19. Jahrhundert trocken. Geblieben sind zwei kleine Reste des einstigen Feuchtgebietes: der Bottaccio und der Bosco di Tanali, ein Schwarzerlenwald mit hohem Grundwasserstand, in dessen Wassergräben sich Enten und Watvögel tummeln. Beide Restflächen sind Schutzgebiete in der Obhut des WWF Italien. Einige imposante Bauwerke zeugen noch von den Mühen der Trockenlegung. Oft begegnet man den Namen der Geschichte der toskanischen Bonifizierungen: Leonardo Ximenes, Vittorio Fossombroni und Alessandro Manetti.

### Die leopoldinischen Ingenieure

Il mondo va da sè.
Die Welt dreht sich von selbst.
Vittorio Fossombroni

*Unter all den Ingenieuren, Technikern, Planern und Architekten im Dienste der beiden Großherzöge Pietro Leopoldo und Leopoldo II ragen drei Männer heraus:*

*Leonardo Ximenes (1716-1782)*

*Ximenes war ein Gelehrter in der Toskana des 18. Jahrhunderts. Geboren 1716 in Trapani als Spross einer spanischen Adelsfamilie, trat er früh in den Jesuitenorden ein. Seine*

218

Interessen galten der Astronomie, der Mathematik und Physik, der Kartographie und der Hydrologie.

In seinem für die Zeit neuartigen Konzept der bonifica integrale war die Trockenlegung der Sümpfe nur der erste Schritt zum Aufbau einer Zivilgesellschaft, vor allem musste eine Reihe von sozio-ökonomischen Maßnahmen ergriffen werden.

Ximenes war zunächst Mathematiklehrer im Haus des Marchese Riccardi in Florenz. Bald schon wurde Pietro Leopoldo auf ihn aufmerksam, er beauftragte ihn 1750 mit der topographischen Kartographierung der Toskana. Ab 1766 zum matematico regio, zum königlichen Mathematiker, ernannt, folgte ein Jahr später die Ernennung zum geografo regio, zum königlichen Geographen.

Seine schwierigsten Großprojekte waren die Drainage des Sees von Bientina nördlich des Arno, die Sanierung der Arno-Ebene vor Pisa, die Trockenlegungen in der Valdichiana und in der Maremma. In der Maremma, in der Ebene vor Castiglione della Pescaia, steht heute seine berühmte casa rossa, das Schleusenhaus, gleichsam als Monument des Jahrhunderte während Kampfes gegen die Sümpfe. In seinem kleinen Museum wird die Geschichte der Entsumpfung erzählt. In der Valdichiana stehen die leopoldine, damals moderne Bauernhäuser, nach der Entsumpfung des Talbodens von Ximenes entworfen, ganz im Sinne seiner bonifica integrale.

Der Hauptkanal in den Ebenen des Valdarno heißt, seiner großen Aufgabe entsprechend, Canale Imperiale (oder di

Serezza). Pietro Leopoldo ließ ihn Mitte des 18. Jahrhunderts ausheben, um den See von Bientina trockenzulegen, nach Plänen von Ximenes. Im kleinen Ort Riparotto stehen die beiden Schleusengebäude aus dem Jahr 1757, sie standen über dem an dieser Stelle zweigeteilten Canale. In jedem der Gebäude gab es fünf Schleusen, die den Aufstieg des Hochwassers vom Arno zum See von Bientina verhinderten. Die Ausstrahlung dieser Gebäude wird heute durch ihren baufälligen Zustand und ihren Standort über den hier zugeschütteten Kanälen noch verstärkt.

Ximenes arbeitete nicht nur an Seen, Sümpfen oder Flüssen, er trassierte auch die Bergstrasse über den Abetone-Pass, die aus der Toskana kommend in die Emilia Romagna hinabführt, in einer endlosen Reihe von Serpentinen.

### Vittorio Fossombroni (1754-1844)

Dass die Welt sich von selbst drehe, ist eine erstaunlich abgeklärte Einsicht für einen Mann, der sein ganzes langes Leben lang den Lauf der Welt zu ändern trachtete. Vittorio Fossombroni war Politiker, Mathematiker, Ingenieur und Wasserbauer. Er diente mehreren Herrschern. Von Pietro Leopoldo 1788 zum Chef des Entsumpfungbüros in der Valdichiana ernannt, stieg er unter Ferdinando III zum Außenminister des Großherzogtums auf. Dann kam Napoleon, dem er als Senator diente.

Sein Weg ging weiter steil nach oben. Nach der Wiedereinsetzung Ferdinandos zum Großherzog der Toskana, ernannte dieser Fossombroni zum Premierminister. In diesem

Amt blieb er auch unter Leopoldo II, bis zu seinem Tod 1844.

Leopoldo II nahm den alten Fossombroni gerne auf Inspektionsreisen mit, in das Chianatal oder die Maremma. Den Auftrag zur Entsumpfung erhielt aber der jüngere Alessandro Manetti, der seine Methoden der jeweiligen Situation anpasste. Fossombroni favorisierte Zeit seines Lebens die Auffüllung versumpfter Flächen durch Flussablagerung als die einzig wahre Methode.

Die Toskana entwickelte sich unter dem langen Wirken Fossombronis zu einem der modernsten und am besten verwalteten Staaten jener Zeit.

*Alessandro Manetti (1782-1865)*

*Alessandro Manetti (1787-1865), Architekt und Ingenieur, war ein Pragmatiker. Er trieb über 45 Jahre den Ausbau der Infrastrukturen in der Toskana voran. Im Jahr 1835 begann er mit dem Ausbau des Freihafens von Livorno. Mit einer sieben Kilometer langen Mauer sicherte er den Hafen, mit einem Steinwulst obenauf, sodass die Seile der Schmuggler keinen Halt finden konnten. Noch heute stehen Reste der "leopoldinischen Mauer". Manetti plante und baute Straßen, wie jene von Volterra nach Livorno oder jene von Florenz nach Forlì über den Passo del Muraglione.*

*Sein größtes Projekt war die Vollendung der Trockenlegung der Maremma, als Nachfolger Fossombronis. Auch die Pinienwälder an der Küste im heutigen Naturpark Ucellina, die* pineta granducale, *gehen auf ihn zurück.*

In der Valdichiana zeugt noch die imposante Botte del Manetti *von seinem Wirken, ein Kanal, der das vom See von Bientina abgeleitete Wasser unter dem Arno hindurchführt.*

*Noch in der ersten Hälfte des 19. Jahrhunderts gab es Pläne des Ingenieurs Fossombroni, den See für den Fischfang zu erhalten, aber die Schilfzone rundum zu verkleinern. Sein Nachfolger Manetti war anderer Meinung, er favorisierte von 1842 an eine komplette Trockenlegung des Sees. Durch seine Erfolge in der Valdichiana und der Maremma überzeugte er schließlich den Bauherrn, Großherzog Leopoldo II. Er ließ den Canale Imperiale, den Pietro Leopoldo und Ximenes ein Jahrhundert zuvor gegraben hatten, umleiten und weiter flussabwärts durch die Botte unter dem Arno hindurchführen und weiter bis an eine künstlich geschaffene Mündung am Tyrrhenischen Meer. Die Botte ist eine neun Meter weite und 255 Meter lange Röhre; eine Marmortafel mit dem großherzoglichen Wappen erinnert an die Fertigstellung im Jahre 1859. Man findet sie unweit des mittelalterlichen Borgo von Vicopisano, inmitten einer heute zersiedelten Umgebung.*

*Der Canale Imperiale neben dem Arno ist auch heute noch ein großer Wasserlauf. Der Grund, das Wasser unter dem Arno hindurch und weit weg von Pisa in das Meer zu leiten, war, die Stadt nicht durch noch mehr Wasser im Arno zu gefährden. Leopoldo II war von der Botte und ihrem Erbauer so beeindruckt, dass er sie in seinen Memoiren ausführlich beschrieb und die Genialität Manettis pries.*

# Von der Kornschlacht zum Naturschutzgefecht. Die Maremma heute

*La battaglia della palude significa liberare la salute di milioni di italiani dalle insidie letali della malaria e della miseria. La battaglia del grano significa liberare il popolo dalla schiavitù del pane straniero.*

*Die Schlacht gegen den Sumpf bedeutet, die Gesundheit von Millionen Italienern von den tödlichen Gefahren der Malaria und des Elends zu befreien. Die Kornschlacht bedeutet, das Volk von der Sklaverei des ausländischen Brotes zu befreien. Propaganda Mussolinis, 1925*

Nach der Abdankung Leopoldos II und der Einigung Italiens 1861 ging das Großherzogtum Toskana im neugeschaffenen Einheitsstaat auf. In den Bonifizierungsgebieten der Maremma setzte man zunächst die Arbeiten fort. Man baute Schleusen am heute noch bestehenden Kanal San Leopoldo, legte kleinere Sümpfe trocken, jeweils mit Deichen und Schleusen vor der Mündung ins Meer, um das Salzwasser draußen zu halten. Auch die kleine Lagune von Burano südlich von Castiglione verschloss man mit einem Deich. Heute steht das hinter dem Deich gewonnene Land unter Naturschutz, als ein für Vögel attraktives Feuchtgebiet.

Auch die Infrastruktur kam nicht zu kurz: Die Strasse von Grosseto nach Castiglione und weiter nach Norden – die *strada del padule* – wurde gebaut, dazu kam um 1864 die Eisenbahn dazu, draussen an der Küste.

Kanalsysteme wollen gewartet werden, soll ihre Funktion erhalten bleiben. Doch die Mittel des Staates waren knapp, bald kam die Wartung da und dort zum Erliegen. Daraufhin kehrten die Sümpfe zurück und mit ihnen die Malaria. Erst unter Mussolini fand die „endgültige" Sanierung der Maremma statt, begonnen in den Zwanziger Jahren des letzten Jahrhunderts. Die Politik des Faschismus zielte auf eine „Zivilisierung" des Landes; die Sanierung der Sümpfe war deshalb Programm, nicht nur jene in der Maremma. Auch den Pontinischen Sümpfen vor Rom und jenen in den Küstenebenen Süditaliens und Sardiniens wurde der Kampf angesagt. Die mit großem Getöse und massiven Finanzströmen an die lokalen Bonifizierungskonsortien eingeläutete *battaglia del grano*, die „Kornschlacht", sollte die Unabhängigkeit Italiens in der Ernährung sichern. Sie ging einher mit der Bevölkerungspolitik des Faschismus, der die Untertanen lieber auf der Scholle sah als in der Fabrik.

Die Bonifizierung lag nun in Händen der O.N.C., der *Opera Nazionale Combattenti,* der halbstaatlichen Organisation der Veteranen aus dem ersten Weltkrieg. Sie verstand, eine effiziente und gründliche Sanierung zu organisieren, die bis in die Fünfziger und Sechziger Jahre des letzten Jahrhunderts fortdauerte. Die O.N.C. vollendete somit die 100 Jahre zuvor begonnene *bonifica integrale* des Großherzogs Leopoldo II, nun unter der Bezeichnung *Bonifica integrale di Regime*.

Die wasserbauliche Sanierung ging einher mit der völligen Neugestaltung der territorialen agrarischen und sozialen Struktur. Die O.N.C. holte Siedler, vor allem aus Venetien, in die neu errichteten Poderi. Die Kampfansage Mussolinis an die Großgrundbesitzer blieb weitgehend rhetorischer Natur, Landreformen blieben aus. Bauern gewannen keinen Zugang zum Grundeigentum, auf den neuen Poderi ließen sich Tagelöhner nieder. Dies war durchaus im Interesse der Großgrundbesitzer, denn so konnten billige Arbeitskräfte an die Latifundien gebunden werden. Da kaum Landmaschinen existierten und moderne Technik keinen Eingang fand, blieb der extensive und unrentable Weizenanbau bestehen. Italien war weit weg von Mussolinis Traum der Selbstversorgung.

Erst nach dem Krieg, in den Fünfziger Jahren, kam die Bodenreform, die *riforma fondiaria*. Großgrundbesitz wurde enteignet und aufgeteilt. Zum ersten Mal entstand in der Maremma ein besitzender Bauernstand. Das alles ging einher mit der endgültigen Bonifizierung und der Neuanlage von Intensivkulturen. Auch das private Bonifizierungskonsortium von Grosseto startete Intensivkulturen mit Bewässerungen auf 3400 Hektar in der aufgefüllten Fläche des ehemaligen *Lago di Prile*. Noch heute kommt Gemüse aus Grosseto auf die Märkte nördlich der Alpen.

Nun nahm die Landschaft die heutigen Züge an. Mit dem Ende der Sümpfe und dem Einsatz von DDT war auch der Malaria ein Ende gesetzt. Seit den Zeiten der Etrusker und Römer hatte die Maremma nicht eine solche Veränderung erfahren.

## Alberese – ein Dorf wird trocken

Ende der Zwanziger Jahre entstand in der Maremma, am Fuß der großherzoglichen Fattoria aus dem 19. Jahrhundert, das Musterdorf Alberese als Zentrum der Bonifizierung in der Region. Es zeigt noch heute die funktionelle Architekturästhetik des Faschismus. Hier hatte das Bonifizierungskonsortium seinen Sitz, es entstanden Unterkünfte für Arbeiter und Personal, eine Kantine, Schule und Kirche, auch eine Ölmühle, ein Ambulatorium, ein Kino für die Propaganda, Sportplatz und das Postamt. Auch eine Carabinierikaserne durfte nicht fehlen.

Heute ist Alberese der Sitz des Naturparks *Parco della Maremma – Uccellina*. Alberese liegt wenige Kilometer vom Meer, am Fuß der Monti dell'Uccellina. Einst war dies Teil des riesigen Besitzes der Fürsten Corsini; 1831 von Leopoldo II gekauft, der die stattliche Fattoria auf dem Hügel von Alberese errichtet hatte. Mit der Abdankung der Habsburg-Lothringischen Großherzöge gingen Gründe und Gebäude an das österreichische Kaiserhaus. Mit dem Eintritt Italiens in den Ersten Weltkrieg 1915 wurde die Fattoria von Alberese als Eigentum „feindlicher Untertanen" enteignet. Der Besitz ging 1926 an die O.N.C mit dem Auftrag zur Entsumpfung.

Zu jener Zeit war das Gebiet wieder verwahrlost, nach den Anstrengungen von Großherzog Leopoldo II waren die Sümpfe zurückgekehrt. Auch die Malaria grassierte, die Menschen wanderten ab.

Im Jahr 1928, hundert Jahre, nachdem Leopoldos Wasserbauer Fossombroni begonnen hatte, nahm der O.N.C. die Anstrengungen wieder auf, mit Arbeitern aus dem

Veneto. Sie reparierten und erweiterten die alten Kanäle, legten neue an. Schließlich schafften sie den vollständigen Abfluss des Oberflächenwassers. Die tiefliegenden küstennahen Wasser werden heute noch vom großen Pumpenwerk San Paolo in den Ombrone gepumpt, kurz vor seiner Mündung.

Parallel zur Entsumpfung geschah die *trasformazione fondiaria*, die Flurbereinigung. Man führte die Mezzadria ein; zuletzt standen in den neu gewonnenen Gebieten 134 Poderi. In diese zogen Arbeiter aus dem Veneto oder Kriegsveteranen. Die Älteren sind heute noch an der venezianisch gefärbten Sprache zu erkennen.

Straßen- und Ortsnamen und die Namen der Poderi von Alberese waren politisches Programm. Sie erinnern an Kriegsschauplätze im 1. Weltkrieg, an die Dolomitenfront oder an das dem Staat Italien zugeschlagene Südtirol: *Piazza Combattenti* („Kämpfer"), *Agriturismo Merano*, *Via dell'Artigliere* („Artillerist"), *Podere Isonzo*, *Podere Stelvio* („Stilfser Joch"). Bei der Abzweigung nach Pratini, dem Ausgangspunkt der Wanderungen im Naturpark, liegt der *Podere Tonale* (nach dem Tonalepass zwischen Südtirol und dem Trentino), mit der Originalinschrift aus den Zwanziger Jahren.

Jeder der neuen Poderi war 22 Hektar groß. Reben und Oliven waren zum Teil in Mischkultur gepflanzt; auch Pappeln, Ulmen, Platanen, Mandel- und Obstbäumchen. Mit Hilfe günstiger Kredite erwarben die Neu-Kolonisten 2.500 Rinder und Landmaschinen. Die O.N.C. nahm auch die Zucht der lokalen Pferderasse und der fast ausgestorbenen Longhorn-Rinder der Maremma wieder auf. Heute sind beide Rassen eine Attraktion im Naturpark.

Versumpfung und Malaria sind heute nicht mehr das Problem – es ist die intensive Landwirtschaft in den Monokulturen, mit Düngung und Pestizideinsatz. Doch kein Schaden ohne Nutzen: Die ergiebigen Intensivkulturen haben Zersiedelung und Industrien hintangehalten.

Im Jahr 1954 wurde die Maremma für malariafrei erklärt. Das Blut der Menschen enthielt keine Erreger mehr – sie dienten nicht mehr als Zwischenwirt für die Anophelesmücke. Die Trockenlegung der stehenden Gewässer, das Medikament Chinin und – letztendlich – das DDT bereiteten der Malaria ein Ende.

*Von bedrohlich zu bedroht – letzte Reste der Maremma: Diaccia Botrona, Uccellina-Parco della Maremma, Burano, Laguna di Orbetello*

In den Achtziger Jahren stellte man die letzten Reste der „alten" Maremma unter Schutz, in Naturreservaten, Naturparks und sogenannten „Oasen" des WWF (*World Wildlife Fund for Nature*). Drei Gebiete, Diaccia Botrona, Lago di Burano und Laguna di Orbetello sind als RAMSAR-Gebiete Feuchtflächen von internationaler Bedeutung.

Diaccia Botrona mit 1237 ha, unterhalb von Castiglione della Pescaia gelegen, ist der letzte Rest des einst riesigen Lago di Prile. Das RAMSAR-Schutzgebiet besteht aus zwei nicht vollständig entsumpften Flächen: Diaccia und Botrona. Über 200 Vogelarten sind hier nachgewiesen, vor allem Wasservögel: Enten, Reiher, Rohrdommeln, Watvögel. Dazu kommen „extravagante" Arten wie Stachelschweine, Gekkos, Nutrias, Sumpfschildkröten, Muscheln, Seesterne, Krebse. Ökologisch wertvoll sind auch die Reste des alten Auwaldes mit Eschen, Ulmen, Tamarisken, Schilf, Queller und Rohrkolben.

Zur Diaccia Botrona gehört auch das berühmte Schleusenhaus von Leonardo Ximenes, die Casa Rossa. Sie steht malerisch über dem Canale Maestro, dem großen Entwässerungskanal aus dem Lago di Prile, erbaut unter Pietro Leopoldo. Heute ist hier ein Dokumentations- und Beobachtungszentrum untergebracht. Man sieht die alten Maschinen zur Bewegung der Schleusen; eine Multimedia-Show über Feuchtgebiete der südlichen Maremma. In der Antike reichte eine große Meeresbucht bis hierher, daraus erhob sich eine Insel, die Isola Clodia, auf der noch eine Klosterruine aus dem 12. Jahrhundert steht.

Das größte Naturschutzgebiet der Maremma ist mit 9.000 Hektar der „Naturpark Maremma-Uccellina". Er ist benannt nach dem Uccellinagebirge, das mit dem Poggio Lecci, dem „Steineichenhügel", bis auf 417 m ansteigt. Der Park birgt spektakuläre Elemente: die mittelalterliche Klosterruine von San Rabano, hoch über dem Meer plötzlich aus der Macchia auftauchend, die Mündung des Ombrone, des zweitgrößten Flusses der Toskana, die offenen Wasserflächen mit den seltenen Spieß – und Pfeifenten, mit Krickenten, Löffelenten, Reiherenten, Knäkenten, Blässhühnern, Stelzenläufern und Reihern. Auf den Hügeln selbst wachsen üppig die immergrünen Büsche der Macchia. Ganz anders ist der Pinienwald, der sich von den Dünen an der Küste bis an den Fuss der Hügel erstreckt. Hier pflanzte Manetti im 19. Jahrhundert die Pineta granducale, einen Wald aus Schirmpinien und Seestrandkiefern. Die Pineta war einerseits als Befestigung der Dünen gedacht, andererseits zur Produktion von Piniennüssen, den *pinoli*.

Auf Weiden nahe der Pineta stehen die alten Longhorn-rinder, die vom Park in einer Erhaltungszucht geschützt werden. Eine Herde von 500 Tieren wird angetrieben von den berittenen Cowboys der Maremma, den *butteri*, die sogar Buffalo Bill bei einem Europabesuch bewunderte. Die Kultur der Butteri entstand im 19. Jahrhundert mit den leopolinischen Reformen, als auf den trockengelegten Flächen von den Großgrundbesitzern Rinder gehalten wurden.

Wer zum Lago di Burano will, muss mitten im Höllenver-kehr der alten Römerstraße, der Aurelia, plötzlich nach rechts abbiegen, scharf bremsend. Mit Glück gelangt man dann lebend in das nur 140 Hektar kleine Schutzgebiet. Einst war der Lago di Burano eine mit dem Meer verbun-dene Lagune. Heute vom Meer getrennt, dient der See als Vogelschutzgebiet; es ist eine sogenannte Oase des WWF. Sie liegt im Süden der Maremma, in der Nähe von Anse-donia. Trotz der geringen Größe ist das Gebiet reich an verschiedenen Lebensräumen, Strand und Macchia, Dü-nen, Süß- und Salzwasser. Am Strand und in den Dünen wachsen Trichternarzissen („Strandlilien"), phönizischer Wacholder, Zedern-Wacholder, in der Macchia Pistazien, Myrte, Erika, im Wald Stein-, Kork- und Flaumeichen. Reich ist auch die Vogelwelt: Wildgänse, Möwen, Rohrdommeln, Brandseeschwalben, Seidensänger, Rohr-sänger, Mariskensänger, Rohrammern, Moorenten; im Wald Türkentauben. Am Meer überwintern Arten aus dem Norden wie Basstölpel, auf den Wiesen Goldregen-pfeifer und Kiebitz. Auch Damhirsche, Stachelschweine, Dachse, Füchse und Wildkaninchen fühlen sich hier wohl.

Die Lagune von Orbetello spielte eine große Rolle in der Geschichte des italienischen Naturschutzes. Zwei Pioniere, Fulco Pratesi und Hardy Reichelt, entdeckten hier 1964 den Stelzenläufer, einen seltenen Wasservogel, der im Italienischen auf den schönen Namen *Cavaliere d'Italia* hört. Pratesi und Reichelt initiierten eine Kampagne zur Rettung des Cavaliere und zum Schutz der Lagune. Eine Landzunge trennt die Lagune in zwei Teile, auf ihr liegt die kleine Stadt Orbetello. Mit der Geburt des WWF Italien im Jahr 1971 entstand hier seine erste "Oase", 300 Hektar groß. Pratesi, der Motor dahinter, wurde zum langjährigen Präsidenten des WWF. Später kamen weitere Flächen dazu: der Bosco di Pantanella mit großen Korkeichen und Pflanzen der Macchia, sowie eine 300 Hektar große Salzwasserlagune. Die Oase von Orbetello ist als Rastplatz für überwinternde Wasservögel von internationaler Bedeutung; mehr als 10.000 Enten verschiedener Arten verbringen den Winter hier, auch Flamingos, Löffler, Reiher und Dommeln. Der WWF unterhält ein Informationszentrum und drei Wanderwege mit Einrichtungen zur Vogelbeobachtung. Seit 1997 ist die Lagune von Orbetello RAMSAR-Gebiet.

# Dritter Teil
## Berge

# Wald, Wolle, Wildschwein.
## Casentino und Pratomagno

*Li ruscelletti che d'i'verdi colli*
*Del Casentin discendon giuso in Arno...*

*Die Bächlein, die von den grünen Hügeln*
*Des Casentin gleich in den Arno fließen...*
*Dante Alighieri, Divina Commedia, Inferno, XXX, 1321*

Von Bologna nach Florenz überquert die Autobahn den Nordosten des Apennins, den *Appennino Tosco-Emiliano*. Er ist Teil des 1500 km langen Gebirgszugs, der den italienischen Stiefel als Rückgrat und Wasserscheide teilt. Der größte Fluss der Toskana, der Arno, entspringt an seiner Westflanke, am 1654 m hohen Monte Falterona, fließt durch die alten Borghi Stia und Poppi nach Süden bis Arezzo, um dann in einem großen U wieder nach Norden auf die Höhe von Florenz zu drehen, wo er bei Pontassieve den von Norden kommende Sieve aufnimmt, um dann nach Westen zu fließen, bis ans Tyrrhenische Meer.

Das Casentino ist ein Gebirgstal in der Provinz Arezzo, am Oberlauf und Talschluss des Arno. Durch seine isolierte Lage ist es wenig bekannt, man kommt nicht zufällig dort vorbei. In der waldreichen Gegend liegen bedeutende Klöster: Das Benediktinerkloster Camaldoli am Westhang des Apennins und nicht allzuweit davon, ebenso am Westhang, unterhalb des spektakulären Tafelbergs Monte Penna, das Franziskanerkloster La Verna, 1213 als Einsiedelei gegründet vom Heiligen Franz von Assisi. Auf der anderen Talseite des Casentino dominiert der 1592 m hohe Bergzug des Pratomagno, der sich im Norden vom Apennin trennt, nach Südwesten streicht und sich dabei in das große U im Flusslauf des Arno fügt. Der Pratomagno trennt den milden Chianti vom rauen Casentino.

Am Westhang des Pratomagno liegt ein weiteres Benediktinerkloster, Vallombrosa. In die Geschichte eingegangen sind Vallombrosa und Camaldoli schon deshalb, weil sie weltweit als Wiege der Forstwirtschaft gelten. Der Ordensregel der Benediktiner folgend, hatten Mönche vor nahezu 1000 Jahren begonnen, systematisch Tannenwälder aufzubauen. Durch die Gunst ihrer Lage konnten beide Klöster die mächtigen Baumstämme die Berghänge hinunter in den Arno bringen und auf ihm bis ans Meer flößen, wo sie im Schiffbau verwendet wurden. Die Benediktinerklöster wurden damit reich; der Bettelorden der Franziskaner auf La Verna betrieb keine Waldwirtschaft.

Anders als der Chianti waren das Casentino und auch das Mugello, die Talschaft am Sieve im Norden von Florenz, eine raue Welt, in der es für die Menschen nicht einfach war, dem Land das Lebensnotwendige abzuringen. Wo das Getreide nicht mehr reifen wollte, war die Kastanie der Brotbaum. Das zweite Standbein der alten Landwirtschaft war die Schafwirtschaft, die im Casentino und Mugello, um dem Schnee zu weichen, als Wanderschäferei betrieben wurde, bis hinunter in die Maremma am Meer. Ein guter Teil der männlichen Bevölkerung lebte als Schäfer und Hirten die meiste Zeit fern ihrer Familien.

Die großen Schafherden sind Geschichte. Nicht verschwunden ist der Wolf, im Gegenteil, er erlebt in den Wäldern und Bergen der Toskana eine Renaisssance.

## Im Nationalpark

Der einzige Nationalpark der Toskana liegt in den Bergen des Casentino: der *Parco Nazionale delle Foreste Casentinesi*. Ein Nationalpark ist, laut Definition, ein" Schutzgebiet der höchsten Kategorie von nationaler Bedeutung". Alle anderen Schutzgebiete, wie Naturparks oder geschützte Biotope, gehören weniger strengen, meist regionalen Schutzkategorien an. Der Nationalpark ist 37.000 Hektar groß; er umfasst die Bergkämme des Casentino. Teile des Parks neigen sich zur Adria hin, sie gehören heute zur Region Emilia-Romagna, waren bis ins 19. Jahrhundert toskanisch.

Der Nationalpark umfasst ausgedehnte Wälder mit den historischen Waldkomplexen des Klosters Camaldoli und der *Opera del Duomo*, der Dombauhütte von Florenz. „Der Nationalpark wurde 1993 gegründet", erzählt Parkdirektor Dr. Andrea Gennai am Sitz der Parkverwaltung in Pratovecchio. „Der Park selbst ist nicht Grundeigentümer; 70 Prozent der Schutzflächen sind öffentliches Eigentum, vor allem der Region Toskana, 30 Prozent gehören Privaten. 5.000 Hektar im Park sind als „Biogenetische Reserve" ausgewiesen, die strengste Schutzkategorie. Dazu gehört der Wald von Sassofratino, ein unzugänglicher, urwaldähnlicher Mischwald, 1.000 Hektar groß, mit uralten Buchen, Tannen, Ahornen, Eiben und Stechpalmen. Dieser Wald war Eigentum der Florentiner Dombauhütte und darf heute nur mehr zu Studienzwecken betreten werden".

Dr. Gennai unterstreicht den anthropischen Einfluss, der im Park seit jeher sehr stark war: „Ein atavistischer Hunger nach Ackerboden, Weideflächen, Brennholz und Bauholz ließ den Menschen auch in abgelegenen Gebieten überall eingreifen. Äcker, Siedlungen, Kastanienhaine, Hochweiden für Schafe und Rinder auf dem Scheitelpunkt der Berge geben Zeugnis von der Tätigkeit des Menschen".

Gennai betont die Rolle der Klöster Camaldoli im Casentino und Vallombrosa im Pratomagno: „Hier ist die italienische Forstwirtschaft entstanden, hervorgegangen aus der tausendjährigen Arbeit der Benediktiner. Die Mönche förderten die Tanne, bauten sie in Reinbeständen an und flößten sie auf dem Arno in acht Tagen auf die Bauplätze und Werften von Florenz, Pisa, Livorno und weiter in alle Häfen des Mittelmeers". 2.000 bis 3.000 Hektar der ökologisch fragilen Reinbestände der Tanne will der Park in Mischwälder umwandeln – die Region Toskana als Grundbesitzer hingegen will den Tannenanbau erhalten. Hier ringen Förster und Naturschützer um die beste Lösung.

Das meiste Kopfzerbrechen bereiten dem freundlichen Parkdirektor aber die großen Wildschäden in Wäldern und landwirtschaftlichen Kulturen. Er bringt damit ein Thema zur Sprache, worüber sich Naturschützer und Jäger in Italien erbittert streiten: die Jagd in Schutzgebieten. „Die Jagd im Nationalpark ist verboten", sagt Dr. Gennai. „Daraus ergeben sich zum Teil absurde Situationen. Die Wildschweinbestände sind explodiert, die Tiere richten große Schäden im Wald und in der Landwirtschaft an". Der Park fängt Wildschweine in Fallen; verkauft die Tiere an Jagdunternehmer, die sie außerhalb der Parkgrenzen in Gehegen halten und die Abschüsse an Jäger verkaufen.

„Eine heuchlerische Politik, die die Naturschützer ruhig-
stellen soll", sagt Gennai frustriert. Der Park will versuchen, die Schweine mit der Schutzmarke des Parks in
Zukunft selbst zu vermarkten. Die Wildschweine, die in
den Gehegen nicht geschossen werden, werden von den
Jagdunternehmern selbst verwertet oder auf dem
Schwarzmarkt verkauft. Gennai berichtet von 2.500 Wild-
schweinen, die außerhalb der Parkgrenzen geschossen
wurden und auf den Speisekarten der Restaurants der
Gegend landeten. „Die Aufbrüche (Eingeweide) gammel-
ten in den Mülltonnen der Dörfer vor sich hin", so Gennai.
„Die Wildschweine sind die Ursache großer sozialer
Spannungen – die Landwirte verlieren manchmal in einer
Nacht die gesamte Ernte, wenn eine Rotte in einen Mais-
acker eindringt. Park und Provinzverwaltung wollen die
Wildschweine reduzieren, die Jäger füttern sie an, für die
kann es gar nicht genug davon geben". Auch die Zahl der
Hirsche ist in den letzten Jahren explodiert – Gennai
schätzt ihre Zahl auf mindestens 2.000 im Park. Hirsche
richten vor allem im Jungwald große Schäden an, verbei-
ßen die Triebe der jungen Tannen und schälen die Rinde.

Die Besucher des Parks erholen sich auf den vielen Wan-
derwegen in den Tälern und auf den Bergen. Oder sie
folgen den Kultur- und Naturlehrpfaden, zum Beispiel in
die Kastanienhaine von Castagno d'Andrea oder die alten
Pilgerwege entlang zu den Klöstern, zum Wasserfall von
Acquacheta oder dem *Lago degli Idoli,* dem See der Idole,
der etruskischen Figuren, die am Grunde des Sees gefunden wurden. Besucherzentren behandeln verschiedene
Themen: die Fauna des Parks, die Quellen von Arno und
Tiber, die alten Schmuggler- und Pilgerpfade. In Campigna steht das in ein Hotel umgewandelte Jagdschloss der

Großherzöge von Habsburg-Lothringen aus dem 18. Jahrhundert.

Ein grandioses Industriedenkmal, die alte Wollfabrik, dominiert die kleine Stadt Stia im Casentino. In den 1830er Jahren hatte die Familie Ricci hier den *Lanificio di Stia*, die größte Fabrik des Casentino, gegründet. Hier entstand der *panno*, das Wolltuch des Casentino. Er liegt auch heute in den Auslagen der Geschäfte unter den Lauben Stias, ein Stoff in leuchtenden Farben, mit charakteristischen Noppen. Das alte Backsteingebäude der Fabrik beherbergt heute ein Museum zur Geschichte der Wollindustrie des Casentino.

Was der Walkjanker in den Alpenländern, war der Panno im Casentino. Die Silbe *walk* findet sich in der *gualchiera*, der Walkmühle. Die Langobarden auf der Völkerwanderung hatten das Wort nach Italien gebracht – „walkan" war die Wolle, die „gewalkt" wurde. Das viele Wasser, das im Casentino von den Bergen floss, speiste die Gualchiere und war für die Reinigung und das Färben der Wolle wichtig. In Stia trieb das Wasser des Flusses Staggia die Maschinen der Wollfabrik. Erst im 19. Jahrhundert war die Wolle aus dem Casentino von genügender Qualität für die industrielle Verarbeitung. Die braven *morette*, die kleinen braunen „Mohrenschafe" der Gegend lieferten Wolle, die nur Bauern und leidensfähige Mönche tragen konnten. Rau und kratzig, war sie für den florentinischen Markt nicht fein genug. Florenz, die Stadt des Tuchs, arbeitete mit importierter englischer Wolle.

In diesem globalisierten Mark konnte die Wolle des Casentino nicht bestehen. Die Motoren der Innovation auf allen Gebieten, die habsburg-lothringischen Großherzöge, sannen auf Abhilfe, wie man im Casentino Schafe mit feinerer Wolle züchten konnte. Ihr hyperaktiver Verwalter Carlo Siemoni begann, das Schaf seiner Heimat Böhmen, das böhmisch-sächsische Merinoschaf, in die Moretta einzukreuzen. Nach fünf Generationen der Kreuzung mit Merino-Widdern war das „toskanische Merinoschaf" entstanden, 1846 als eigene Rasse anerkannt. Dieses Schaf lieferte braune „schön gefärbte" Wolle, ein feines Tuch zu erschwinglichen Preisen, das in die Städte Italiens und Europas exportiert wurde.

# Tausend Jahre Forstwirtschaft.
# Die Tannenwälder der Benediktiner

*Thick as Autumnal Leaves that Strow the Brooks*
*in Vallombrosa.*

*Dick wie herbstliche Blätter, mit denen die Bäche*
*in Vallombrosa übersät sind*
*John Milton, Paradise Lost, 1667*

In der Franziskanerkirche Santa Croce, der schönsten gotischen Kirche von Florenz, tritt hoch über dem Kirchen-
schiff der Dachstuhl frei zutage, wie in den Kirchen der
Bettelorden üblich. Die bunt bemalten Dachbalken
stammen von Tannen aus den Wäldern des Apennin.
Auch in den Dachstühlen der Florentiner Paläste wurden
Tannen aus dem Casentino verbaut. Tannenstämme
waren aber vor allem im Schiffsbau begehrt.

Die Berge im Osten der Toskana sind von großen
Wäldern bedeckt. Ein Teil davon sind künstlich
begründete Tannenmonokulturen. Monokulturen – in
Mitteleuropa meist aus Fichte oder Kiefer – sind in den
Augen von Naturschützern ökologisch fragwürdige
Hervorbringungen der Moderne. Die Tannenwälder des
Apennins stammen jedoch aus fernen Zeiten, aus der Ära
der benediktinischen Klostergründungen vor fast 1000
Jahren. Damals begannen die Klöster, die Mischwälder
aus Buche, Tanne und Ahorn, gelegentlichen Eiben und
Stechpalmen, zu bewirtschaften und tiefgreifend zu ver-
ändern. Das wichtigste Produkt waren Tannen, min-
destens 28 m lang, als Schiffsmasten geeignet und in den

Häfen des Mittelmeers höchst begehrt. 30.000 Hektar Wald stammen im Casentino heute aus der Waldwirtschaft der Klöster.

Benedikt aus Nursia (*Norcia*) in Umbrien erbaute 529 das erste Benediktinerkloster, in Montecassino, zwischen Rom und Neapel. Nach den Stürmen der Völkerwanderung gründeten die Benediktiner Klöster in ganz Europa, auch in der Toskana. In den Bergen des Apennin entstanden Camaldoli und Vallombrosa, gegründet von zwei benediktinischen Kongregationen, den Camaldulensern und Vallombrosanern.

Was den Wald betraf, befolgten die Mönche auch hier die Regel des Ordensgründers, *ora et labora*. Die Arbeit im Wald, das *labora*, erwirtschaftete Gewinn durch den Verkauf der Tannen. Zu den besten Kunden der Klöster zählten die Malteser, deren Mittelmeerflotte mit Tannenmasten aus dem Casentino bestückt war. Auch das *ora* hatte seinen Raum: Aus der Waldwildnis schufen die Mönche ihre Waldkathedralen mit grausilbernen Tannensäulen, Orte spiritueller Erhöhung und kontemplativer Versenkung.

Von Florenz aus war es ein weiter Weg zu den beiden Klöstern: Um nach Camaldoli (800 m) im Osten des Casentino zu gelangen, gab es zwei Routen: Die eine folgte dem hufeisenförmig gekrümmten Flusslauf des Arno flussaufwärts, um den Gebirgszug des Pratomagno herum, um dann zum Kloster aufzusteigen. Die kürzere Route überwand den Tausend Meter hohen Passo della Consuma, der jedoch im Winter im Schnee versank. Zum Kloster Vallombrosa (950 m) im Pratomagno gelangte man über steile Straßen vom Arnotal aus. Auch hier liegt in den höheren Lagen monatelang Schnee.

Die Tanne ist eine sehr anspruchsvolle Baumart, sie schätzt viel Regen, tiefgründige Böden, und sie mag keine Spätfröste, die im Frühjahr die Jungtriebe schädigen. In den feucht-kühlen Klosterwäldern mit ihren hohen Niederschlägen (Vallombrosa 1300 mm) findet sie nahezu überall optimale Standorte vor. In der Konkurrenz ist die Tanne jedoch einer anderen Hauptbaumart unterlegen, der Buche, die ähnliche Standortsansprüche stellt. Die in den Alpen und Mittel- und Nordeuropa weit verbreitete Fichte kommt am Apennin so gut wie nicht vor. Sie hat sich nach der letzten Eiszeit nicht mehr ausgebreitet.

Unerbittlich bekämpften die Mönche die weniger ergiebige Buche, schon als Jungpflanze, zugunsten der Tanne. Im Laufe der Jahrhunderte schufen sie auf diese Weise dichte Tannenreinbestände. Die Tanne lohnte es ihnen, sie machte die Klöster reich; besonders die schlanken, astfreien Stämme, die in den Mittelmeerwerften die höchsten Preise erzielten. Die Produktivität der casentinesischen Wälder war und ist hoch: 1200 Kubikmeter Holz pro Hektar stehen auf den besten Standorten, noch 500 Kubikmeter auf den schlechtesten – das ist rekordverdächtig in Europa.

Ein großes Problem war und ist, dass reine Tannenwälder sich nicht auf natürlichem Weg verjüngen. Die Samen treiben auf dem mit schwer zersetzbaren Tannennadeln übersäten Boden nicht aus. Die Mönche ersannen eine damals unbekannte und unorthodoxe Methode der Waldverjüngung: Sie schlugen Kahlschlagflächen ein und bepflanzten sie mit Tännchen, die sie in ihren Pflanz-

gärten gezogen hatten. Im nicht zu kalten Apenninen-
klima benötigten die Tannenpflänzchen keinen Schirm
von Altbäumen darüber, anders als in Mitteleuropa, wo
Jungtannen durch ein Kronendach vor Spätfrösten geschützt werden wollen. Von 3000 bis 4000 Setzlingen pro
Hektar standen nach 100 Jahren noch 800 bis 1000
prächtige Stämme. Die Mönche gingen nach Versuch und
Irrtum vor, sie konnten anfangs an keine Vorerfahrungen
anknüpfen. Über die Jahrhunderte gewannen sie einen
enormen Erfahrungsschatz.

Die menschengemachten reinen Tannenwälder sind
empfindlicher und instabiler als die natürlichen Mischwälder im Gebiet. Mönche bauten Tannen auch außerhalb
ihres standörtlichen Optimums im Reinbestand an – das
machte sie anfällig für die durch einen Pilz verursachte
Rotfäule, die das Innere des Stamms von unten nach oben
zersetzt. Ökologisch geschulte Forstleute wollen heute
wieder stabilere Mischwälder sehen.

## Im Campo Maldoli

Das östliche der beiden Klöster, Camaldoli, wurde 1012
vom Heiligen Romuald gegründet. Im selben Jahr aner-
kannte Papst Paschalis II Romualds „Camaldulenser-
Kongregation vom Orden des Heiligen Benedikt".
Romuald war Lehensnehmer des Bischofs Maldolo von
Arezzo; er bekam den *campo Maldoli* oder *campus
amabilis* mit 160 Hektar Wald in Erbpacht überlassen.
Dort entstand das Kloster. Seine Ländereien wuchsen
durch Schenkungen und Zukäufe. In Camaldoli waren
beide Formen des Mönchstums vertreten, die zöno-
bitische (gemeinschaftliche) und die eremitische. Die
zönobitischen Mönche lebten gemeinsam im Kloster-

gebäude, die Eremiten in den oberhalb gelegenen, zwanzig winzigen Steinhäuschen. Heute stößt man bei Wanderungen gelegentlich auf Grenzsteine, die zwei aus einem Kelch trinkende Tauben zieren, Symbole für Kloster und Einsiedelei.

Camaldoli hütet frühe Dokumente über die Waldbewirtschaftung: Die *regola* des Heiligen Paolo Giustiniani, in der Normen und Regeln für die Nutzung der Wälder festgehalten sind, stammt aus dem Jahr 1520. Es ist ein Forstkodex, dessen Vorschriften für einen pfleglichen, nachhaltigen Umgang mit dem Wald auch heute noch gelten könnten. Nach den Regeln Giustinianis durften nur alte Tannen geschlagen werden, 4000 bis 5000 Tännchen pro Jahr waren nachzupflanzen. Erst wenn der Eigenbedarf des Klosters befriedigt war, durfte Holz verkauft werden. Der Holzerlös musste in die Pflege der Wälder zurückfließen. Das Dokument spiegelt die Sorgfalt und Umsicht wider, die die Benediktiner ihrem Eigentum widmeten.

1807 erfolgte die Auflösung des Klosters durch Napoleon. Mit der Einigung Italiens im Jahre 1861 wurden die Klosterwälder zu Staatsforsten. 1873 kehrten Benediktinermönche ins Kloster zurück, die Wälder blieben jedoch im Eigentum des Staates; heute gehören sie der Region Toskana.

## In der Macchia von Vallombrosa

Vallombrosa im Pratomagno, näher an Florenz, war das zweite für seine Tannenwirtschaft berühmte große Kloster. Es wurde fast zeitgleich mit Camaldoli, 1036, vom Heiligen Giovanni Gualberto gegründet, der die Benediktinerkongregation der Vallombrosaner ins Leben rief. Zu Grundbesitz kam das Kloster vor allem durch Schenkungen von Adeligen, die sich durch irdische Großzügigkeit den Eintritt ins Paradies erhofften. Der neue italienische Staat gründete 1861 in Vallombrosa die erste forstwissenschaftliche Fakultät, die *Scuola forestale*. Aus dieser Zeit stammt das heutige Arboretum nahe dem Kloster, mit vielen exotischen Baumarten. In den Wäldern findet man experimentelle Aufforstungen mit jenen fremdländischen Bäumen, die im 19. Jahrhundert wegen ihrer Schnellwüchsigkeit groß in Mode waren: amerikanische Mammutbäume, Douglastannen oder japanische Zedern.

Wie in Camaldoli bevorzugten die Mönche auch hier die Tanne und – in tieferen Lagen – die Edelkastanie. Sie sicherte die Ernährung der Mönche und der vom Kloster abhängigen Bauern. An die 900 Personen lebten im Kloster und auf seinen Besitzungen.

Für Vallombrosa sind seit dem frühen 16. Jahrhundert systematische Tannenpflanzungen belegt. Dem folgte ein 300 Jahre währendes goldenes Zeitalter der Tannenwirtschaft.

Der zeitliche Abstand zwischen der Nutzung einer Tannengeneration und der darauf folgenden auf derselben Fläche, lag bei 70 bis 100 Jahren. Die wirtschaftenden Mönche reagierten flexibel auf die Nachfrage des Marktes, sie dehnten oder verkürzten den Umtrieb.

Im Schnitt fällten sie pro Jahr an die 1000 Alttannen.[44] Aus dem Jahr 1791 stammt ein Plan für die Waldbewirtschaftung *Regolamento per la macchia di Vallombrosa* –

„macchia" ist hier der Wald. Dieses Regelwerk gibt einen Überblick über Ausdehnung und Zustand der Wälder: 34 Bestände sind genannt, auf ihnen standen 200.000 Tannen; auf einem Hektar stockten bis zu 1.100 Bäume. Das Durchschnittsalter der Bäume betrug 70 Jahre; ein hoher Wert.

Unterhalb von Vallombrosa liegt am Arno das Dorf St. Ellero, in dem sich der Hafen des Klosters befand. Von hier aus schwammen die Tannen, mit den Lianen der Waldrebe zu Flößen zusammengebunden, über den Arno nach Florenz und weiter bis in die Werften am Meer. Die Flößerei fand Ende des 19. Jahrhunderts mit der Regulierung des Arno ein Ende. Fortan ging der Transport der Stämme über die ausgebauten Straßen.

Die Ära des Klosters Vallombrosa war 1861 mit der Säkularisierung vorbei. Heute leben im Kloster wieder Vallombrosaner, doch die Wälder sind im Eigentum der Region Toskana. Jeden Sommer kommen Forststudenten der Universität Florenz für einige Wochen in das über dem Kloster gelegene Gebäude der Universität, dem *Paradisino*, dem kleinen Paradies. Hier lebte 1638 der englische Dichter John Milton. Die Studenten führen ihre Praktika und Freilandstudien in passender Umgebung und entspannter Atmosphäre durch. Ein *gelato* allabends im nahen Dorf Saltino gehört dazu; sein Name stammt vom lateinischen *saltus,* der Waldweide. Eine Zahnradbahn führt von St. Ellero herauf. In den Gründerzeithotels verbringen alte Damen des Florentiner Bürgertums ihre *villeggiatura,* die Sommerfrische.

## Monte divotissimo. Das Kloster La Verna

In einem Gemälde von Domenico Ghirlandaio (1449-1494), in der Kirche Santa Trinita in Florenz, sieht man die Felsen und darauf das Kloster von *La Verna*, auf dem nach der Legende Franz von Assisi (1182-1226) seine Wundmale empfing. Auch Franziskaner zog es in die Einsamkeit der Berge des Casentino. La Verna, am Monte Penna gelegen, ist eines der wichtigsten Klöster des Ordens. Im Gemälde von Ghirlandaio ist das Kloster von dichtem Wald, aus Laubbäumen mit wenigen Tannen, umgeben. Die Franziskaner betrieben keine den Benediktinern vergleichbare Waldwirtschaft, sie verdrängten keine Buchen zugunsten der Tanne. Als Bettelorden waren Franziskaner dem Gebet und der *caritas*, der Mildtätigkeit, verpflichtet. Sie sammelten Almosen, mit denen sie Spitäler, Waisenhäuser und Suppenküchen unterhielten. Sie waren nicht wirtschaftlich tätig, wollten das Vermögen ihrer Klöster nicht mehren. Der Wald um La Verna wirkt auch heute noch kaum verändert, man ist umgeben von alten Buchen und Ahornen, mit Eiben und Stechpalmen im Unterholz; nur wenige Tannen findet man hier. Pilger ziehen auch heute auf einem Felsenweg vom kleinen Ort Chiusi della Verna zum Kloster hinauf.

Für die Franziskaner war der Wald Ort der Kontemplation. Holz wurde zur Selbstversorgung entnommen, eine planmäßige Förderung von Baumarten gab es nicht, auch keinen Holztransport bis an den Arno, keine Flößerei ans Meer. Die ökologische Qualität der Wälder von La Verna ist sehr hoch, viele Menschen erfreuen sich an den alten gemischten Wäldern. Manch einer vermutet bei Franziskanern eine frühe ökologische Sensibilität und ein besonderes Umweltbewusstsein.

Das entspräche jedoch nicht dem Denken der Zeit: Die Natur wurde als Stärkere empfunden, auch als gefährlich. Mit Mühe nur konnte man ihr das tägliches Brot abringen, oft genug vergeblich. Bei Gott erflehte man Schutz vor der Natur, nicht für sie. Das Nicht-Eingreifen in den Wald wurde von den Mönchen auf La Verna sicher nicht als Naturschutz verstanden; die Benediktiner wiederum verstanden den Umbau ihrer Wälder als Gottesdienst.

La Verna war eine Schenkung Orlando Catanis, des Grafen von Chiusi, der vom Leben Franz' so beeindruckt war, dass er mit diesem *homo novo* sprechen und ihm sein Herz öffnen wollte. Bei intensiven Begegnungen mit Franz spürte er dessen Bedürfnis nach Rückzug und Meditation und bot ihm einen geeigneten Platz an: Er habe in der Toskana einen *monte divotissimo* – einen sehr frommen Berg – , den *Monte della Vernia*. In seinen letzten Lebensjahren hielt sich Franz im Sommer oft auf La Verna auf, zusammen mit wenigen seiner Mitbrüder. Sie schliefen in Höhlen oder einfachen Hütten. Die Höhle Franziskus' mit dem steinernen Bett ist auch heute noch Ziel von Pilgern und Besuchern. In den *fioretti*, der „Blümchen"-Dichtung, schreibt Franz, dass er und seine Mitbrüder von einem Vogelschwarm jubelnd empfangen wurden, als sie sich zum ersten Mal nach La Verna begaben. Er sah darin den Segen Gottes für die Gründung des Klosters.

# Holz für die Dombauhütte

*Structura si grande, erta sopra e' cieli, ampla da coprire*
*chon sua ombra tutti e' popoli toscani.*

*Ein so großes Bauwerk, sich über die Himmel erhebend, so weit,*
*dass es mit seinem Schatten*
*alle toskanischen Völker bedeckt.*
*Leon Battista Alberti über die Kuppel von Brunelleschi, 1435*

Auch die Dombauhütte von Florenz, die *Opera del Duomo
(OPA)* besaß ab 1380 große Wälder im Casentino. 10.000
bis 14.000 Hektar waren über die Jahrhunderte im Eigentum der Opera. Mit ihnen finanzierte sie das größte zivile
Projekt der Republik Florenz, den Bau des Doms *Santa
Maria del Fiore,* mit seiner berühmten, von Filippo
Brunelleschi (1377-1446) entworfenen Kuppel. Die Wälder lieferten nicht Bauholz, sondern Geld: Die Opera
verkaufte wie die Klöster das Holz in die Werften nach
Pisa, später nach Livorno, als die Medici den Hafen dort
ausgebaut hatten. Damit finanzierte die OPA den Dombau
zu einem Drittel. Zwei Drittel kamen aus Schenkungen,
Stiftungen, Pachteinnahmen und – nicht zu verachten –
dem Verkauf von Kerzen und Devotionalien.

Ab 1330 hatte die mächtigste Zunft in Florenz, die *Arte
della Lana* – die Zunft der Wollweber und Tuchhändler –
die Verwaltung der Dombauhütte übernommen. Die
Zunftmitglieder waren erfahrene Händler, sie importier-
ten Wolle aus den Niederlanden und veredelten sie zu
wertvollen Tuchen, die in ganz Europa begehrt waren.

Die einstigen Wälder der OPA, *Foresta di Campigna* und *Foresta della Lama,* liegen heute im Nationalpark. Sie reichen in Teilen über die Wasserscheide des Apenninen-Hauptkammes nach Osten und entwässern zur Adria hin. Teile des Besitzes der Opera waren kaum zugänglich, da zu steil. Sie blieben unberührt von Axt und Säge. Deshalb ist der Wald von Sasso Fratino, innerhalb der Foresta della Lama, als Urwaldrelikt erhalten geblieben, mit monumentalen Eiben, Tannen, Ahornen, Buchen und Linden.[45] Schon 1959, lange vor der Errichtung des Nationalparks, wurde Sasso Fratino zur *riserva integrale* erklärt, der strengsten Schutzkategorie in Italien. Für solche Flächen gilt ein Nutzungs- und Betretungsverbot, sie dürfen nur zu Studienzwecken aufgesucht werden.

Anders als die Benediktiner, ging die Opera mit ihren Wäldern nicht schonend um. Die Opera verkaufte ganze Waldabteilungen zur Schlägerung. Nur den Holzverkauf behielt sie in eigenen Händen. Die Verwalter der Wälder hatten dafür zu sorgen, dass Geld hereinkam. Die Wälder hatten unter dieser Politik zu leiden.

Auch der Dombauhütte war an der wirtschaftlich ergiebigen und als Bauholz und für Schiffsmasten begehrten Tanne gelegen. Die Buche wurde als Konkurrentin der Tanne bekämpft. Die Opera hatte ein besonderes Problem: Baumstämme mussten von der adriatischen Seite über die Wasserscheide in das Einzugsgebiet des Arno gebracht werden, zum Hafen von Pratovecchio im oberen Arnotal. Ochsengespanne zogen die Stämme, über den Boden streifend, über einen Pass von der adriatischen auf die tyrrhenische Seite. Den größten Stämmen wurden viele Ochsenpaare vorgespannt. Die Besitzer der Ochsen, die Bauern der Romagna, wurden für den Transport zwangsverpflichtet – die Ochsen kamen geschunden und abgemagert zurück. Auf Straßen hätte man das Holz mit Karren leichter transportieren können, doch die gab es nicht. Erst Leopoldo II baute im 19. Jahrhundert erste befestigte Wege.

Mit der gestiegenen Bevölkerung wurde Mitte des 19. Jahrhunderts der Druck auf den Wald besonders groß. Bauern sahen im Wald ein Hindernis für die Landwirtschaft.

Besonders in der damals zur Toskana gehörenden Romagna trieben Bauern in ihrer Not Vieh in die öffentlichen Wälder ein, und sie legten Äcker an. Die Opera beklagte vor allem die der Bodenfruchtbarkeit abträgliche Brandwirtschaft, wo nach der Holzschlägerung Reisig zur raschen Mineralisierung und somit Düngung abgebrannt wurde. Das dort eingesäte Korn ergab zunächst einen guten Ertrag, doch nach wenigen Jahren musste neuer Wald für die Äcker gerodet werden.

Versuche, die Ausplünderung der eigenen Wälder durch die Wirtschaftsweise der Dombauhütte zu verhindern, blieben nicht aus. Cosimo I. de' Medici reformierte 1561 die Opera; er schickte einen Verwalter nach Pratovecchio, der Kontrolle und Verwaltung verbessern sollte. Die Erfolge waren mäßig, die Opera holzte munter weiter.

Im Jahr 1818, nach über 400 Jahren Eigenwirtschaft, sah sich die Opera gezwungen, den Wald für 100 Jahre den Mönchen von Camaldoli in Erbpacht zu überlassen. Die Dombauherren waren nicht in der Lage, den Besitz ordnungsgemäß zu bewirtschaften, zu umfangreich waren unkontrollierte Schlägerungen und die Besetzungen durch Bauern. In ihren eigenen Wäldern waren die Mönche sehr umsichtig – da sie in den Wäldern der OPA nicht Eigentümer waren, zögerten sie jedoch nicht, dort die Exploitation der Bestände fortzuführen.

Großherzog Leopoldo II setzte der Misere ein Ende. Er annullierte den Erbpachtvertrag und verstaatlichte 1835 die kärglichen Reste der ehemals ergiebigen Wälder. Kahlflächen, fehlender Jungwald, kernfaule Tannen waren die Symptome der Misswirtschaft. Doch nicht einmal die Verstaatlichung brachte den gewünschten Erfolg. Zwanzig Jahre später kaufte der Großherzog die Wälder und nahm sie in sein persönliches Eigentum auf. Er schickte einen Mann auf den Plan, dessen Name noch heute, 150 Jahre später, nachhallt: Karl Simon oder Carlo Siemoni aus Böhmen.

# Carlo Siemoni. Ein Böhme im Casentino

*...rivestire i già denudati dorsi degli Appennini.*

*...die einst kahlgeschlagenen Hänge des Apennin wieder
bekleiden.*

Carlo Siemoni, 1838

Großherzog Leopoldo II suchte die Rettung der Wälder
des Casentino, einschließlich jener der Florentiner Dombauhütte, in einer rigorosen Kontrolle, die er *sistema
forestale* nannte. Auf der Suche nach Lösungen besann er
sich des österreichischen Staatsbeamtentums, das er in
seiner Jugend, im Exil während der napoleonischen Herrschaft, kennengelernt hatte. Er holte Karl Simon (1805-
1878) in die Toskana. Simon hatte sich in Böhmen als
Forstintendant in den dortigen Wäldern der Großherzöge
der Toskana einen Namen gemacht. *Carlo Siemoni* ist im
Casentino heute als derjenige in Erinnerung, der die degradierten Bergwälder wieder in guten Zustand über-
führte. Nach seiner Ankunft beschrieb er den Zustand der
Wälder als „fast ganz devastiert, in deren Folge der Wind
Tausende der kolossalsten Stämme niederwerfen
konnte". Zur Zeit seiner Ankunft im Jahr 1835 waren nur
noch die Wälder von Vallombrosa und Camaldoli in
gutem Zustand, denn hier hielten die Benediktiner ihre
schützende Hand über den Wald.

Die Entscheidung für die Toskana fiel Karl Simon schwer.
1838 zog er doch mit seiner Frau Therese Walter und
dem ältesten Sohn in das Casentino, zunächst in die großherzogliche Villa in Poppiena. Der Großherzog ernannte

ihn zum „Inspektor und Verwalter der Königlichen Casentinischen Wälder". Aus Karl Simon wurde Carlo Siemoni.

Die Widerstände gegen die Pläne des umtriebigen Siemoni waren groß, kurz nach seiner Ankunft wurden mehrere Attentate auf ihn verübt.

Karl Simon wurde 1805 in Prag geboren. Seine Mutter Elisabeth Stöger war Hofdame am kaiserlichen Hof, sie starb, als Karl noch klein war. Sein Vater war Chemiker in einer Kristallfabrik in Böhmen. Die Gerüchteküche will wissen, dass Ferdinando III, der Vater Leopoldos, der leibliche Vater Siemonis gewesen sei. Das würde die Anhänglichkeit Leopoldos seinem Verwalter gegenüber erklären. Ihre Beziehung war geprägt von „tiefen Gefühlen von Wertschätzung und Respekt".

In den drei Jahren nach seiner Ankunft erarbeitete Siemoni drei wesentliche Dokumente: einen Schätz- und Erhaltungsplan des Forstes mit den wichtigen Methoden der Sanierung, außerdem Forstkarten des gesamten Gebietes mit allen Details wie Orts- und Flurnamen, Hydrographie, Straßen- und Wegenetz und schließlich das Arbeitsprogramm zur „Restaurierung" der Wälder. In den folgenden Jahren setzte er seine Pläne Schritt für Schritt um. Dabei lud er sich eine herkulische Aufgabe auf. Am Ende seiner Karriere wird er 50 Millionen Bäume gepflanzt haben, vor allem Tannen und Buchen. Die heutigen Wälder des Casentino gehen zum Großteil auf seine Tatkraft zurück.

Anfangs kaufte er Jungpflanzen in Böhmen, ließ sie auf Karren ins Casentino transportieren. Die empfindlichen Wurzeln vertrockneten, nur ein Drittel der Bäumchen kam unversehrt ans Ziel. Siemoni kaufte daraufhin Baumsamen im Ausland und säte sie direkt im Wald aus. Überschüssige Jungpflänzchen ließ er ausgraben und auf anderen, nackten Waldflächen ausbringen. Er trieb den Bau von Straßen voran. Er ließ die Bäume auf große, von Chianina-Ochsen gezogene Karren verladen. Bis dahin waren die Stämme von den Ochsen direkt am Boden gezogen worden, Schinderei für Ochsen und Boden. Siemoni baute Forststraßen mit Y-förmigen Kehren, wo die Ochsen hineingeführt, ausgespannt und am anderen Ende der Ladung wieder eingespannt werden konnten.

Bei der Sanierung der ehemaligen Wälder der Dombauhütte geriet er 1849 in finanzielle Schwierigkeiten. Der Großherzog sah sich genötigt, die Wälder zu verkaufen. Nachdem sich kein Käufer fand, erwarb er die Wälder privat für sich – Siemoni konnte weiterarbeiten. Manche Autoren behaupten, Leopoldo hätte die Wälder nur gekauft, um Siemoni zu halten. Wegen seiner finanziellen Schwächen geriet der Böhme in Kritik; er war Techniker und Planer, kein Ökonom und Buchhalter.

Siemoni war, ebenso wie der Großherzog, ein Kind der Aufklärung. Die *civiltà del fare* – Zivilisation des Tuns – war sein Leitmotiv. Er sprühte vor Ideen und Tatendrang. Er richtete zwei Arboreten ein, eines in Badia Prataglia im oberen Arnotal, das andere hinter seinem Wohnhaus in Pratovecchio, der Villa Sala – ein Name, der auf die Langobarden zurückgeht. Der Zeit entsprechend experimentierte er mit exotischen Bäumen; deshalb stehen im Casentino heute mancherorts amerikanische Thujen oder Douglasien. In der Nähe des Arboretums von Pratovecchio steht ein kleines, Carlo Siemoni gewidmetes Museum.

Nicola Siemoni, ein Nachfahre Carlos, führt Besucher durch die Villa und das Arboretum. Nicola ist Förster, ein freundlicher junger Mann vom Typ eines österreichischen Landadeligen, bärtig und bescheiden, mit Lodenmantel und Bergstiefeln. Er arbeitet für die Umweltpolizei der Provinz Arezzo. Mit seiner Familie lebt er im ehemaligen Wohnhaus Siemonis; im Nebenflügel wohnt ein Vetter. Siemoni hatte die Villa 1838 gekauft.

Im Arboretum stehen alpine Föhren, Schwarzkiefern aus Kalabrien, japanische und nordamerikanische Thujen, Mammutbäume und die seltene *Staphillea pinnata*, eine unscheinbare Pflanze, die nur an einem Platz im Casentino, der Foresta della Lama, wächst. Dort in der Nähe, am Passo della Calla, hatte sein Vorfahr ein Dorf erbaut, mit Kirchlein und einer Glasfabrik – die Kenntnisse zur Glasgewinnung hatte er aus Böhmen mitgebracht.

Carlo Siemoni forcierte auch die Entwicklung in der Landwirtschaft der Berge. Er führte Kartoffeln, Kohl und Rüben ein, sowie neue Haustierrassen. Auf der Calla hielt er Simmenthaler Kühe und Tiroler Braunvieh. Er stellte am Ort Butter her – der Platz heißt heute noch Burraia. Die Namen sind noch da, von den Gebäuden gibt es keine Spuren mehr. Ein vom Schmelzofen ausgehender Brand legte das Dorf in Schutt und Asche.

Die Sanierungsarbeiten in den Wäldern, die Waldarbeiten allgemein, brachten einen wirtschaftlichen Aufschwung in die benachteiligte Berggegend des Casentino. Sägewerker, Fuhrleute, Köhler, Pflanzer waren gefragt. Im Jahr 1875 berichtete Siemoni von 1400 neuen Arbeitsplätzen. Einen weiteren Aufschwung brachten neue Gewerbe wie jene der Werkzeugmacher oder Holzschnitzer.

Carlo Siemoni sorgte in paternalistischer Weise für die Angestellten in seinen Projekten. Er garantierte eine kostenlose medizinische Versorgung, stellte den Familien Brennholz zur Verfügung. Sein Ziel war die Verbesserung der Lebensbedingungen, wohl auch mit dem Hintergedanken, dass der Druck der Bauern auf den Wald so zurückgehe.

Großes Hobby Siemonis war die Jagd, da konnte er seine österreichische Herkunft nicht verleugnen. Er brachte den ausgerotteten Rothirsch zurück in das Casentino, setzte das Mufflon, ein Wildschaf, aus und sammelte Waffen. Der Großherzog ging gerne mit ihm jagen. Hasen, Stare, Schnepfen, Hirsche sind als Beute verbucht. Das Wildpret ging an die großherzogliche Tafel in Florenz.

In der Folge der Italienischen Einheit ging Großherzog Leopoldo II 1859 ins Exil, nach Böhmen. Wälder, die er im Casentino gekauft hatte, blieben bis 1915 im Privateigentum seiner Familie. In jenem Jahr wurden sie italienisches Staatseigentum – enteignet als Besitz von „Angehörigen eines feindlichen Staates" nämlich Österreich-Ungarns. Seit 1973 sind die Wälder des Casentino Eigentum der Region Toskana. In einem Brief an Siemoni schrieb Leopoldo am 22. Juni 1862 von seiner Sehnsucht nach den Bergen des Casentino.

Siemoni verkehrte mit vielen Intellektuellen seiner Zeit, besonders mit den Mitgliedern der Accademia dei Georgofili, deren Mitglied er war. 1876 trat er nach 40 Jahren von seinen Ämtern zurück. Zwei Jahre später starb Carlo Siemoni mit 73 Jahren. In seinen letzten Jahren hatte er noch die Früchte seiner Arbeit gesehen:

Ausgedehnte Wälder bedeckten wieder die Berge des Casentino.

Fünfzig Jahre später würdigte der Geograf Antonio Sansone in einer Landesbeschreibung Carlo Siemonis Lebenswerk: Zwei Drittel der Wälder gingen auf seine Arbeit zurück; an den Hängen des Casentino folge ein wunderschöner Tannenwald auf den anderen.

# Brotbaum der Berge. Die Edelkastanie.

*San Michele – una cria nel paniere.*

*Zu Michaeli eine Kastanie im Brotkorb.*
Toskanisches Sprichwort

Das Kloster Santa Apollonia in Florenz liegt etwas abseits der Touristenströme, die in das nahe Kloster von San Marco oder in die Akademie mit dem *David* von Michelangelo strömen. Das Mutterkloster von Santa Apollonia, dem größten Nonnenkloster seiner Zeit, war Camaldoli im Apennin. Im Fresko des Refektoriums, im Abendmahl von Andrea del Castagno von 1445, sind die feierlich-vornehmen Figuren der Apostel in kühn verkürzter Perspektive dargestellt. Judas ist aus der Gemeinschaft der Apostel ausgestoßen, er sitzt den anderen gegenüber; er ist als Satyr dargestellt, halb Mensch, halb Ziegenbock. Satyre waren ein häufiger Topos in der Malerei der Renaissance, Symbole für das Böse und die Sünde. Andrea del Castagno (1421-1475) ist benannt nach dem Dorf seiner Herkunft, Castagno im Mugello. Seit 1921, der 500. Wiederkehr seiner Geburt, nennt es sich Castagno d'Andrea. Ursprünglich war es nach der Edelkastanie benannt, jenem Baum, dessen Früchte die Besiedelung des Gebirgsraumes am Apennin erst möglich machten.

Auf dem Hauptkamm des Gebirges, dem vorgelagerten Pratomagno oder dem Mugello, einem Berggebiet nördlich von Florenz, waren die Früchte der Kastanie das Hauptnahrungsmittel der Bevölkerung. Im feuchtkühlen Klima reifte das Getreide kaum; ein gekochter Brei aus

Kastanienmehl, die *polenta* oder der Kastanienkuchen, der *castagnaccio,* ersetzten das Brot. Schlechte Kastanienernten bedeuteten bis weit in das 19. Jahrhundert hinein den Hungertod vieler Menschen.

Römische Legionäre führten getrocknete Kastanien als Proviant mit sich und brachten sie bis nach England. Plinius beschreibt verschiedene Sorten von Marroni, ihre Form, Schälbarkeit und Geschmack. Die Griechen bauten sie in Süditalien, der Magna Graecia, an. Nach Jahrtausenden der Kultur durch den Menschen ist das natürliche Verbreitungsgebiet der Kastanie kaum noch zu rekonstruieren – in der Toskana ist die Edelkastanie, wie im übrigen Italien, eine Kulturpflanze.

Edelkastanien gedeihen in einem Waldgürtel zwischen 500 und 900 m Meereshöhe, zwischen den tieferen Eichen und den Buchen darüber. In dieser ihr zusagenden Zone wurde die Kastanie kräftig vom Menschen gefördert. Kastanienwald findet man in zwei Ausprägungen, den *castagneto* und den *marroneto.* Der flächenmäßig größere Castagneto bildet die Waldkulisse der Dörfer. Dieser Wald mutet eher wild an, die Bäume sind nicht so groß wie im Marroneto, sie tragen kleinere Kastanien. Im Castagneto lieferte die Kastanie zumindest drei begehrte Produkte: Zunächst ist da die stachelige Frucht selbst, die im Herbst geerntet wurden. Dann gewann man die Rebstützen für den Weinbau aus dem Castagneto. Dazu wird ein Teil der Bäume im Castagneto geschlagen – auf den Stock gesetzt. Am Rande des Baumstockes wachsen Stockausschläge, die in wenigen Jahren die gewünschte Stärke der Rebstützen erreichen. Als der Bedarf hoch war, erntete man die Stockausschläge alle sieben Jahre. Heute wachsen Reben an Betonpfeilern. Die Stockausschläge werden in größeren Abständen genutzt, alle 20 bis 25 Jahre oder gar 50 Jahre. Die dritte Verwendungsform der Kastanie ist als Holz – als Bauholz, für Telefonmasten, Pfähle, Truhen oder Möbel.

Eine herausragende Verwendung fand Kastanienholz beim Bau der Kuppel des Domes zu Florenz im 14. Jahrhundert. Brunelleschi, der berühmte Baumeister stand vor der Aufgabe, dem Seitendruck der riesigen Kuppel etwas entgegenzusetzen. In tollkühner und genialer Weise kombinierte er vier Meter hohe Sandstein - mit dazwischenliegenden Kastanienholzringen. Die sechs Meter langen, 30 Zentimeter dicken Holzpfähle sind dehnbar, sie halten dem gewaltigen Seitendruck stand.

Die Hohe Schule der Kastanienproduktion aber fand und findet nicht in der entfernteren Waldkulisse, dem Castagneto statt, sondern im dorfnahen Kastanienhain, dem Marroneto.

## Die Kastanien der Mathilde

Markgräfin Mathilde von Canossa war eine der herausragenden Frauengestalten des Mittelalters. Sie residierte auf dem Stammsitz ihrer Vorfahren, der Burg von Canossa am Apennin in der Romagna. Ihr Herrschaftsgebiet umfasste auch Tuszien, die heutige Toskana. Bekannt wurde Mathilde vor allem als Vermittlerin im Investiturstreit, in dem Papst und Kaiser um die Vormacht im christlichen Abendland rangen. Zur Burg Canossa pilgerte Heinrich IV. von Speyer mit seiner Gemahlin Bertha von Turin, wo er vor den Toren der Burg, angeblich barfuß im Schnee, drei Tage lang auf Einlass wartete. Am 28. Januar 1077 hob Gregor VII., hauptsächlich auf Vermittlung von Mathilde, den Kirchenbann Heinrichs auf.

Lebendig geblieben ist ihr Name auch im *marroneto matildico*, dem Kastanienhain, der in seiner Anordnung und Pflege auf die Markgräfin zurückgeht. Der Marroneto ist ein dorfnaher Hain von überschaubarer Größe, ein wohlgeordneter Baumbestand, mit veredelten, mächtigen, großkronigen Kastanien, die meist größer sind als im urwüchsigen Castagneto. Die Verteilung der Bäume auf der Fläche unterliegt der mathildischen Regel, einem Abstand von 10 mal 10 Metern. Diese Regel und weitere Regeln der Bewirtschaftung gelten heute noch, nach fast 1000 Jahren. Die Expertise für den Kastanienanbau holte Mathilde sich vor allem aus den Klöstern ihrer Markgrafschaft; die ersten, die Kastanien angebaut und veredelt hatten, waren Mönche gewesen.

Mathilde trieb die Besiedelung in den Bergen voran, sie schuf über die Edelkastanie die Ernährungsbasis der Bergbewohner. Im Vergleich zum eher wild wachsenden Castagneto ist der Marroneto ein gepflegter Baumbestand. Hier im Kastanienhain stehen oft bis zu 500 Jahre alte Bäume. Die Bauern bewirtschafteten den Marroneto wie einen Garten – sie mähten das Gras zwischen den Bäumen, schützten den Hain damit vor Bränden, entbuschten und entsteinten die Flächen, weideten Schafe. Die Blätter der Bäume dienten als Einstreu im Stall und als – nicht sehr hochwertiges – Viehfutter.

In der Blütezeit der Kastanienkultur umfassten Kastanienwälder bis zu zwei Drittel der gesamten Waldfläche des Casentino.

Doch die Kastanie führte auch in ein malthusisches Dilemma: Mit der ergiebigen Nahrungsproduktion stieg die Bevölkerung. Das ging gut, so lange die Kastanie verlässliche Ernten brachte. Doch wie bei jedem masttragenden Baum gibt es auch bei der Kastanie schwache Ernten und Ernteausfälle. Kastanien sind anfällig für Spätfröste, da kann schon einmal die Ernte ausbleiben.

Der englische Nationalökonom und Pfarrer Thomas Malthus postulierte im 18. Jahrhundert eine Bevölkerungstheorie, nach der jede Steigerung der Nahrungsproduktion früher oder später vom Wachstum der menschlichen Bevölkerung eingeholt und in ihrer Wirksamkeit zunichte gemacht wird – Hunger und Hungertod sind unausweichlich. In den letzten Jahren, in Zeiten der Nahrung im Überfluss, wurden die Lehren Malthus' oft geschmäht. Doch die Folgen unregelmäßiger Ernten im Fall der Kastanie waren eine Bestätigung der malthusischen These.

Was in einer Bevölkerung geschieht, die sich in der Ernährung hauptsächlich einer einzigen Frucht ausliefert, klingt im nachfolgenden Lied aus zwei Kastaniendörfern im Casentino an:

*Raggiolo e Carda tra due fiumi giace*
*Le su' ricchezze son le quattro brice*
*Se le quattro brice vengono avanti*
*Balla Raggiolo, Carda e tutti i su' abitanti.*
*Se le quattro brice non vengon a bono*
*Raggiolo e Carda ballan senza sono.*

*Raggiolo und Carda liegen zwischen zwei Flüssen*
*Ihr Reichtum sind ein paar Kastanien.*

*Wenn die Kastanien gut reifen,*
*Tanzen Raggiolo, Carda und alle ihre Einwohner.*
*Wenn die Kastanien aber nicht erscheinen.*
*Tanzen Raggiolo und Carda, ohne dass Musik ertönt.*

Wenn die Kastanien ausfallen und die Kastanienmühlen stillstehen, gibt es in Raggiolo und seinem Nachbarort Carda keine Feste, keine Musik. Im stummen Tanz winden die Menschen sich vor Hunger.

Das kleine Dorf Raggiolo liegt über dem Arnotal, am steilen Osthang des Pratomagno. Auch an einem Sonnentag macht es einen eher düsteren Eindruck; graue Steinhäuser stehen treppenförmig übereinandergestapelt. Kastanienwälder rings um Raggiolo scheinen das Dorf überwuchern zu wollen.

Luigi Bianchi ist der ehrenamtliche Direktor des *Museo della civiltà del castagno*. Er schildert das Leben in alter Zeit anhand der Bilder an den Wänden im Museum, führt draußen zu Dörrofen, Kastanienmühle und weiter in den dorfnahen Marroneto, der von verfallenden Steinmauern umgeben ist.

Insgesamt gab es rund um das Dorf an die 2000 Hektar Kastanienwald. Die Früchte der Kastanien wurden zu Mehl vermahlen und zu Kastanienbrei, der Polenta, verkocht. Das war die Hauptnahrung – eintönig, aber nahrhaft. Die lokale Sorte der Kastanien, die *raggiolane*, waren eher klein und flach. Sie waren wegen des geringeren Eiweißgehaltes länger haltbar. Die größeren und eiweißreicheren Marroni konnten nicht zu Mehl verarbeitet werden. In Raggiolo war die Kastanie der *albero del pane*, der Brotbaum.

Wie groß die Nahrungsknappheit einst sein konnte, demonstriert der Museumsdirektor an einer Klappe an der Innenwand der Häuser, von der aus man Zugriff in die Nester der Mauersegler an der Aussenwand hatte. Nestlinge wurden entnommen und verspeist, zwei der Jungvögel wurden belassen – eine Form der Nachhaltigkeit und eine Aufbesserung des eintönigen Speiseplanes.

Das traditionelle Hochzeitsdatum in Raggiolo war der achte September. Am 29. September, am Tag des Heiligen Michael, begann die Kastanienernte und *due braccia in più facevano comodo* – „zwei Arme mehr konnte man gut gebrauchen", so Luigi Bianchi, dem diese erotisch-ökonomische Gemengelage ganz normal zu sein scheint. Alte und Junge, Männer und Frauen waren während der Ernte im Kastanienwald zugange. Auch Frauen „aus der Mezzadria", aus dem entfernter gelegenen Hügelland, kamen für einige Wochen als Erntehelferinnen in die Berge. Sie bekamen Kost und Logis und einen Zentner getrocknete Kastanien. Drei Zentner frische Kastanien ergaben einen Zentner getrocknete oder 99 kg Mehl. Die produktivsten Flächen brachten um die 120 Zentner Kastanien pro Hektar.

Luigi Bianchi erläutert den *metato*, den Dörrofen, in den die frischen Kastanien zum Trocknen kamen. Durch eine Luke auf dem Dach warf man auf leicht auseinanderliegende Holzstangen eine 10-20 cm hohe Schicht aus frischen Kastanien. Darunter brannte einen Monat lang Tag und Nacht ein niedriges Feuer. Wenn die Früchte trocken waren, bewegte man die Stangen und die Kastanien fielen zu Boden. Sie wurden in großen Körben gesammelt und geschält. Dazu banden sich die Leute

Nagelbretter an die Füße, mit denen sie die Schalen von den trockenen Kastanien traten. Der Dörrofen wurde Tag und Nacht bewacht, zur Vorbeugung von Brand und Diebstahl. Um das Feuer wurde die *veglia*, die Nachtwache gehalten. Dabei kostete man die neuen Kastanien, trank Wein und erzählte Geschichten.

Im Casentino und Mugello findet man im September auch in anderen Orten noch aktive Dörröfen - auch *seccatoio* – genannt; in Gavisseri bei Stia, in Le Casine in Castagno d'Andrea und in Castagnoli.

Mit Wehmut spricht Luigi Bianchi vom Bevölkerungs-schwund: In den 1930er Jahren lebten in Raggiolo noch 1200 Menschen, heute etwa die Hälfte. Nur im August halten sich bis zu 1000 Leute hier auf, wenn Abwanderer zur Sommerfrische in die restaurierten Häuser ihrer Großeltern zurückkehren. Seit der Mitte des letzten Jahr-hunderts war die Kultur der Edelkastanie einem scheinbar unaufhaltsamen Ende entgegengegangen – durch die Landflucht der Menschen und den Kastanien-rindenkrebs, einen eingeschleppten Pilz.

Doch es gibt frischen Wind: In Raggiolo gründeten enga-gierte Bewohner zur Wiederbelebung des Kastanien-anbaus im Jahr 2004 ein *consorzio*, eine Genossenschaft. 25 Mitglieder planen, auf 100 Hektar die alten *raggiolane* anzupflanzen und als lokales Produkt zu vermarkten.

*Kastanienrindenkrebs – Kastanie am Ende?*

Giuseppe ist Mitglied der Genossenschaft von Raggiolo, ein unkonventioneller Typ, der mit seinem dreirädrigen Geländebuggy die kurvigen Straßen meistert, am Rücksitz eine Kiste mit Werkzeugen und einen großen grünen

Regenschirm. Er wohnt in der Romagna, also über dem Bergkamm des Appenin, hat in Raggiolo noch einen Bruder und die *mamma.* Er lebt vom Verkauf selbstgeschnitzter Holzfiguren. Sein Stolz ist ein Blockhaus im frisch angelegten Marroneto – Küche, Stockbetten und Schnitzereien. Das viele Holz ist *per l'estetica,* sagt Giuseppe. Ihm gehören zwei Hektar eingezäuntes Gelände, mit neu gepfropften, veredelten Kastanienpflänzchen à la Mathilde von Canossa. Ein Zaun soll Wildschweine draußenhalten und Pilzesucher. Gegen letztere hat er nicht wirklich etwas, sie gefährden aber die frisch gepfropften Jungkastanien.

Die größten Probleme hat Giuseppe jedoch mit dem Rindenkrebs. Er zeigt uns ein abgestorbenes Propfreis, daneben eine Pflanze, die überlebt hat. In der Umgebung stehen große Flächen abgestorbener Kastanienwald. Giuseppe weist auf die Sträucher hin, die sich zwischen den toten Kastanien ausbreiten – Wildkirschen und Brombeeren.

Die Misere der Kastanie begann 1938 mit einem im Hafen von Neapel aus den USA eingeschleppten Pilz auf infizierten Kisten aus Kastanienholz. Der Kastanienrindenkrebs (*Cryphonectria parasitica*), ursprünglich aus China stammend, hatte davor schon als *chestnut blight* die amerikanische Edelkastanie an der amerikanischen Ostküste so gut wie ausgerottet. In Italien begann der *cancro del castagno* bald in den Wäldern und Hainen zu wüten. Gleichzeitig wanderten viele Menschen in die sich industrialisierenden Städte ab, die Pflege der Kastanien hörte auf. In Süd- und Mitteleuropa schien die Kastanie verloren.

Heute breitet sich unter Kennern wieder vorsichtiger Optimismus aus. Besonders die auf den Stock gesetzten Altbäume entwickeln widerstandsfähige Stockausschläge. Unter deren Rinde bildet sich eine Korkschicht, die eine Pilzausbreitung hemmt.

Im Casentino, in Stia, haben Forscher einen Kastanienhain mit einem hypovirulenten Pilzstamm gepfropft – ein Experiment. Dieser weniger schädliche Pilz verbreitet sich mittlerweile von selbst im Niederwald. Auch das nährt die Hoffnung, dass die Kastanie in den toskanischen Bergen überlebt.

Die Kastanienernte in der Toskana beträgt heute 70.000 Tonnen im Jahr. Vor 150 Jahren war es acht Mal so viel. Vielerorts trifft man heute in der Toskana auf verwilderte, ungepflegte Kastanienwälder – mächtige Baumstrünke im Walddickicht, innen oft hohl, mit vielen Stockausschlägen.

Heute findet man noch große Marroneti mit monumentalen Kastanien in den Bergen nördlich von Florenz, im Alto Mugello. San Godenzo und Castagno d'Andrea sind von großen Kastanienhainen umgeben. Vom Mugello aus wurde die Stadt einst mit Kastanien beliefert. Durch die Nähe zu den städtischen Märkten war das Gebiet von Landflucht und Vernachlässigung nicht so betroffen wie andere Gebiete der Toskana. Aus dem Mugello kommt die eingetragene, EU-geschützte Marke *Marrone del Mugello I.G.P.* Genießen und dabei Gutes tun: Wer die Marroni aus dem Alto Mugello verspeist, trägt zum Erhalt und Pflege der Kastanienhaine mit ihren Jahrhunderte alten Baumriesen bei.

# Aus den Bergen zum Meer.
## Herdenwanderung in die Maremma

*La montagna che circonda il Casentino è tutta piena di ottime*
*pasture ove stanno le pecore ed altri bestiami*
*che poi vanno l'inverno in Maremma*
*unitamente a una parte*
*degli abitanti.*

*Die Berge, die das Casentino umgeben, sind voller guter Weiden,*
*wo die Schafe sind und anderes Vieh,*
*die dann im Winter in die Maremma gehen*
*zusammen mit einem Teil der Bewohner.*
*Pietro Leopodo, Relazioni sul governo della Toscana,1773*

Winter für Winter zogen Hirten zusammen mit ihren
Schafen, Rindern, Eseln und Pferden aus den Bergen in
die Ebene an der Küste, in die Maremma. Die Maremma
war ein „fremder Raum"[46], gelegen außerhalb der Zivilisation, wild und bedrohlich, unbewohnbar durch die
Malaria. Nur im Winter, wenn die Malariamücke
Anopheles nicht flog, war es hier ungefährlich. Die
halbnomadische Wanderschäferei nutzte die Weiden der
Berge und jene der Ebenen zu verschiedenen Jahreszeiten: In den Bergen, auf den Almen, fanden die Tiere in
den Sommermonaten ihr Futter; im Winter, wenn dort
keine Malaria drohte und auf den Bergen Schnee lag,
zogen die Herden an die Küste.

Die Herdenwanderung oder Transhumanz war über
Jahrtausende im gesamten Mittelmeerraum verbreitet.
Geographen sprechen von der „normalen" Herdenwan-

derung, wenn die Besitzer der Herden Bewohner der Ebene sind. Ein Beispiel dafür waren die Herden der Camargue und der Crau, die im Sommer in die französischen Alpen zogen. Bei der „umgekehrten" Transhumanz ziehen Herden im Winter in die Ebene, die Dörfer der Schäfer liegen in den Bergen. Dieser Form der Herdenwanderung begegnen wir im Casentino. Die ältesten Wege der Transhumanz stammten von den Etruskern, die vom Apennin zum Tyrrhenischen Meer oder zur Adria zogen.

Das Schaf war das wichtigste Weidetier im Casentino. Seine Produkte – Wolle, Käse und Fleisch – sicherten den Bauern das Überleben und den großen Herdenbesitzern, den Klöstern und Feudalherren, bedeutenden Profit. Im 18. Jahrhundert zogen an die 200.000 Schafe aus dem Casentino in die Maremma.

### Dogana dei Paschi

1353 eroberte Siena die südliche Maremma. Doch warum wegen ein paar Malariasümpfen und Dorngebüschen Krieg führen? Nun – die Maremma lag im Zentrum machtpolitischer Interessen: Jedes Schaf, das hier überwinterte, brachte Geld, die Verpachtung der Weideflächen ließ die Steuereinnahmen nur so sprudeln. Bald nach der Eroberung begann Siena, die Weidewirtschaft in der Maremma aktiv zu organisieren, seine Steuerhoheit zu sichern. Die wichtigste Maßnahme dazu erfolgte 1419: Die Stadt gründete die berühmte Dogana dei Paschi di Siena („Zollbehörde der Weiden von Siena"). Sie regelte die Verpachtung der Paschi, der Weiden, durch ein Konvolut ausgeklügelter Bestimmungen. Um ein Stück Vieh in der Maremma auf die Weide führen zu dürfen, musste eine

Steuer, die *fida* entrichtet werden, dazu kam für jedes Stück Vieh eine Kopfsteuer, die *gabella*. Die Reglementierung und Rationalisierung der Beweidung der Maremma lohnte sich für Siena außerordentlich: 15.000 Goldflorin nahm die Stadt jedes Jahr ein, die Gabelle und Fide waren ihre größte Einnahmequelle. 1472 erfolgte die Gründung der ersten Bank der Welt, des *Monte dei Paschi di Siena*, eine Bodenkreditanstalt, deren Gründungskapital aus den Pachteinnahmen aus der Maremma stammte. In letzter Zeit machte der Monte dei Paschi vor allem in Zusammenhang mit der Finanzkrise von sich reden. Die Dogana dei Paschi hörte 1778 zu existieren auf, als Großherzog Pietro Leopoldo die Verpachtung der Weiden privatisierte.

Die Dogana verpachtete dabei Flächen, die ihr nicht gehörten. Sie bediente sich einer Rechtsauffassung, die hier wie in vielen anderen Gegenden Europas das Eigentum an Grund und Boden einschränkte: Der *frutto naturale*, alles, was natürlich wächst und nicht angebaut wird, gehört der Gemeinschaft. Nach der Ernte löste sich das Privateigentum an Grund und Boden auf – alle Felder eines Dorfes wurden kollektiviert und zur gemeinschaftliche Weide für das Vieh der ganzen Gemeinde. In der Maremma setzte die Dogana ein Staatsmonopol durch, das die Beweidung der Flächen reservierte. Nur bis zur Ernte waren die Felder – in der Maremma extensiv bewirtschaftete Weizenfelder – Privateigentum, danach gingen sie bis zur nächsten Aussaat in Gemeineigentum über. Hier haben wir es mit einem massiven Eingriff des Staates zu tun: Zuerst Siena, später das Großherzogtum Toskana, verpachtete die Weideflächen in der Maremma an die Herdenbesitzer; an den Einnahmen daraus waren die Grundeigentümer nicht beteiligt.

Die Beamten der Dogana dei Paschi übergaben die Weiden „mitsamt Gras, Blättern und Eicheln" den Schäfern mit einem Vertrag, dem *salvacondotto* oder *fida*. Mit diesem formalen Akt genehmigte die Republik Siena den Durchgang und die Beweidung von September bis Mai. Die großen Herdenbesitzer versuchten auch, in der Maremma große Territorien zu besetzen oder zu erwerben. Dazu gehörten die Klöster von Camaldoli und Vallombrosa, die Grafen Guidi aus Poppi im Casentino oder auch die Fürsten Corsini, die im 18. Jahrhundert das riesige Gut Marsiliana in der Maremma kauften, das über 8000 Hektar umfasste. Die private Aneignung von Weidegründen hatte vor allem den Zweck, die Steuern, die Fide, zu umgehen. Ein Beispiel für solche – illegalen – Praktiken waren die Grafen Guidi, die schon im Mittelalter in der riesigen *bandita* von Cinigiano ihre Schafe überwinterten.

Die Herden zogen auf vorgeschriebenen Wegen in die Ebene und zurück. Nach 1557, als die Medici ihre Herrschaft über die ganze Toskana ausdehnten, hatten die Großherzöge versucht, die Transhumanz auf wenige Straßen zu zwingen, mit breiten Grasstreifen links und rechts, die der Bewirtschaftung durch die Mezzadria entzogen waren. Die Kontrolle sollte erleichtert, die Zolleinnahmen garantiert werden. Großherzog Pietro Leopoldo (1765-1790) schrieb: „Schäfer und Vieh, die den Winter in der Maremma verbringen wollten, hatten vorgeschriebene Straßen vom Apennin in die Maremma, *strade doganali*, genannt. Für jedes Stück Vieh, auch Jungtiere… zahlten sie Zollgebühren auf ihrem Weg durch das Florentinische. Beim Eintritt in die Maremma gab es weitere Stationen, *calle* genannt. Dort musste man sich einfinden, zahlen und die Policen entgegennehmen".

Die Dogana dei Paschi hatte an strategischen Punkten, an Brücken und Kreuzungen, ihre Zollstationen. In Florenz zum Beispiel zogen die Schafe über den Ponte Vecchio und die alte Via Romana durch die Stadtmauer auf die Via Senese, vorbei an der Kirche San Pier Gattolino. Den vorüberziehenden Schafen war es egal, dass sie ein Wirtschaftsgut am Körper trugen, das einst den Anlass gegeben hatte für den berühmten frühkapitalistischen *tumulto dei ciompi*, den Aufstand der Wollwäscher, die sich bei San Pier Gattolino zusammengerottet hatten, um dort den Protest gegen ihre unmenschlichen Arbeitsbedingungen in die Stadt zu tragen.

Viele Orte in der Toskana haben eine *Via maremmana* oder *Via di Dogana* – Straßen, die mit den Zollstationen versehen waren, an denen die Herden zwei Mal im Jahr, beim Auf- und Abstieg, vorbeiziehen mussten. Die Herden aus dem Mugello, aus der Romagna, aus dem Casentino zogen über den Passo della Consuma und den Pratomagno und vereinigten sich traditionell am Arno, in Ponte di Rignano. Hier wurde die erste Gabella fällig. Rignano, unterhalb von Vallombrosa gelegen, bestand schon seit den Römern. Bis zu den Leopoldinischen Reformen von 1778, die die Dogana dei Paschi aufhoben, war der Durchgang durch die Zollstation von Rignano obligatorisch.

Von Rignano aus ging die *Strada della Dogana* oder *Via maestra dei vergai* in Richtung Maremma. Der Vergaio war der Chef einer *masserizia*, der Einheit von Schafen und Rindern, Hunden, Schäfern und einigen Lasttieren.

Eine andere strategische Zollstation, neben jener bei Rignano, war die bei Paganico, „wo jene aus Casentino und Mugello kommen und andere ihnen folgen" (Pietro Leopoldo). Der Granduca berichtet auch von der „äußerst schlechten" Luft (*mala aria*) in dieser Gegend, und dass die *padri* von Camaldoli aus dem Casentino ein großes Gut hätten mit großen Weiden, wo sie ihre Schafe hinschickten.

Am Ende der Weidesaison musste man sich an denselben Stationen einfinden. Dort mussten bei der Dogana ein Drittel mehr Tiere als bei der Ankunft verzollt werden – jene Schafe, die in der Maremma geboren worden waren. Die Schäfer erzählten von Verlusten und Seuchen, versuchten die Zahl der Tiere zu verringern – mit gekauften Zeugen und bestochenen Beamten. In die großen Schafzüge mischten sich allerlei Gestalten, die versuchten, zwischen den bewaffneten Schäfern in die Maremma zu entkommen.

Bevor die Schafe im Winter ganz in die Ebene zogen, weideten sie mancherorts im Hinterland, zum Beispiel bei Magliano, in der Macchia und auf Stoppelfeldern.

Nach der Eroberung der Maremma durch die Medici 1553, organsierte Cosimo I (1519-1574), der erste Großherzog der Toskana, die Dogana dei Paschi neu. Ein neues Statut über die Nutzung der Weiden in der Maremma etablierte ein definitives Staatsmonopol: Die Weiden gehörten dem Staat, die Kommunen der Maremma wurden enteignet. Nur die Flächen, die mit Nutzungsrechten der Gemeindebewohner belastet waren, durften von diesen genutzt werden. Die Zolleinnahmen flossen nach Florenz. Der Kapitaleinsatz war niedrig, es gab keine Pflege der Weiden, keine Maßnahmen der Trockenlegung. Die Erträge durch Steuern und Zölle waren dafür umso höher.

Während Siena der Transhumanz noch ein Minimum an Aufsicht zuteil hatte werden lassen, die Herden in die verschiedenen Weidegegenden einwies oder Kastanienmehl zu moderaten Preisen an die Schäfer verkaufte, verfiel die öffentliche Ordnung unter den Medici; ihre Herrschaft ging als eine Zeit des Niedergangs in die Geschichte ein. Siena hatte 1419 noch 15.000 Goldflorin im Jahr aus den fide eingenommen, 1764 waren es nur noch 5.000.

Die gesamte Maremma fiel also unter den Medici der Ausbeutung anheim. Die Nutzung der Weidegründe war unreglementiert, die Kontrolle der Weidezeiten unterblieb.[47] Die mangelnde Rechtspflege führte während ihrer Herrschaft zu großen illegalen Grundbesetzungen durch Großgrundbesitzer und andere, den Medici nahestehende Institutionen. Sie schlossen kleinere und ärmere Masserizie aus, die auf die schlechteren, aber auch billigeren Gemeinweiden, die *paschi*, zurückgeworfen wurden.

Die Usurpatoren wandelten die Gemeinweiden in Bannweiden um, die sie nur für sich nutzten, die *bandite*. Vergai aus dem Casentino beschwerten sich beim Granduca über den Bischof von Grosseto, der sich bei Roselle ein großes Stück Weideland illegal einverleibt hatte. Auch auf den Paschi stiegen die Steuern, die Schäfer hatten auch immer größere Schwierigkeiten, sich den Durchgang durch die vom Gesetz garantierten – und vorgeschriebenen – Wege zu erzwingen.

Im 17. Jahrhundert nahm die Bevölkerung in der Maremma ab, die Landwirtschaft verfiel. Die Unsicherheit wurde größer, genau wie die Herden auf den illegal angeeigneten Flächen.[48] In der Maremma gingen viele Schäfer Nebentätigkeiten nach, um ihr Überleben zu sichern. Viele stellten Holzkohle her, säten Weizen ein oder gingen der Wilderei nach. Gegen Ende der Herrschaft der Medici nahmen Misswirtschaft und Korruption unter den Zollbeamten zu; sie „übersahen" viele Schafe, für die sie die Kopfsteuer erheben sollten und illegale Holzschlägerungen. Viele Beamte waren durch die schlechte Bezahlung nicht in der Lage, Gefälligkeiten abzulehnen und brauchten Käse, Ricotta und Lammfleisch zum eigenen Überleben.

*Das Ende*

Im 18. Jahrhundert wuchs die Bevölkerung der Toskana, Getreide erzielte hohe Preise, die Nachfrage nach Korn und Mais war groß. Der Druck nahm zu, die Maremma zu entsumpfen, die Böden unter den Pflug zu nehmen. Jetzt wurde die archaische Ökonomie der Transhumanz zum Bremsklotz im Rädergetriebe der neuen liberalen merkantilistischen Wirtschaftspolitik. Ökonomen und Agronomen sahen die extensive Wirtschaft der Maremma als Verschwendung; sie forderten die Verbesserung der hygienischen Verhältnisse, vor allem durch Entsumpfung und funktionierende Kanäle, ohne die man der Malaria nicht Herr werden konnte.

Weiderechte auf fremdem Eigentum, Wegebeschränkungen, Zölle und Kopfsteuern: Die kameralistisch eingestellten Staatsbeamten leiteten mit der Abschaffung all dieser Hindernisse den langsamen Niedergang der

Transhumanz ein. Pietro Leopoldo setzte 1778 die große Umwälzung in Gang, als er nach 450 Jahren die Dogana dei Paschi abschaffte. Alle internen Zölle, alle mit der Transhumanz verbundenen Steuern, das Ufficio dei Paschi mit all seinen Gesetzen und Privilegien existierten nicht mehr. Die Myriaden von Nutzungsrechten der umliegenden Kommunen (Holz-, Weiderechte), die die Weiden belasteten, waren mit einem Federstrich abgeschafft, Nutzung und Eigentum von Grund und Boden in einer Hand vereinigt. Diese Einheit war ein Grundsatz der merkantilistischen Wirtschaftspolitik.

Der Widerstand besonders der kleineren Herdenbesitzer gegen die Neuerungen war groß; die Schäfer sahen sich nach Jahrhunderten der Transhumanz der Möglichkeit beraubt, ihre Schafe in die Maremma zu führen. Die Absicht der neuen Bestimmungen war, dass die Schäfer den Weidezins mit den Grundeigentümer frei aushandeln sollten. Doch wollten die ärmeren Schäfer ihre schlechten, extensiven, aber billigen Weiden nicht gegen bessere, aber teurere eintauschen; sie waren nicht in der Lage, höhere Pachtpreise zu zahlen, denn: Der Wert der „abgelösten" Grundstücke stieg sofort, die Pachtpreise auf den privatisierten Gründen verteuerten sich. Nur reiche Herdenbesitzer konnten mithalten – oder sie erwarben ihre eigenen Territorien in der Maremma.

Einen weiteren harten Schlag erfuhr die Transhumanz durch die Trockenlegung der Maremma; die unbewirtschafteten Weideflächen wurden immer kleiner, der Getreideanbau nahm zu. Neue Grundeigentümer und die Mezzadria auf den neu gewonnenen Böden standen in schroffem Gegensatz zur alten Hirtenkultur.

Nach den leopoldinischen Reformen war auch der Weg-
verlauf nicht mehr vorgeschrieben, die Schäfer suchten
sich neue, alternative Wege.

Die neuen Gesetze brachten eine große Dynamik in die
Schafwirtschaft. In den Bergen gewannen vor allem die
großen Herdenbesitzer durch Rodung neue Söm-
merungsflächen, zumal auch die Waldwirtschaft liberali-
siert wurde, was Rodungen, Kahlschläge und eine
dramatische Abnahme der Waldfläche mit sich brachte.
Die großen Schäfereien kauften oder pachteten große
Flächen in der Maremma und vergrößerten ihre Herden,
wie zum Beispiel die Grafen Gherardesca aus Bolgheri.

Die Hirtenkultur mit ihren Traditionen, Überlieferungen,
sozialen und ökonomischen Gegebenheiten war dabei,
sich zu überleben.

Nach dem ersten Schlag durch die leopoldinischen
Reformen ging die Transhumanz in den fünfziger Jahren
des letzten Jahrhunderts dann zu Ende. Nach der
Bodenreform in den Fünfziger Jahren kamen vor allem
noch Schafe lokaler Bauern in die Maremma. Um 1950
gab es in Grosseto noch 22.000 Schafe, 9.000 davon
kamen aus Arezzo. 18.000 Schafe waren von lokalen
Bauern; sie waren einen Teil des Jahres eingestallt, gingen
also nicht mehr auf die Transhumanz.

# Wir führen das Leben von Streunern.
# Vom Leben der Hirten

*Maremma amara...*

*Bittere Maremma...*
*Aus einem toskanischen Volkslied*

Es bedarf einer ausgeklügelten Logistik, um eine Herde von mehr als Tausend Tieren mit dem zugehörigen Tross sicher in ihr Winterquartier auf die Weiden der Maremma zu führen: Über 150 Kilometer und mehr über Berge und Pässe; durch Zollstationen, immer wieder mit anderen Herden zusammentreffend. Dem *vergaio* oblag dabei die Gesamtverantwortung. Der Vergaio war ein begehrter und kenntnisreicher Mann, der ein strenges Regiment führte. Er war Herr der *masseria (masserizia)* oder *vergheria*, der Einheit aus Mann, Vieh und Material. Größere Masserien, wie die der Klöster oder Feudalherren, umfassten 1500 bis 9000 Schafe, zusätzlich einige Dutzend bis wenige hundert Ziegen, bis zu 35 Schäfer und Gehilfen mit ihren Hunden; Maultieren und Eseln für den Lastentransport, mit Pferden für reitende Bedienstete. Hinzu kamen Gerät, Küchengeschirr, Proviant und einfache Zelte. Großherzog Pietro Leopoldo schrieb 1774 anlässlich seiner Staatsvisite in Grosseto in der Maremma von 6000 Schafen, 120 Pferden und 600 Ziegen allein des Klosters Camaldoli.[49]

Nach dem 29. September, dem Fest des Heiligen Michael, versammelte der Vergaio Mannschaft und Tiere zum Antritt der Reise. Die Schäfer waren im Umgang mit Tieren und mit den Abläufen erfahrene Leute. Der Vergaio hielt Distanz, er vergesellschaftete sich nicht mit den Schäfern.

Die Organisation der kleineren Herden war weniger formal, die Beziehungen der Schäfer untereinander entspannter. Sie schlossen sich zu einem Zweckverband, der *sortaria,* zusammen, sie kamen meist ohne Vergaio aus.

Die Menschen lebten auf der Wanderung und im Winterquartier zum guten Teil von eigenen Produkten – der Milch, der Ricotta, dem Fleisch und dem mitgebrachten Kastanienmehl. Wolle und Felle wurden verkauft. Dem Vergaio und seinem meist berittenen Assistenten oblagen der Verkauf der Produkte sowie die Kassenführung. Das große Kloster Camaldoli entsandte einen eigenen Frater für die Buchhaltung in die Maremma.

Vor dem Abmarsch zählte man die Schafe. Ein geschmückter Leithammel ging der Herde voran. Auf seinem Rücken war ein Salomonsknoten aufgemalt, als Abwehrzauber gegen Verwünschungen und Unglück. Die Wanderung vom Casentino in die Maremma dauerte 10 Tage. Die Herden bewegten sich auf Wegen, den *vie di dogana* oder *vie maremmane,* deren Verlauf über Jahrhunderte derselbe blieb. Die älteren Schafe erinnerten sich an die Wege, und zeigten Jungschäfern den Weg. Die Tagesetappen durften nicht zu lang sein, die Mutterschafe waren trächtig. Die Bezeichnung für eine Etappe spiegelt die Sehnsucht nach ihrem Ende wider: *albergo.* An den Herbergen, auch *poste* genannt, richteten die Gehilfen die Schafpferche ein. Es war äußerst wichtig, Schafe von den Feldern fernzuhalten.

*Tu dei saper ch'i' fui conte Ugolino....*
*Du musst wissen, dass ich Graf Ugolino war...*
*Dante Alighieri, Divina Commedia, Inferno XXXIII*

Längs der Straßen in die Maremma lagen die Herbergen und Pferche für die Stationen der Masserie. Der *Giornale toscano* zitiert 1832 einen Schäfer, der eine Unterkunft kurz vor dem Erreichen der Ebene beschreibt: „Wir gelangten in die Ebene von Castagneto inmitten von Äckern und Weinbergen. Es gibt ein großes Gebäude des Grafen Gherardesca, genannt der Casone Ugolino, welches als Herberge für 500 Schafe und ihre Hirten dient." Der Graf Ugolino della Gherardesca war nicht irgendwer – Dante beschrieb ihn im dreiunddreißigsten Gesang des *Inferno* seiner göttlichen Komödie. Der Bischof überwältigte seinen Feind Ugolino durch eine List und sperrte ihn zusammen mit zwei Söhnen und zwei Neffen in einen Turm, wo sie alle verhungerten. Ugolino ernährte sich von den Leichen, bis auch er starb. In Dantes Hölle nun zerfetzt Ugolino die Kopfschwarte seines Feindes mit seinen Zähnen bis in alle Ewigkeit.

Das Wort für Schafpferch – *addiaccio* – finden wir in verschiedenen Bedeutungen im Italienischen. Sich *all'addiaccio* zu befinden, ist eine Metapher für eine prekäre Übernachtungssituation, bei Unwetter oder Kälte. Man findet auch den Ort Diaccia Botrona (in der Maremma) oder Jacopo da Diacceto (1494-1522), den Schriftsteller und Literaten.

Morgens im Winterquartier wurden die Schafe gemolken, bevor sie aus dem Pferch kamen. Ungefähr drei Viertel der Schafe in einer Vergheria waren Milchschafe. Eine Herde des Klosters Camaldoli hatte zum Beispiel 4.000

Schafe, von denen 3.000 gemolken werden mussten. Tagsüber zogen die Schäfer mit den Tieren auf die Weiden, mit Brot und Käse als Proviant. Ein Accessoire des Schäfers, das niemals fehlen durfte, war der große grüne Schirm, der gegen den Winterregen schützte. Am Abend, nach dem Melken, trafen sich die Schäfer zu gemeinsamem Abendessen in der zentralen Rundhütte, dem *capannone*. Das war der Höhepunkt des Tages. In diesen kurzen Stunden reparierten die Schäfer die Ausrüstung, fertigten *chaps* aus Schaffell, einen Schutz der Beine vor Dornen. Am Feuer in der Hütte lauschte man gespannt den Geschichten des *Orlando furioso*, des Rasenden Roland, oder der *Divina Commedia*, der göttlichen Komödie Dantes.

Die großen Masserie waren streng hierarchisch organisiert, mit einer strikten Arbeitsteilung. Es gab den Käsemeister, den *caciere*, zuständig für Käse und Ricotta. Die Schäfer, die *pastori* hüteten die Schafe nicht nur, sondern molken sie auch. Innerhalb der Gruppe der Schäfer gab es die Figur des für die Hammel zuständigen *montonaio* und den Hüter der Lämmer, den *agnellaio*. Um die Pferde kümmerte sich der *cavallaio*, um die Maultiere der *mulaio*. Die *garzoni* waren für die niederen Dienste zuständig; sie kümmerten sich um das Geschirr, die Werkzeuge, die Zäune, die Pferche. Ihnen halfen die *bescini*. Diese Helferbuben standen am untersten Ende der Hierarchie innerhalb der Vergheria. Bescini flohen schon einmal aus der Maremma vor den Härten ihres Lebens.

Käse und Ricotta waren die Haupterzeugnisse der Vergheria, Fleisch und Felle Nebenprodukte. Lämmer und Schafe, aber auch die ganze Herde konnten verkauft werden. Die Märkte lagen in nahen Städten wie Grosseto; in der Antike auch in Rom. Schon Varro (116-27 v. Chr.) beschrieb Usancen, die über 2000 Jahre bis zum Ende der Transhumanz gelten sollten: Zwei Lämmer für ein Schaf, ein halbes Schaf für ein altes Tier, dem die Zähne fehlten.

Während einer Saison hütete der Schäfer immer dieselbe Herde. Hammel und Milchschafe weideten getrennt. Es war der Stolz der Schäfer, „ihre" Schafe an den Stimmen zu erkennen. Tagsüber waren die Schafe auf den Weiden, am Abend zum Melken im Pferch. Dort waren sie auch sicher vor Wölfen.

Von denen drohte den Herden die größte Gefahr. Gegen sie war ein zweifacher Schutz unerlässlich: Behütung am Tage und Pferchen in der Nacht. Zur Behütung reichte die ständige Präsenz der Schäfer nicht, die Wölfe waren zu schlau. Besonders an nebeligen Wintertagen – den Wolftagen – verstanden sie es, sich das eine oder andere Tier von der Herde zu holen. Unverzichtbar waren die Hütehunde: große, weiße *maremmani*. Ihre Aufgabe war ständige Wachsamkeit, das Vermelden von Gefahr und die Abwehr der Wölfe. War die Wolfsgefahr groß, hatten die Hütehunde breite Lederhalsbänder, an denen von innen nach außen lange Nägel durchgeschlagen waren. Dieser stachelige Halskranz schützte gegen den Nackenbiss des Wolfes, gegen die übliche Art dieser Raubtiere, Hunde zu töten.

Die Maremmani wurden mit den Schafen sozialisiert. Schafe waren ihre Familie. Schon als Welpen in die Schafherde verbracht, wurden sie zwar vom Menschen gefüttert, wuchsen jedoch mit den Schafen auf. Graste die Herde, hielt sich der Hütehund an deren Rand auf, er behielt die Umgebung scharf im Auge. Bewegten sich seine grasenden Schützlinge weiter, zog auch der Hund nach. Zeigte sich etwas am Horizont, ließ der Hütehund kein Auge mehr davon. Ein Hütehund reichte jedoch zum Schutz der Herde nicht. Die Wölfe verstanden es, an einem Ende der Herde Hunde zu beschäftigen, während am anderen Ende eines der Raubtiere sich an die Schafe machte. Je nach Herdengröße waren vier bis sieben Hunde oder noch mehr gefragt. War ein Wolf in der Nähe einmal ausgemacht, fixierten ihn mehrere Hunde, ohne die Herde zu verlassen. Kam er zu nahe, wurde er von den Hunden attackiert. Vor mehreren Hunden hatten die Wölfe Respekt. Nachts lagen die weißen Wächter um den Pferch.

Maremmani dienten nur dem Schutz gegen Wölfe. Sie waren keine Schäferhunde, die aus eigenem Antrieb und auf Kommando des Schäfers die Herde beisammenhielten und in eine bestimmte Richtung manipulierten.

Nach ihrer Ankunft in der Ebene rüsteten sich die Schäfer für die Überwinterung. Sie reparierten die Hütten mit dem charakteristischen Spitzdach. War sie noch brauchbar, ging man in die Hütte des Vorjahres, nachdem man sie von Ungeziefer gereinigt hatte. Die Lager waren mit Fellen ausgekleidet, von der Decke hingen die Schafmägen mit dem Lab für die Käsezubereitung. Manche Schäfer hatten ihre Familien dabei. Sie hausten in eigenen Hütten. Junggesellen übernachteten gemeinschaftlich in der Haupthütte, der großen Rundhütte.

Die Rundform der Hütten ist typisch für archaische Kulturen überall auf der Welt. Die Rundhütte war das Symbol der Vergheria. Sie war aus Grassoden erbaut, mit gestampftem Erdboden, bedeckt mit Riedgras und Baumheide. Sie war um die sechs Meter hoch, damit der Rauch durch das Dach besser abzog. Trotzdem war das Leben in der Hütte eine rauchige Angelegenheit. Über dem Feuer hing der große Käsekessel. Dort wurde die frisch gemolkene Schafmilch erwärmt und mit Lab versetzt.

Einen Monat nach der Geburt der Lämmer schlachtete man die überzähligen und es gab ein Fest in der Vergheria. Aus den Innereien bereiteten die Schäfer die *coratella* aus Blut, Eingeweiden, Leber, Herz und Milz. Auch die Hütehunde bekamen einen Teil davon ab. Große Sorgfalt erfuhren die Schafmägen, aus denen der Käsemeister den Lab für die Herstellung des Schafkäses, des *pecorino,* gewannen.

Blut als Nahrungsmittel scheint von den Langobarden in die Schäferkulturen Italiens eingeführt worden zu sein. Das Schlachtfest war einer der wenigen Festtage im eintönigen Leben der Hirten. Die übliche Kost war karg über Monate hinweg: *acqua cotta,* wörtlich „gekochtes Wasser" – eine dünne Suppe, die ihren Namen verdiente – dazu etwas Kastanienmehl und Ricotta. Es war ein primitives Leben, fern der Familie, die zurück in den Bergen blieb.

Waren die Männer endlich wieder im Dorf zurück, schickten die Kommunen die Schäfer rasch wieder auf die Almen, damit die Schafe keinen Schaden auf den Fluren anrichten konnten. Nach neun Monaten in der Einsamkeit der Sümpfe kam nun die Einsamkeit auf den Almen. Ein Schäfer sagte: „Wir sind Streuner, sind Ausgestoßene, die das Leben ihrer Tiere führen".[50] Aus den Dörfern des Casentino gingen fast alle Männer auf die Transhumanz.

## Bauer Kain, Hirte Abel

In den Augen der Bauern waren die Schäfer Menschen, die keine Regeln respektierten, sich nicht an Gesetze hielten. Sie waren der Gegenentwurf zu den sesshaften Bauern mit ihren eingehegten Feldern. Kain und Abel stehen für den Konflikt zwischen Bauern und Hirten, den archaischen *clash of cultures*.

In der Toskana entzogen die den Schäfern zugestandenen Weidestreifen entlang der Schafwege den Bauern beträchtliche Flächen. Schafe brachen immer wieder in Felder ein, schädigten die Ernte. Einzige Gegenleistung für die Bauern war der Dung der Schafe auf den zugestandenen Weidestreifen. Die Schäfer zogen zweimal jährlich durch, zu den sensibelsten Zeiten: Im Frühjahr, wenn das Getreide keimte und im Herbst, zur Ernte. Es gab Streit, Hass und Feindschaft. Besonders gefürchtet waren die Hirten, weil sie bewaffnet waren. Bauern stahlen Lämmer aus den Herden, Hirten verdünnten die Schafmilch, die sie für die Übernachtung zu entrichten hatten.

Die Bauern betrachteten die durchziehenden Schäfer mit einer Mischung aus Faszination und Grauen. Sie waren Menschen aus fremder Gegend, kamen aus einer anderen Welt. Sie brachten aber auch Abwechslung in das Leben der isoliert lebenden Mezzadri. Zwar suchten sie den Kontakt, brachten aber auch die Töchter in Sicherheit. Es kam nicht vor, dass ein Schäfer aus dem Casentino ein Mädchen aus der Ebene geheiratet hat. [51] In der Ebene draußen waren die meisten Menschen keine Mezzadri, sondern Tagelöhner, trotzdem war kein Schäfer gut genug für die Tochter. Zu verschieden waren die Welten; Schäfer galten als Wilde.

Die Hirten gehörten nirgendwohin, waren Ausgestoßene. Auf der anderen Seite war die Welt der Mezzadria den Schäfern zutiefst fremd.

Der Erzengel Michael war der Heilige der Hirten. Der Legende nach erschien er Schäfern auf dem Monte Sant'Angelo am Gargano in Apulien. Vermutlich brachten die Langobarden den Erzengelkult im 7. Jahrhundert nach Italien. Auch in der Toskana wurde er verehrt: Entlang der Wege der Transhumanz stehen Kirchen und Kapellen, die dem Heiligen Michael geweiht sind, wie zum Beispiel die große Kirche Sant' Angelo in Vico l'Abate im Grevetal. Sie steht an der einst *Strada dei Pecorai* genannten Straße, der Straße der Schäfer.

Die Figur des Erzengels trägt die Züge des italischen Herkules,[52] den die Römer verehrten und dessen Altäre, die *edicolae*, längs der Römerstraßen den Wanderern Trost und Kraft verliehen.

In Paganico, einem Ort am Übergang von den Hügeln in die Ebene. Einst zogen die Herden durch den Ort, vorbei an der Zollstation. In der Bar an der kleinen Piazza frage ich nach der Transhumanz. Der *barista* meint, die hätte es nur in Norditalien gegeben. Ich frage, wer der *Santo Patrono* der Kirche nebenan ist. „San Michele", höre ich.

In Nord- und Mittelitalien war der 29. September das Fest des Heiligen Michael, in Süditalien der 8. Mai. Beides waren die traditionellen Stichtage für den Aufbruch in die und von der Ebene. In Paganico gibt es heute den Michaelimarkt am 29. September und das „Langobardenfest des Hl. Michael" am 8. Mai. Namen und Gebräuche geben Zeugnis einer untergegangenen Welt.

# Ein Hauch von Wildnis.
# Wölfe in den Bergen der Toskana

*Fratello lupo…*

*Bruder Wolf…*
*Franz von Assisi, 1206*

Das Fresco von Andrea di Bonaiuto (gest. 1379) im Kreuzgang von Santa Maria Novella in Florenz zeigt den Gründer des Dominikanerordens, den Heiligen Dominikus, inmitten von weltlichen und geistlichen Gestalten, den Papst eingeschlossen. Ihnen zu Füßen lagert eine Herde Schafe, behütet von schwarzweißen Hunden, in Anlehnung an den schwarzweißen Habit des Ordens. Diese Hunde des Herrn, die *domini canes*, fallen über einige Wölfe her; symbolisch zerfleischen sie die Irrlehren, welche die Schafe – als Symbol der Gläubigen – bedrohen.

## Benannt und gebannt

Nicht immer war der Wolf in der europäischen Geschichte ein Feind des Menschen gewesen. In der Antike galt er nur für Haustiere, nicht aber für den Menschen als gefährlich: Horaz, Ovid, Cicero, Seneca beschrieben ihn als Feind von Schaf, Ziege und Kuh. Damals war der Wolf positiv-ambivalent besetzt, sagt Wolfskenner Prof. Luigi Boitani aus Rom. Das zeigt auch der römische Gründungsmythos mit der Kapitolinischen Wölfin. Vergil beschreibt in den *Bucolica* den Wolf als Gefahr für den

Stall und die Herden. Aristoteles betont in der *Naturalis Historia* die Gefährlichkeit des Wolfs für Schweine, Esel, Füchse, Stiere und Schafe. Nach ihm fallen einzelgängerische Wölfe manchmal auch einsame Menschen an – im antiken Schrifttum eine singuläre Aussage.

Im Mittelalter weitete sich das Bild des Wolfes vom Viehräuber zum Menschenfresser. Viel ist über diesen Bedeutungswandel spekuliert worden. Nach dem Ende des Römischen Reichs nahm die Lebensunsicherheit zu, durch Seuchen, Hungersnöte, die Unruhen der Völkerwanderung. Angst und Furcht wurden auf den Wolf projiziert, er wurde zum Sündenbock. In der Verfolgung der Bestie wurde die Gefahr benannt und gebannt. Sicher hatte die Zahl der Wölfe mit dem Zerfall des Römischen Reiches auch zugenommen.[53] Das Fleisch vom Wolf gerissener Tiere war tabu, Verzehr und Verkauf dieser *carne allupata* verboten. Die hygienischen Regeln waren erweitert durch den Glauben an magische Kräfte, die vom Wolf auf die von ihm gerissenen Tiere übergingen.

In Chroniken und Annalen tauchen Wölfe auf, die Dutzende von Menschen zerreißen. 846 schreibt Prudentius, Bischof von Troyes, von 300 menschenfressenden Wölfen. Auch von Wölfen in Siedlungen und Städten ist die Rede. Orte führen den Wolf im Namen, in der Toskana zum Beispiel Montelupo Fiorentino oder Lupinaia in der Garfagnana im Norden.

Luigi Boitani, als Römer „Nachfahre" der von der Kapitolinischen Wölfin gesäugten Kinder, gründete im Jahr 1972, zusammen mit dem WWF Italien das *progetto lupo*, das „Projekt Wolf", zu einer Zeit als der Wolf aus Italien fast verschwunden war. Durch die jahrhundertelange Verfolgung mit Gift, Fallen, Schlingen und Gewehren war der Wolf so gut wie am Ende. Nur in den Bergen der Abruzzen östlich von Rom, vielleicht auch in jenen des Casentino, hatten einige Wölfe überlebt. Ein Gesetz von 1976 stellte den Wolf erstmalig unter Schutz und die Verfolgung unter Strafe. Die Wölfe dankten es umgehend mit der Rückeroberung verlorener Lebensräume.

Kein anderes Säugetier hat ein solches Ausbreitungspotential wie der Wolf. Luigi Boitani: „Der Wolf ist heute wieder über die ganze Halbinsel Italiens verbreitet, vom Aspromonte an der Südspitze bis in die Westalpen und nach Frankreich hinein". Hunderte der Raubtiere streifen wieder durch die Wälder; sie sind anspruchslos und flexibel bei der Wahl ihres Aufenthalts: In Tivoli, vor den Toren Roms, lebt ein Rudel Wölfe neben der Autobahn. „Die italienischen Wölfe sind durch mehrere sogenannte genetische Flaschenhälse gegangen", so Boitani, „aber durch rasche Wiederausbreitung und die hohe Zahl von Individuen sicherten sie sich eine ausreichende genetische Variabilität, die Inzucht vermeiden hilft". Noch in den 60er Jahren des vorigen Jahrhunderts hatte Italien mehrere Hunderttausend verwilderte Hunde. Die Befürchtungen waren, dass in dieser Übermacht die Gene der wenigen Wölfe durch Kreuzungen aufgehen würden. Diese Sorge war unbegründet. Es zeigte sich: Wölfe fraßen Hunde weit öfter, als dass sie sich mit ihnen paarten.

Im Umgang mit dem Wolf sieht Boitani einen Unterschied zwischen den mediterranen und nordischen Kulturen. „In Italien, Spanien, Griechenland, der Türkei züchtete man Hütehunde zur Verteidigung gegen Wölfe. Die Hunde positionieren sich rings um die Herde. Solange kein Wolf in Sicht ist, bleiben sie gelassen. Dann aber erwacht in ihnen der Beschützerinstinkt und sie beginnen, die Herde zu verteidigen und die Wölfe zu verjagen. Die Schäfer im Mittelmeerraum hatten die Situation gut unter Kontrolle, sie arrangierten sich seit jeher mit dem Räuber. Die Schäfer im nördlichen Europa hingegen kannten nur ein Ziel: Der Wolf musste weg. Sie züchteten sehr aggressive Hunde wie den Irish Wolfhound, der Wölfe angreift, um sie zu zerreißen. Die Nomaden des Nordens begegneten immer neuen Wölfen, die Herden und Hirten nicht kannten, somit weit weniger Scheu vor ihnen hatten.

## Unter Wilderern

Auf die Frage, wie Wölfe in Italien „reguliert" würden, das heißt eine zu starke Ausbreitung verhindert, sagte Boitani einmal, nur halb im Scherz: „Die Wölfe werden in Italien durch Wilderei reguliert".

Von Wilderei weiß auch Claudia Capitani zu erzählen. Die zierliche Biologin hat ihre *tesi di laurea,* ihre Diplomarbeit, über den Wolf im Casentino geschrieben. Im April liegt der Schnee am Passo della Calla noch hoch. Claudia ignoriert den kalten Jochwind und ihre durchnässten Schuhe während der Wanderung im Wolfsgebiet. „Hier im Apennin leben heute zehn bis zwölf Rudel", weiß sie, „ein Rudel umfasst fünf bis sechs Individuen, meist Mitglieder einer Familie".

Wölfe nehmen im Pratomagno und Casentino noch zu. „Wölfe waren in der Toskana nie ganz verschwunden", vermutet Claudia, „in den abgelegensten Gegenden, wie zum Beispiel im Urwald Lama im Nationalpark, versteckten sich die letzten Exemplare." Hauptgründe für die Rückkehr des Wolfs waren neben dem gesetzlichen Schutz die Landflucht aus den Bergen – damit auch die Abnahme der illegalen Verfolgung – und die Rückkehr der Beutetiere seit der Mitte des vorigen Jahrhunderts. Nach dem zweiten Weltkrieg waren die Berge praktisch wildfrei – Hirsch und Wildschwein waren ausgerottet, Rehe sehr selten. In den Siebziger Jahren wurden Hirsche und Wildschweine eingebürgert; innerhalb weniger Jahren entwickelten sie sich zur Landplage. Besonders Wildschweine richten Schäden in der Landwirtschaft an.

Reichlich Beute und wenig Menschen – für Wölfe brachen paradiesische Zeiten an. Hirsch, Reh, örtlich Damhirsch und Wildschwein, sind inzwischen so zahlreich, dass Wölfe kaum einen Einfluss auf ihre Häufigkeit haben. Auch mit Haustieren gibt es wenig Probleme – Wölfe reißen ab und zu ein Schaf, halten sich aber meist an Wildtiere. Wildschweine sind ihre Lieblingsbeute. Frei weidende Kühe – die großen Chianine und Romagnole – haben erstaunliche Verteidigungsmechanismen: Wenn Wölfe sich nähern, bilden sie eine Wagenburg mit den Kälbern in der Mitte. „Die Angst vor dem Wolf ist größer als der ökonomische Schaden", meint Claudia Capitani.

Die hohen Vermehrungsraten der Wölfe waren und sind aber auch gepaart mit hohen Verlusten. Man weiß im Casentino von 45 toten Tieren zwischen 1998 und 2006; wahrscheinlich war es ein Mehrfaches. Wölfe werden von Autos überfahren, die meisten aber werden gewildert. „Es passiert meist auf der Treibjagd auf Wildschweine", erzählt Claudia, „die Wölfe kommen ins Treiben, die Jäger überlegen nicht lange und halten drauf". Unter Jägern gibt es auch fanatische Wolfshasser. Die Wilderei sieh Claudia

Capitani nüchtern: „Ohne die Wilderer würden sich die Wölfe noch schneller ausbreiten und es gäbe noch mehr Konflikte". Schäfer werden für vom Wolf gerissene Schafe entschädigt. Manchmal sind auch Hunde die Übeltäter.

Claudia Capitani weiß zu berichten, dass die traditionelle Treibjagd auf das Wildschwein abnimmt. Sie ist ein populäres gesellschaftliches Ereignis, aber auch aufwändig, und erfordert erfahrene Hunde. Die Einzeljagd – *caccia di selezione* - auf Hirsch, Reh und Damhirsch nimmt zu. Die Jäger sind verpflichtet, Wölfe, denen sie begegnen, zu melden. Bei 15.000 Jägern allein in der Provinz Arezzo kommen viele Meldungen zusammen, auch bei laxer Meldedisziplin. Neue Wolfsrudel, die sich außerhalb der klassischen Wolfsvorkommen des Apennins ausbreiten, z.B. im Chianti, wurden zuerst von Jägern gemeldet.

Für ihre Studie hatte Claudia Capitani keine Wölfe am Halsbandsender. „Zu teuer, zu unergiebig". Sie spürte den Tieren auf festgelegten Transekten nach, insgesamt über 200 km lang, über die Berge des Casentino und Pratomagno hinweg. Längs dieser Linien forschte Claudia nach Spuren in Schlamm und Schnee, sammelte Kotproben für Nahrungs- und DNA-Analysen und versuchte, durch Wolfsgeheul vom Band eine Reaktion zu provozieren.

Claudia ist reich an Anekdoten. Einmal mit einer Kollegin im Neuschnee unterwegs, fanden sie frische Spuren und Losung. Als sie den Wald beschallten, antwortete ihnen ein Knurren aus dem nahen Busch. Am nächsten Tag lagen dort die Reste eines gerissenen Wildschweins. Ein anderes Mal kam auf das Tonbandheulen lautes Händeklatschen: Wilderer, die auf Wildschweine aus waren, wollten den vermeintlichen Wolf verscheuchen.

„*Meno male*, zum Glück, haben die diesmal nicht gleich losgeballert", sagt Caudia.

Von Schäfern behütete Schafe sind in diesem Teil des Apennins heute rar. Die wenigen Bauern halten in der Nähe ihrer Häuser noch wenige Schafe. Ihr Hass auf den Wolf ist ungebrochen. Claudia weiß von einem Bauern, der einen mit Strychnin vergifteten Köder ausgelegt hatte. Er fand einen halbverendeten Wolf, den er mit seinem Messer den Rest gab.

Strychninköder sind – trotz des Verbots – immer noch zu finden. Nationalparkdirektor Gennai erzählt von Trüffelsuchern, die sich gegenseitig Hunde vergiften – mit Schwämmchen in einem Fleischköder, in denen zusätzlich Rasierklingen stecken. Auch das trifft gelegentlich einen Wolf.

Fachleute sehen den Wolf in der Toskana heute in seinem Bestand nicht mehr gefährdet. Schutzgesetze, Schutzgebiete, ein reiches Beuteangebot sind ausreichender Schutz für das Raubtier. Die Mehrheit in der Bevölkerung begrüßt außerdem die Rückkehr des Wolfs.

# Danksagung

Freunde und Kollegen unterstützten mich in der Recherche zu diesem Buch. Mein Dank gilt besonders Prof. Piero Piussi, Waldbauprofessor in Florenz, der das Füllhorn seines Wissens großzügig ausschüttete, Sandra Becucci vom Landschaftsmuseum Castelnuovo Berardenga, Luigi Bianchi vom Museum der Kastanienkultur in Raggiolo, Claudia Capitani, die mich auf den Fährten der Wölfe in den Bergen des Casentino begleitete, Nicola Siemoni, der in der Residenz seines Vorfahren über die Geschichte der Wälder des Casentino erzählte, Raimondo Mozzo, der mich über seine Erfahrungen als sardischer Einwanderer der ersten Stunde unterrichtete. Auf den Reisen begleitete mich mein Mann Wolf Schröder – er chauffierte, fotografierte, kritisierte und redigierte mit bemerkenswerter Geduld und Hartnäckigkeit.

# Bildnachweise

Wolf Schröder 22

Giampietro Wirz 1

Windsor, Royal Collection 1

Ed. Ris. Monaci Eremiti Camaldolesi O.S.B., Poppi 1

Archivio Ex-ASFD, Pratovecchio 1

# Glossar

**Anopheles:**

Überträgermücke der Malaria

**Apennin**

Gebirgszug, der sich die italienische Halbinsel entlangzieht. Höchster Berg ist der Gran Sasso (2.912 m) in den Abruzzen. Der höchste Berg in der Toskana ist der Monte Prado (2054 m) an der Grenze zur Emilia-Romagna.

**Borgo/ghi**

Ortsteil, der sich rings um die befestigte mittelalterliche Burg ausbreitete. Das Wort B. ist mit „Burg" verwandt. Im B. lebten die Bürger, in der Burg der Adel. In der →Toskana liegen die malerischen steinernen B. oft auf den Hügeln.

**Chianti**

Gebiet zwischen Florenz und Siena. Eine der Großlandschaften der →Toskana, hügelig, waldreich, mit Weinbergen und Olivenhainen.

**Comune/i:**

Gemeinde. Im Mittelalter wurden die mächtigen Stadtstaaten C. genannt; in der Toskana z. B. Florenz, Siena, Pisa, Lucca.

**Contado:**

das im Einflussbereich liegende Umland einer →Comune

**Crete**

Eine der Großlandschaften der T. Erstreckt sich von Siena aus nach

Süden. Charakterisiert von baumlosen, mit Lehm- und Tonböden bedeckten Hügeln mit Weizenanbau und Schafzucht.

| | |
|---|---|
| Etrusker | Ureinwohner der Toskana. |
| Fattoria | Herrschaftliches Landgut mit Ölmühle, Kellern, Weinpresse, Lagerhäusern. Wirtschaftszentrum mehrerer →Poderi. |
| Fattore | Verwalter der →Fattoria. |
| Großherzogtum | 1569 entstand das Großherzogtum →Toskana. Die ersten Großherzöge (*Granduchi*, sing. *Granduca*) entstammten dem Haus →Medici, auf sie folgten ab 1765 jene von Habsburg – Lothringen. 1861 hörte das Großherzogtum auf zu existieren, die →Toskana ging im Königreich Italien auf. |
| Guelfen/Ghibellinen | im Mittelalter waren Ghibellinen (Waiblinger) die Parteigänger des Kaisers, Guelfen (Welfen) jene des Papstes. In der →Toskana war Florenz „guelfisch", Siena „ghibellinisch". Städte konnten ihre Parteinahme wechseln. In den Städten selbst gab es Fraktionen, die verschiedenen Seiten angehören konnten. |

| | |
|---|---|
| Macchia | immergrüne, oft niedrige Pflanzengesellschaft der mediterranen Stufe. |
| Maremma | ehemals sumpfiger Küstenstreifen an der Tyrrhenischen Küste der →T. Früher wegen der Malaria so gut wie unbewohnbar. |
| Mezzadro | Bauer im System der →Mezzadria. |
| Mezzadria | Halbpacht. Agrarisches Pachtsystem, bei dem der Grundeigentümer Gebäude, Boden und Maschinen zur Verfügung stellt, der Bauer (→ Mezzadro) seine Arbeitskraft. Die landwirtschaftlichen Erträge gehen je zur Häfte an die beiden Vertragspartner. In der →Toskana vom Mittelalter bis ins 20. Jahrhundert vorherrschendes Landwirtschaftssystem. |
| Mischkultur | „Coltura mista". Gleichzeitiger Anbau mehrerer Feldfrüchte auf ein und derselben Fläche. Typisch für das System der → Mezzadria. |
| Motu Proprio | lat. „aus eigenem Beweggrund". Vom Souverän initiiertes Gesetzesvorhaben. In der →Toskana bekannt der M. P. Leopolds II von 1828 zur Trockenlegung der → Maremma. |

| | |
|---|---|
| O.N.C. | *Opera Nazionale Combattenti*. Traditionell einflussreiche Organisation der Kriegsveteranen des Ersten Weltkriegs. |
| Padrone | wörtlich Herr oder Gebieter. Der Eigentümer einer → Fattoria und Gebieter über die → Mezzadri. |
| Podere | Wirtschaftseinheit im System der →Mezzadria. Ein P. umfasst ein Bauernhaus mit Wirtschaftsgebäuden, Weinbergen, Getreidefeldern und Olivenbäumen Wald, Obst- und Gemüsegarten. |
| Renaissance | wörtl. Wiedergeburt. Kulturepoche des 15. und 16. Jahrhunderts. Wiederbesinnung auf Kunst, Kultur, Philosphie der Antike. Während der R. erlebt die →Toskana ihre höchste kulturelle Blüte. |
| Toskana | Region Mittelitaliens. 3,7 Millionen Einwohner. Hauptstadt ist Florenz. Weitere bedeutende Städte sind Siena, Pisa, Lucca, Grosseto, Arezzo, Pistoia. Der Name kommt von Etrurien, nach den →Etruskern, Ureinwohnern der T., von Griechen und Römern Tuszier (*tusci*) genannt. Größter Fluss ist der Arno, der über Florenz und Pisa bei |

Livorno ins Tyrrhenische Meer fließt.

Transhumanz | Herdenwanderung zwischen Sommer- und Winterweiden, oft über Strecken von mehreren Hundert Kilometern. Bei der absteigenden T. liegen die Dörfer der Herdenbesitzer in den Bergen, bei der aufsteigenden T. in der Ebene.

# Index

# Anmerkungen

[1] Maria Luisa Meoni. Utopia e realtà nel Buon Governo di Lorenzetti. Firenze 2001

[2] Emilio Sereni. Storia del paesaggio agrario italiano. Bari 1999

[3] Carlo Pazzagli. L'agricoltura toscana nella prima metà dell'800. Firenze 1973

[4] Alessandro Falassi. Il bosco e il coltivato nella cultura della campagna toscana. In: Il Bosco nel Chianti. Firenze 1994

[5] Ebd.

[6] Giuseppe Giuli in Pazzagli. L'agricoltura toscana nella prima metà dell'800. Firenze 1973

[7] Federico Capei in Pazzagli. L'agricoltura toscana nella prima metà dell'800. Firenze 1973

[8] Giuliano Pinto. I mezzadri toscani tra autoconsumo e mercato (secoli XIII-XV). Valencia 2008

[9] Pazzagli. L'agricoltura toscana nella prima metà dell'800. Firenze 1973

[10] John Bowring.Report on the Statistics of Tuscany, Lucca, the Pontifical and the Lombardo-Venetian States. London 1839.

[11] Mariano Fresta. La penna dei padroni e la condizione mezzadrile. In: Mezzadri, letterati e padroni. Palermo 1980

[12] Ebd.

[13] Ebd.

[14] Gregor von Rezzori. Sie wissen nicht, wer Dante war? In: Geo Special. Hamburg 1984

[15] Alessandro Falassi. Il bosco e il coltivato nella cultura della campagna toscana. In: Il Bosco nel Chianti. Firenze 1994

[16] Giorgio Perrin in Giorgio Ceccherini, Francesco Sinatti. Bucine e la Valdambra. Bucine 1996

[17] Renato Stopani. La casa colonica toscana. Storia, cultura e architettura. Firenze 2006

[18] Ebd.

[19] Ebd.

[20] Tomaso Urso. Pagine sommerse. Istituto geografico militare. Firenze 1967

[21] Ebd.

[22] Cinzia del Maso. Gli Etruschi, maestri delle vigne. In La Repubblica. Roma 2006

[23] Ebd.

[24] Carlo Pazzagli. L'agricoltura toscana nella prima metà dell'800. Firenze 1973

[25]

[26] Fernand Braudel. Das Mittelmeer und die mediterrane Welt in der Epoche Philipps II. Frankfurt am Main 1998

[27] Mariagrazia Celuzza. Quando la Maremma non era "amara". In: Il Parco della Maremma. Storia e Natura. Venezia 1989

[28] Franek Sznura. Aspetti del paesaggio dal Medioevo all'Età moderna. In: Il Parco della Maremma. Storia e Natura. Venezia 1989

[29] Guido Vannini. L'Uccellina nel Medioevo: una terra di margine. In: Il Parco della Maremma. Storia e Natura. Venezia 1989

[30] Ebd

[31] Franek Sznura. Aspetti del paesaggio dal Medioevo all'Età moderna. In: Il Parco della Maremma. Storia e Natura. Venezia 1989

[32] Ebd.

[33] Aldo Mazzolai.Grosseto: documenti relativi alla dominazione senese e alla politica liberistica dei Lorena. In: Le Antiche Dogane. Roma 2006

[34] Franz Pesendorfer: La Toscana dei Lorena. Un secolo di governo granducale. Firenze 1987

[35] Franz Pesendorfer. Il governo di famiglia in Toscana. Le memorie del Granduca Leopoldo II di Lorena. Firenze 1987

[36] Ebda.

[37] Ebda.

[38] Ebda.

[39] Ebda.

[40] Ebda.

[41] Ernesto Sestan. La Firenze di Vieusseux e di Capponi. Giovanni Spadolini ed. Firenze 1986

[42] Zeffiro Ciuffoletti. I moderati toscani e la tradizione leopoldina. In: La Toscana dei Lorena. Zeffiro Ciuffoletti, Leonardo Rombai ed. Firenze 1989

[43] Ebda.

[44] Sonia Cian, Stefano Cavagna. Il Parco Nazionale delle Foreste Casentinesi. Dove gli alberi toccano il cielo. Firenze 2003.

[45] Ebda.

[46] Paolo Marcaccini, Lidia Calzolai: I percorsi della transumanza in Toscana. Firenze 2003

[47] Moreno Massaini. Transumanza, dal Casentino alla Maremma. Storie di uomini ed armenti lungo le antiche dogane. Roma 2003

[48] Ebda.

[49] Paolo Marcaccini, Lidia Calzolai: I percorsi della transumanza in Toscana. Firenze 2003

[50] Ebda.

[51] Ebda.

[52] Paolo Marcaccini, Lidia Calzolai: I percorsi della transumanza in Toscana. Firenze 2003

[53] Gherardo Ortalli: Lupi, gente, culture. Uomo e ambiente nel medioevo. Torino 1997